Historia verdadera
de la
conquista de la
Nueva España

D1738462

BERNAL DÍAZ DEL CASTILLO

HISTORIA VERDADERA DE LA CONQUISTA DE LA NUEVA ESPAÑA

Editorial Época, S.A. de C.V.
Emperadores No. 185
Col. Portales
C.P. 03300, México, D.F.

*Historia verdadera de la conquista
de la Nueva España*
Bernal Díaz del Castillo

Síntesis de la obra: Anet Pamela Cortez Valle
© Derechos reservados, 2016
© Editorial Época, S.A. de C.V.
  Emperadores núm. 185, Col. Portales
  C. P. 03300, México, D.F.
  www.editorialepoca.com.mx
  Tels: 56-04-90-46
       56-04-90-72

Portada: Miriam E. Alatriste F.
Formación tipográfica: Sonia Wendy Chávez Nolasco

ISBN: 978-607-8473-12-0

Impreso en México — *Printed in Mexico*

El autor

Yo, Bernal Díaz del Castillo, regidor de esta ciudad de Santiago de Guatemala, autor de esta muy verdadera y clara Historia, que es desde el descubrimiento y todas las conquistas de la Nueva España, y como se tomó la gran ciudad de México, y otras muchas ciudades, hasta las haber traído paz; pobladas muchas ciudades y villas de españoles, las enviamos a dar y entregar, como somos obligados, a nuestro rey y Señor. En esta historia hallarán cosas muy notables y dignas de saber. Digo y afirmo que lo que en este libro se contiene es muy verdadero, que como testigo de vista me hallé en todas las batallas y reencuentros de guerra; de ello era buen testigo el muy forzado y valeroso capitán don Hernando Cortés, marqués del Valle, que hizo relación en una carta que escribió de México al serenísimo emperador don Carlos V, de gloriosa memoria. Pido por merced a los Señores Impresores que no quiten ni añadan más letras de las que aquí van.

Prólogo

Bernal Díaz del Castillo es el autor señalado de la *Historia verdadera de la conquista de la Nueva España*. Nacido en Medina del Campo, en 1496, desde muy joven sintió inclinación por la carrera militar. Participó en las tres grandes expediciones a México que partieron desde la isla de Cuba, adonde llegó por primera vez en 1514, luego de que Pedro Arias Dávila le diera licencia para embarcarse en grandes aventuras. Muy pocos hombres en este mundo pueden contar entre sus experiencias el haber estado en la expedición descubridora de Francisco Hernández de Córdoba (1517), en la también exploradora de Juan de Grijalva (1518), y finalmente en la muy polémica expedición conquistadora de Hernando Cortés (1519).

En la obra, Bernal Díaz del Castillo narra un gran número de batallas y expediciones como conquistador de las "Américas". A través de esta crónica desfilan todo tipo de personajes españoles y nativos, se explican las principales hazañas bélicas y se reconstruyen cuidadosamente muchos de los ambientes y localizaciones vitales para la conquista. Por todo ello, se trata de un documento de gran valor para conocer de primera mano muchos de los capítulos del imperialismo español, desde los primeros contactos con los indígenas del Nuevo Mundo.

El que Bernal Díaz del Castillo no fuera un erudito escritor es lo que vuelve especial a su *Historia verdadera...*, como él mismo la llama, y en la que intenta aclarar los muchos baches históricos que otras grandes obras "bien escritas", con amaneramientos propios, caen por no ser sus autores testigos de primera mano. En ella narra la hazaña de Hernán Cortés de modo natural, y escribe sencillamente las acciones en las que participó y lo que vio con sus propios ojos. Comenzó a escribirla cuando tenía poco más de 70 años, con el fin de refutar el libro de López de Gómara, que para gusto del propio Bernal decía muchas incoherencias y caía constantemente en contrariedades. Fue publicada por primera vez en 1632.

Por muchos años la figura de Bernal Díaz del Castillo estuvo intacta, hasta que el historiador y arqueólogo francés Christian Duverger intentó echar por tierra el hito que durante 400 años perduró, diciendo que: "el autor de la *Historia verdadera de la conquista de la Nueva España* no es Bernal Díaz del Castillo, sino el mismísimo conquistador, Hernán Cortés". El simple planteamiento es causa de polémica pero el catedrático afirma tener las suficientes pruebas para sostenerla porque dice que un Bernal Díaz del Castillo sí existió pero no sabía leer ni escribir. Con una mezcla de investigación histórica y novela policiaca, el especialista ofrece tales pruebas y argumentos en el libro *Crónica de la eternidad: ¿quién escribió la Historia verdadera de la conquista de la Nueva España?*, publicado en 2013 bajo el sello de Taurus.

Aquí la pregunta es: ¿por qué Hernán Cortés escribiría la historia de cómo conquistó con seudónimo? Christian Duverger acepta explicar que ésa fue una decisión que el conquistador tomó una vez que regresó a España, en 1540, y decidió alejarse del mundo político para ocuparse de dos aspectos en particular: el mundo de la cultura y la memoria de su acción. Hernán Cortés consideraba tácitamente que en la vida hay dos maneras de hacer historia: la documental y la testimonial. En consecuencia, la mejor manera que encontró el conquistador para perpetuar su nombre fue a través de la intervención de un soldado anónimo.

Pero el que Bernal Díaz del Castillo haya existido o que su persona fuera excusa perfecta para relatar lo acontecido en la conquista de la Nueva España es, tal vez, hoy en día, lo de menos, pues lo realmente importante es que exista un documento más verosímil de lo que sucedió en aquella histórica mezcla de culturas.

Siguiendo los rasgos del personaje, Bernal Díaz del Castillo vivió multitud de acontecimientos de la conquista, también en tierras de Guatemala y Honduras. Fue encomendero de Chamula y Micapa, en la provincia de Chiapas, así como también de Teapa, en Tabasco. Fue regidor de la villa del Espíritu Santo. Se estableció en Santiago de Guatemala, donde pasó de manera humilde el resto de sus días. Falleció en 1584.

Capítulo 1

En qué tiempo salí de Castilla, y lo que acaeció.

En el año de mil quinientos catorce salí de Castilla en compañía del gobernador Pedro Arias de Ávila, que en aquella sazón le dieron la gobernación de Tierra Firme. En aquél tiempo hubo pestilencia, se nos murieron muchos soldados, y también tuvo diferencias el mismo gobernador con un hidalgo que en aquella sazón estaba por capitán y había conquistado aquella provincia, que se decía Vasco Núñez de Balboa, hombre rico, con quien Pedro Arias de Ávila casó una hija doncella; según pareció, y sobre sospechas que tuvo que el yerno se le quería alzar con copia de soldados por la Mar del Sur, por sentencia lo mandó degollar. Entre esto que vimos y otras revueltas alcanzamos a saber que la isla de Cuba fue nuevamente ganada, que estaba en ella por gobernador un hidalgo que se decía Diego Velázquez, natural de Cuéllar. Pedimos licencia para ir a la isla y se nos concedió. Nos embarcamos en buen navío, fuimos a besar las manos del gobernador, aguardando a que nos depositara algunos indios; concertamos con Francisco Hernández de Córdoba, que era hombre rico, y tenía pueblos de indios en aquella isla, para que fuera nuestro capitán en nuestra aventura de descubrir nuevas tierras. Compramos tres navíos, dos de buen porte y el otro fiado por el mismo gobernador con condición de ir de guerra a las isletas que están entre la isla de Cuba y Honduras, y cargar los navíos de indios para servirle de esclavos. Le respondimos que lo que decía no lo mandaba Dios, ni el rey: que hiciéramos a los libres esclavos. Entonces nos ayudó con cosas de abastimiento. Entre todos los soldados compramos, y buscamos tres pilotos, el principal de ellos, el que regía nuestra armada se llamaba Antón de Alaminos, natural de Palos. Y para que fuera encaminada con buen fundamento nuestra armada, hubimos de llevar un clérigo que estaba en la misma villa de San Cristóbal que se decía Alonso González. Por veedor elegimos a un soldado que se decía Bernardino Íñiguez, natural de Santo Domingo de la Calzada, para que hubiese persona suficiente para guardar el real quinto. Después de todo esto concertado, y oído misa, comenzamos nuestro viaje.

Capítulo 2

Del descubrimiento de Yucatán, y de un reencuentro de guerra que tuvimos con los naturales.

En ocho días del mes de febrero del año de mil quinientos diez y siete salimos de la Habana, y nos hicimos a la vela en el puerto de Axaruco, que así se llama entre los indios. Y doblada aquella punta, y puestos en alta mar, navegamos a nuestra ventura hacia donde se pone el sol. Pasados veintiún días que salimos de la isla de Cuba, vimos tierra y nos alegramos mucho; esa tierra jamás se había descubierto, ni había noticias de que existiera hasta entonces. Desde el navío vimos un gran pueblo. Anclamos junto a la costa.

Una mañana, el cuatro de marzo, vimos venir cinco canoas grandes llenas de indios naturales de aquella población, venían a remo y vela. Les hicimos señas de paz. Sin temor alguno vinieron y entraron en la nao capitana; venían vestidos con camisetas de algodón como jaquetas, y cubiertas sus vergüenzas con unas mantas angostas, que entre ellos llaman *masteles*, y los tuvimos por hombres de más razón que a los indios de Cuba, porque andaban con sus vergüenzas de fuera. Las mujeres traían unas ropas llamadas naguas. Los indios decían en su lengua: *"Cones Catoche, coizes Catoche"*, que quiere decir, "andá acá, a mis casas"; y por esta causa pusimos desde entonces por nombre a aquella tierra Punta de Cotoche. Viendo nuestro capitán, y todos los demás soldados, los muchos halagos que nos hacía el cacique para que fuésemos a su pueblo, tomó consejo con nosotros, y fue acordado que fuésemos; cerca de unos montes comenzó a dar voces para que nos atacaran. En aquellas escaramuzas prendimos dos indios, que después que se bautizaron se llamó el uno Julián y el otro Melchor. Y acabado aquel rebato acordamos volver a embarcar.

CAPÍTULO 3

Del descubrimiento de Campeche.

Como acordamos seguir la costa adelante hacia el poniente descubriendo puntas, y bajos, y ancones, y arrecifes, creyendo que era isla, como nos lo certificaba el piloto Antón de Alaminos, íbamos con gran tiento de día navegando, y de noche al reparo, y parando; y en quince días que fuimos de esta manera, vimos desde el navío un pueblo al parecer algo grande, que en nombre propio de indios se dice Campeche. Y como de estas bahías mengua mucho la mar, dejamos los navíos anclados más de una legua de tierra. Vinieron del pueblo cincuenta indios, con buenas mantas de algodón, a lo que parecía debieran de ser caciques, y nos decían por señas que qué buscábamos y les dimos a entender que tomar agua, e irnos luego a los navíos; y señalaron con la mano que si veníamos de hacia donde sale el sol, y decían *Castilan Castilan*, y no mirábamos bien en la plática del *Castilan, Castilan*. Y después de estas pláticas que dicho tengo, nos dijeron por señas que fuésemos con ellos a su pueblo, a unas casas muy grandes, que eran adoratorios de sus ídolos, y estaban bastante bien labradas de cal y canto, y tenían figurado en unas paredes muchos bultos de serpientes y culebras, y otras pinturas de ídolos; alrededor, como un altar lleno de sangre. Y a otra parte de los ídolos tenían unas señales como a manera de cruces, pintados de otros bultos de indios. De todo lo cual nos admiramos como cosa nunca vista, ni oída. Según pareció, en aquella sazón habían sacrificado a sus ídolos indios para que les dieran victoria contra nosotros, y andaban muchos indios e indias riéndose, y al parecer muy de paz como que nos venían a ver; y estando de esta manera vinieron otros muchos indios que traían muy ruines mantas, cargados de carrizos secos, y los pusieron en un llano, y tras estos vinieron dos escuadrones de indios flecheros con lanzas, y rodelas; y desde que los vimos de aquel arte, y muy bravosos, echamos a la mar, y vimos grandes escuadrones de indios sobre nosotros, tuvimos temor, y acordamos con buen concierto de irnos a la costa. Salimos y desde los navíos vimos un pueblo llamado Potonchan.

CAPÍTULO 4

Cómo desembarcamos en una bahía, donde había maizales,
cerca del puerto de Potonchan, y
de las guerras que nos dieron.

Estando en las estancias y maizales, vinieron por la costa muchos escuadrones de indios del pueblo de Potonchan con sus armas de algodón que les llegaban hasta las rodillas, y sus armas, con penachos de los que ellos suelen usar y las caras pintadas de blanco y prieto, enalmagrados; y venían callando, y se vienen derechos a nosotros, como que nos venían a ver de paz, y por señas nos dijeron que si veníamos de donde sale el sol, y las palabras formales según nos hubieron dicho los de Lázaro, *Castilan, Castilan,* y respondimos por señas que de donde sale el sol veníamos. Entonces paramos en pensar que podía ser aquella plática, porque los de San Lázaro nos dijeron lo mismo, mas nunca entendimos al fin que lo decían. Sería cuando esto pasó, y los indios se juntaban, a la hora de las Ave Marías, y se fueron a unas caserías; y nosotros pusimos velas y escuchas, y buen recaudo, porque no nos pareció bien aquella junta de aquella manera. Pues estando velando todos juntos, oímos venir con el gran ruido y estruendo que traían por el camino, muchos indios de otras estancias, y del pueblo; todos de guerra. Sentimos que no se juntaban para hacernos ningún bien. Estando en estos conciertos, amaneció, vimos venir por la costa muchos más escuadrones guerreros, y nos dan tal rociada de flechas y varas, y piedras, con sus hondas, que hirieron ochenta de nuestros soldados, y se juntaron con nosotros pie con pie, puesto que les dábamos buena prisa de estocadas y cuchilladas; ellos decían en su lengua: *calachuni, al calachuni,* que quiere decir que mataran al capitán, y le dieron doce flechazos, y a mí me dieron tres. Viendo que no teníamos fuerzas, acordamos con corazones muy fuertes romper por medio de sus batallones, y acogernos a los bateles que teníamos en la costa. Pues ya embarcados en los navíos, hallamos que faltaban cincuenta y siete compañeros, con los dos que llevaron vivos, y con cinco que echamos en la mar, que murieron de las heridas y de la gran sed que pasaron. Desde que nos vimos a salvo de aquellas refriegas, dimos muchas gracias a Dios, y cuando se curaban las heridas los soldados se quejaban de mucho dolor, que como estaban resfriados con el agua salada, y estaban muy hinchados y dañados, algunos de nuestros soldados maldecían al piloto Antón de Alaminos.

CAPÍTULO 5

Cómo acordamos de volver a la isla de Cuba,
y de la gran sed y trabajos que tuvimos, hasta llegar al puerto
de la Habana.

Desde que nos vimos embarcados en los navíos acordamos volver a la isla de Cuba, y como estaban también heridos todos los marineros que saltaron a tierra con nosotros, no teníamos quien marchara las velas. Y acordamos que dejásemos el navío de menos porte en la mar, puesto fuego, después de sacadas de él las velas, y anclas, y cables, y repartir los marineros que estaban sin heridas en los dos navíos de mayor porte. Pues otro mayor daño teníamos, que fue la gran falta de agua. Digo que tanta sed pasamos, que en las lenguas y bocas teníamos grietas de la secura, pues otra cosa para refrigerio no había. Por manera de esto, íbamos navegando muy pegados a tierra para hallar en el paraje un río o bahía para tomar agua. Y al cabo de tres días vimos uno como ancón, que parecía río, o estero, que creímos tener agua dulce, y saltaron en tierra quince marineros de los que habían quedado en los navíos, y tres soldados que estaban más sin peligro de los flechazos. Trajeron las vasijas llenas, y no había hombre que la pudiese beber del amargor y sal, y a dos soldados que la bebieron dañó los cuerpos y las bocas. Había en aquel estero muchos y grandes lagartos, y desde entonces se puso por nombre el Estero de los Lagartos, y así está en las cartas. Luego alzamos anclas y volvimos a la isla de Cuba pero esta vez atravesando a la Florida, que había sido descubierta por Juan Ponce de León.

CAPÍTULO 6

*Cómo desembarcaron en la bahía de la Florida veinte
soldados, y con nosotros el piloto Alaminos,
para buscar agua.*

Llegados a la Florida, acordamos que saliesen en tierra veinte
soldados de los que teníamos más sanos de las heridas, yo fui
con ellos, y también el piloto Antón. Cerca de un estero, el
piloto reconoció la costa, dijo que diez años atrás había estado allí con Juan Ponce de León, a quien le habían dado guerra
los indios del lugar. Pusimos por espías dos soldados en una
playa, e hicimos pozos muy hondos, quiso Dios que topáse-
mos muy buena agua. Y ya que queríamos venir a embarcar
con nuestra agua, vimos venir a uno de los soldados que pusimos en la playa, diciendo: "Al arma, al arma, que vienen muchos indios de guerra". Los indios llegaron casi a la par que el
soldado, traían arcos muy grandes; hirieron seis de nuestros
compañeros, y nos persiguieron hasta el batel, habían herido
a cuatro marineros, y al piloto Alaminos le dieron una mala
herida en la garganta; arremetimos a ellos. Pues ya embarcados con nuestra agua, y metidos nuestros bateles en los navíos, dimos vela para la Habana. Cuando nos vimos en tierra,
dimos muchas gracias a Dios, y escribimos a Diego Velázquez,
gobernador de aquella isla, haciéndole saber que habíamos
descubierto tierras de grandes poblaciones. Desde la Habana, se fue nuestro capitán Francisco Hernández por tierra a
la villa de Santo Espíritu, donde tiene su encomienda; como
iba mal herido, murió diez días de haber llegado a casa. Todos los demás soldados nos esparcimos, nos fuimos unos por
una parte, y otros por otra de la isla adelante. Los navíos fueron a Santiago de Cuba, donde estaba el gobernador, y desde
que hubieron desembarcado los dos indios que subimos en la
punta de Cotoche, con los ídolos de oro, llegó la fama de ello
aun en Castilla. Decían los españoles que estaban hablando
con Diego Velázquez, y con los indios: "Señor, dicen estos

indios que su tierra se llama Yucatán", y así se quedó con este nombre. Diego Velázquez escribió a Castilla a los señores oidores; no hizo memoria de ninguno de nosotros los soldados que lo descubrimos.

CAPÍTULO 7

De los trabajos que tuve hasta llegar a una villa que se dice la Trinidad.

Ya he dicho que nos quedamos en la Habana ciertos soldados que no estábamos sanos de los flechazos, y para ir a la villa de la Trinidad, ya mejorados, acordamos hacerlo con Pedro de Ávila que iba en una canoa a vender camisetas de algodón. Pues yendo por la costa adelante, a veces remando y a ratos a la vela, se levantó un tan recio viento de noche, que no nos pudimos sustentar en la mar con la canoa. Ávila perdió su hacienda, y todos salimos descalabrados de los golpes de los ceborucos, y desnudos en carnes; porque para ayudarnos que no se quebrase la canoa, y poder mejor nadar nos apercibimos de estar sin ropa. Pues ya escapados con vida, para nuestra villa de la Trinidad no había camino por la costa, sino malos caminos por países y ceborucos, que así se dicen, que son las piedras con unas puntas que salen de ellas, que pasan las plantas de los pies. Pues como por aquella costa no podíamos caminar, por causa que se nos hincaban por las plantas de los pies aquellas puntas y piedras de los ceborucos, con mucho trabajo nos metimos en un monte, y con gran trabajo salimos a una playa de arena, y de ahí a dos días que caminamos llegamos a un pueblo de indios, que se decía Yaguarama, el cual era en aquella sazón del padre fray Bartolomé de las Casas, que era clérigo presbítero, y después le conocí fraile dominico, y llegó a ser obispo de Chiapa. Los indios de aquel pueblo nos dieron de comer. Y otro día fuimos hasta otro pueblo, que se decía Chipiona, y desde allí a la Trinidad. Y un amigo mío, que se decía Antonio de Medina, me remedió de vestidos. Desde allí con mi pobreza y trabajos fui a Santiago de Cuba, adonde estaba el gobernador Diego Velázquez, el cual andaba dando mucha prisa a enviar otra armada, me dijo que si estaba bueno de las heridas para volver a Yucatán. Yo riendo le respondí que quién le puso nombre Yucatán, que allí no le llaman así. Él dijo: "Bien sé que pasaste muchos trabajos, y así es como se suelen descubrir tierras nuevas".

CAPÍTULO 8

Cómo Diego Velázquez, gobernador de Cuba, envió otra armada a la tierra que descubrimos.

En el año de mil quinientos diez y ocho, Diego Velázquez, gobernador de Cuba, ordenó enviar una armada a Yucatán. Para tal efecto se buscaron cuatro navíos. En aquella sazón se hallaron presentes en Santiago de Cuba, Juan de Grijalva, Pedro de Alvarado, Francisco de Montejo y Alonso de Ávila, que habían ido con negocios al gobernador, porque todos tenían encomiendas de indios en las mismas islas; y como eran personas valerosas, se concertó con ellos que Juan de Grijalva, que era deudo de Diego Velázquez, viniese por capitán general, y que Pedro de Alvarado viniese por capitán de un navío, y Francisco de Montejo de otro, y Alonso de Ávila de otro; por manera que cada uno de estos capitanes procuró poner bastimentos. Como había fama de estas tierras, que eran muy ricas, y había en ellas casas de cal y canto, y el indio Melchorejo decía por señas que había oro, tenían mucha codicia los vecinos y soldados que no poseían indios en la isla de ir a esta tierra. Por manera que nos juntamos doscientos cuarenta compañeros, y también pusimos cada soldado de la hacienda que teníamos para matalotaje y armas. Y vino por veedor de la armada uno que se decía Peñalosa, natural de Segovia, y trajimos un clérigo, que se decía Juan Díaz. Sepan que Pedro de Alvarado fue un hidalgo muy valeroso, que después que hubo ganado la Nueva España fue gobernador y adelantado de Guatemala y comendador del señor Santiago. Francisco de Montejo fue gobernador y adelantado de Yucatán y gobernador de Honduras.

Los cuatro navíos fueron por la parte y banda del norte a un puerto que se llama Matanzas, que era cerca de la Habana Vieja; la causa de ponerle aquel nombre es por un navío de españoles que fue atacado, los mataron y no quedaron sino tres hombres y una mujer, que era hermosa. Y conocí a la mujer que he dicho, que después de ganada la isla de Cuba, se le quitó al cacique, en cuyo poder estaba, y la vi casada en la villa de la Trinidad, y también conocí a los tres españoles. En diez días doblamos la punta de Guaniguanico, que los pilotos llaman de San Antón, y en otros ocho días que navegamos vimos la isla de Cozumel. Vino una india moza de buen parecer, comenzó a hablar la lengua de la isla de Jamaica, y dijo que todos los indios e indias de aquella isla y pueblo se habían ido a los montes. Le preguntaron qué hacía ella ahí, dijo que llegó años atrás en una canoa. Como el capitán Juan de Grijalva vio que era perder tiempo estar allí aguardando, mandó que nos embarcáramos luego, y la india de Jamaica se fue con nosotros, y seguimos nuestro viaje.

CAPÍTULO 9

De cómo venimos a desembarcar a Champotón.

Pues vueltos a embarcar y yendo por las derrotas pasadas, en ocho días llegamos al paraje del pueblo de Champotón, que fue donde nos desbarataron los indios de aquella provincia, y como en aquella ensenada mengua mucho la mar, anclamos los navíos una legua de tierra, y con todos los bateles desembarcamos la mitad de los soldados que allí íbamos, junto a las casas del pueblo, y los indios naturales de él, y otros sus comarcanos, se juntaron todos como la otra vez. Como teníamos experiencia de la otra vez, llevábamos en los bateles unos cañones, e íbamos apercibidos de ballestas y escopetas, y llegados a tierra nos comenzaron a flechar. Se sostuvieron buen rato peleando con nosotros, hasta que vino otra barcada de nuestros soldados, y les hicimos retraer a unas ciénagas junto al pueblo. En esta guerra mataron a Juan de Quiteña, y a otros dos soldados, y al capitán Juan de Grijalva le dieron tres flechazos, y aun le quebraron dos dientes e hirieron sobre sesenta de los nuestros. Y desde que vimos que todos los contrarios habían huido, nos fuimos al pueblo, y se curaron los heridos, y enterramos los muertos; en todo el pueblo no hallamos ninguna persona, ni los que se habían retraído en las ciénagas. En aquella escaramuza prendimos tres indios, y se les envío a buscar al cacique; nunca volvieron. Estuvimos en aquel pueblo cuatro días. Me acuerdo que cuando estábamos peleando en aquella escaramuza, que había allí unos prados algo pedregosos, y había langostas, que cuando peleábamos saltaban, y venían volando, y nos daban en la cara; fue harto estorbo.

CAPÍTULO 10

Cómo seguimos nuestro viaje, y entramos en Boca
de Términos, que entonces le pusimos este nombre.

Yendo por nuestra navegación adelante, llegamos a un buen puerto, que está entre una tierra y otra, a esta causa le pusimos nombre Boca de Términos. Allí saltó el capitán Juan de Grijalva en tierra con todos los demás capitanes (del resto de los barcos) y muchos soldados estuvimos tres días hondando la boca de aquella entrada. Hallaron unos adoratorios de cal y canto, y muchos ídolos de barro y de palo; creímos que por ahí cerca había una población, lo cual no fue así, estaba muy despoblado, porque aquellos adoratorios eran de mercaderes y cazadores que entraban de pasada a ese puerto. Vueltos a embarcar navegamos costa a costa junto a tierra, hasta que llegamos al río de Tabasco, que por descubrirle Juan de Grijalva se nombra ahora el río de Grijalva.

CAPÍTULO 11

Cómo llegamos al río de Tabasco, que llaman de Grijalva, y lo que allí nos acaeció.

Navegando costa a costa la vía del poniente, de día, porque de noche no osábamos por temor de bajos y arrecifes, a cabo de tres días vimos una boca de río muy ancha, y llegamos muy a tierra con los navíos, y parecía buen puerto, y como fuimos más cerca de la boca vimos reventar los bajos antes de entrar en el río, y allí sacamos los bateles, y con la sonda en la mano hallamos que no podían entrar en el puerto los dos navíos de mayor porte. Fue acordado que anclaran fuera en el mar, y con los otros dos navíos que demandaban menos agua entrásemos. Vimos muchos indios en canoas, entendimos que había por allí algún pueblo grande, porque viniendo como veníamos navegando costa a costa, habíamos visto echadas nasas en la mar. A este río se llama de Tabasco, y como lo descubrimos en este viaje y Juan de Grijalva fue su descubridor, se nombra río de Grijalva. Ya que llegamos cerca del pueblo, oímos el rumor de que querían hacer la guerra. Desde que los vimos de aquel arte, estábamos para tirarles con los tiros, y con las escopetas y ballestas, quiso nuestro Señor que acordamos de llamarles con Julianico y Melchorejo, los de la punta de Cotoche, que sabían muy bien aquella lengua, y dijo a los principales que no tuvieran miedo, que les queríamos hablar, y darles cosas que traíamos. Como entendieron la plática, se acercaron. El capitán les dijo que veníamos de tierras lejanas y éramos vasallos de un gran emperador, que se dice don Carlos, que ellos deben tenerle por señor y les irá muy bien con ello. Y nos respondieron que pocos días había que habíamos muerto y herido más de doscientos hombres en Potonchan, y que ellos no son hombres de tan pocas fuerzas, que por eso habían venido a hablar para saber nuestra voluntad, que aquello que les decíamos se lo irían a decir a los caciques de muchos pueblos de junto para tratar paz o guerra. Aquellos mensajeros se fueron y cuando volvieron dijeron que era buena la paz. Y lo que entendí es que acá en estas provincias se enviaban presentes cuando se trataba de paz. Trajeron muchos presentes, dijeron que recibiésemos eso de buena voluntad, que no tenían más oro que dar, que adelante hacia donde se pone sol hay mucho y decían Colúa Colúa y México, México. El capitán les dio las gracias y cuentas verdes, y fue acordado de irnos luego a embarcar porque estaban en mucho peligro los dos navíos.

Capítulo 12

Cómo vimos el pueblo del Aguayaluco, que pusimos por nombre la Rambla.

Vueltos a embarcar, siguiendo la costa adelante, dos días vimos un pueblo junto a tierra, que se dice el Aguayaluco, y andaban muchos indios de aquel pueblo por la costa con unas rodelas hechas de conchas de tortugas, que relumbraban con el sol que daba en ellas, y algunos de nuestros soldados porfiaban que eran de oro bajo; y los indios que las traían iban haciendo grandes movimientos por el arenal, y costa adelante. Pusimos a este pueblo por nombre la Rambla. Y yendo más adelante costeando, vimos una ensenada donde se quedó el río de Fenole, que a la vuelta que volvimos entramos en él, y le pusimos nombre río de San Antonio. Y yendo más adelante navegando, vimos adonde quedaba el paraje del gran río de Guazacalco, y quisiéramos entrar en la ensenada, por ver qué cosa era, sino por ser el tiempo contrario; luego aparecieron las grandes sierras nevadas, que en todo el año están cargadas de nieve; y también vimos otras sierras que están más junto al mar, que se llaman ahora de San Martín, porque el primero que las vio fue un soldado que se llamaba San Martín, vecino de la Habana. Y navegando nuestra costa adelante, el capitán Pedro de Alvarado se adelantó con su navío, y entró en un río, que en indias se llama Papaloaba, y entonces pusimos por nombre río de Alvarado. Luego, navegamos con los cuatro navíos hasta que llegamos en paraje de otro río, que le pusimos por nombre río de Banderas, porque estaban en él muchos indios con lanzas grandes.

CAPÍTULO 13

Cómo los gobernadores del gran Moctezuma
nos salieron al paso con mucho oro.

Ya habrán oído decir en España cómo México es tan gran ciudad, poblada en el agua como Venecia, y había en ella un gran señor, que era rey de muchas provincias, y señoreaba todas aquellas tierras, que son mayores que cuatro veces nuestra Castilla, el cual se decía Moctezuma; y como era tan poderoso, quería señorear y saber hasta lo que no podía, ni le era posible: tuvo noticia de la primera vez que venimos con Francisco Hernández de Córdoba, lo que nos acaeció en la batalla de Cotoche, y en la de Champotón, y ahora de este viaje la batalla del mismo Champotón, y supo que éramos nosotros pocos soldados, y los de aquel pueblo muchos; al fin entendió que nuestra demanda era buscar oro a trueque del rescate que traíamos, y como supo que íbamos costa a costa hacia sus provincias mandó a sus gobernadores, que si por allí pasábamos que procuraran cambiar oro a nuestras cuentas. Lo más cierto era que sus antepasados les habían dicho que habían de venir personas de donde sale el sol, que los habían de señorear. Sea por una u otra cosa, cuando llegamos nos recibieron con banderas, vinieron luego los presentes, todo por señas, porque Julianillo el de la punta de Cotoche no entendía aquella lengua. En seis días que estuvimos allí trajeron más de quince mil pesos en joyezuelas de oro, de muchas hechuras, porque vista cosa es que en la provincia del río de Grijalva no hay oro, sino muy pocas joyas. Tomamos posesión en aquella tierra por Su Majestad, y en su nombre real el gobernador de Cuba Diego Velázquez. Y de allí tomamos un indio, que llevamos en los navíos, el cual después que entendió nuestra lengua se volvió cristiano, y se llamó Francisco. Corriendo costa adelante llegamos a una isleta blanca, hallamos dos casas hechas de cal y canto y bien labradas, allí estaban sacrificados de aquella noche cinco indios. Llegaron a la costa muchos indios que traían oro para cambiar, los mandó el gran Moctezuma. Luego el capitán Juan de Grijalva mandó que los navíos alzaran las anclas.

Capítulo 14

Cómo llegamos al puerto de San Juan de Ulúa.

Desembarcados en unos arenales hicimos chozas encima de los mastos y medaños de arena, que los hay por allí grandes, por causa de los mosquitos, que había muchos, y con bateles ondearon muy bien el puerto. Hecho esto fuimos a la isleta con el general, hallamos una casa de adoratorios, donde estaba un ídolo muy grande y feo, el cual se llamaba Tezcatepuca, y estaban allí cuatro indios con mantas prietas y muy largas, con capillas como traen los dominicos, eran sacerdotes de aquel ídolo y tenían sacrificados a dos muchachos, abiertos por los pechos, y los corazones y sangre ofrecidos a aquel maldito ídolo; y los sacerdotes, que ya he dicho que se dicen papas, nos venían a sahumar con lo que sahumaban aquel su ídolo, y en aquella sazón que llegamos, le estaban sahumando con uno que huele a incienso, y no consentimos que tal sahumerio nos diesen, antes tuvimos muy gran lástima y mancilla de aquellos dos muchachos. Y el general preguntó al indio Francisco, que traíamos del río de Banderas, que por qué hacían eso, respondió que los de Culúa lo mandaban sacrificar; y como era torpe de lengua, decía: Ulúa, Ulúa. Como nuestro capitán estaba presente, y se llamaba Juan, y asimismo era día de San Juan, pusimos por nombre a aquella isleta San Juan de Ulúa. Estuvimos siete días, viendo que el tiempo se nos pasaba, y teniendo ya por cierto que aquellas tierras no eran islas, sino tierra firme, y que había grandes pueblos, fue acordado que enviáramos a hacer saber al gobernador Diego Velázquez que enviara socorro, porque Juan de Grijalva tenía voluntad de poblar con pocos soldados. Los capitanes escribieron al gobernador cada uno lo que le pareció.

Capítulo 15

Cómo Diego Velázquez, gobernador de la isla de Cuba,
envió un navío pequeño en nuestra busca.

Después que salimos de Cuba, el gobernador Diego Velázquez estaba triste y pensativo, no nos hubiese acaecido algún desastre, y deseaba saber de nosotros; a esta causa envió un navío pequeño en nuestra busca con siete soldados, y por capitán llevaba a un Cristóbal de Olid, persona de valía, muy esforzado, y le mandó que siguiese la derrota de Francisco Hernández de Córdoba hasta toparse con nosotros. Y según parece, Cristóbal de Olid, yendo en nuestra busca, estando surto cerca de tierra, le dio un recio temporal, y por no anegarse sobre las amarras el piloto que traían mandó cortar los cables, y perdió las anclas, y se volvió a Santiago de Cuba, de donde había salido. Diego Velázquez, si cuando vio que no tenía nueva de nosotros, si triste estaba de antes que enviase a Cristóbal de Olid, más pensativo estuvo después. En esta sazón llegó el capitán Pedro de Alvarado con el oro, ropa, y dolientes que habíamos enviado junto con nuestro menester, y con entera relación de lo que habíamos descubierto. Cuando el gobernador vio el oro estaba asombrado de cuán ricas tierras habíamos descubierto.

CAPÍTULO 16

De lo que nos sucedió costeando las sierras de Tusta y de Tuspa.

Después que de nosotros se apartó el capitán Pedro de Alvarado para volver a la isla de Cuba, acordó nuestro general, con los demás capitanes y pilotos, que fuésemos costeando y descubriendo todo lo que pudiéramos; y yendo por nuestra navegación vimos las tierras de Tusta, y más adelante de ahí a otros dos días vimos otras sierras más altas, que ahora se llaman las sierras de Tuspa. Y caminando más adelante vimos muchas poblaciones, y estarían la tierra adentro dos o tres leguas, esto es ya en la provincia de Pánuco; y yendo por nuestra navegación llegamos a un río grande, que le pusimos por nombre río de Canoas. Y estando surtos los tres navíos vinieron por el río dieciséis canoas muy grandes llenas de indios de guerra, con arcos, flechas y lanzas, se fueron derecho al navío más pequeño, del que era capitán Alonso de Ávila, y estaba más allegado a tierra. Dándole una rociada de flechas hirieron a dos soldados. Echaron mano al navío. Puesto que el capitán y los soldados peleaban bien, derribaron tres canoas, nosotros con gran presteza les ayudamos con nuestros bateles. Herimos más de la tercera parte de esa gente, el resto se retiró. El piloto Antón de Alaminos dijo al general que no era bien navegar más aquella tierra. Luego se tomó consejo de lo que se había de hacer. Fue acordado que diéramos la vuelta a la isla de Cuba, lo uno porque ya entraba el invierno y no había abastecimiento; los capitanes estaban desconformes, porque Juan de Grijalva decía que quería poblar, Francisco Montejo y Alonso de Ávila decían que no se podían sustentar, por causa de los muchos guerreros que en la tierra había, y también todos nosotros los soldados estábamos hartos y muy trabajados de andar por la mar. Así que dimos vuelta. En pocos días llegamos al paraje del gran río Guacaculco, pero no pudimos estar por el mal tiempo; fuimos al río de Tonalá, que había sido nombrado San Antonio. Vinieron muchos indios, a los que el capitán les hizo muchos halagos e intercambió con ellos cuentas verdes y diamantes. También me acuerdo que un soldado que se decía Bartolomé Prado fue a una casa de ídolos, que ya he dicho que se dicen *cúes,* en ella encontró muchos ídolos y copal, y cuchillos de pedernal con que sacrificaban y retajaban, y unas arcas de madera con piezas de oro. El oro se lo quedó y los ídolos se los trajo al capitán. Como había muchos mosquitos, sembré unos naranjos; sepa que estos fueron los primeros naranjos que se plantaron en la Nueva España. Diré cómo quedaron todos los indios de aquellas provincias muy contentos, y luego nos abrazamos y vamos de vuelta a Cuba. Y cuando esto pasó, ya había pláticas para enviar otra armada.

Capítulo 17

*Cómo Diego Velázquez envió a Castilla
a su capellán.*

Y aunque les parezca a los lectores que va fuera de nuestra relación esto que yo traigo aquí a la memoria, antes que entre en lo del capitán Hernando Cortés conviene que se diga, por las causas que adelante verán, y también porque en un tiempo acaecen dos o tres cosas, y por fuerza hemos de hablar de una, y la que mas viene al propósito.

El caso es que cuando llegó el capitán Pedro de Alvarado a Santiago de Cuba con el oro que descubrimos, el gobernador Diego Velázquez temió que él hiciera relación primero a Su Majestad, a esta causa envió a su capellán, que se decía Benito Martínez, hombre que entendía muy bien de negocios, a Castilla con probanzas y cartas para don Juan Rodríguez de Fonseca obispo de Burgos, para que le dieran licencia para rescatar, conquistar y poblar en todo lo que había descubierto y en lo que más descubriera; decía en sus relaciones y cartas que había gastado muchos millares de pesos de oro en el descubrimiento. Por manera que el capellán Benito Martínez fue a Castilla, y negoció todo lo que pidió, y aun más cumplidamente, que trajo provisión para Diego Velázquez para ser adelantado de la isla de Cuba. Pues ya negociado lo aquí por mí dicho, no vinieron tan presto los despachos, que primero no saliese Cortés con otra. Pues ya negociado lo aquí dicho, no salió primero Cortés con otra armada, como Gómora lo dijo.

CAPÍTULO 18

De algunas advertencias acerca de lo que escribe Francisco López de Gómora, mal informado en su Historia.

Estando escribiendo esta relación, vi una historia de buen estilo de un Francisco López de Gómora, que habla de las conquistas de México y Nueva España, cuando leí su gran retórica dejé de escribir, pero cuando miré las razones y pláticas de su libro supe que no llevaba buena relación, todo muy contrario de lo que fue y pasó en la Nueva España. Pues de aquellas grandes matanzas que dice que hacíamos, no hicimos tantas muertes ni crueldades; juro amén que cada día estábamos rogando a Dios y a nuestra Señora no nos desbarataran. Gómora no acierta, en todo lo que le dijeron lo engañaron. En lo de Juan de Grijalva, siendo buen capitán, le deshace y disminuye. En lo de Francisco de Garay dice que vino el primero con cuatro navíos de lo de Pánuco, antes que viniera con la armada postrera; en lo cual no acierta como en lo demás. Pues desde que tornamos a conquistar la gran Ciudad de México y la ganamos, tampoco dice que los soldados que nos mataron e hirieron en las conquistas, sino que todo lo hallábamos, como quien va a bodas y regocijos. Para qué meto yo aquí tanto la pluma en contar cada cosa por sí, que es gastar papel y tinta, porque si en todo lo que escribe va de esta arte, es grande lástima. Dejemos esta plática.

Mirando esto que he dicho, acordé seguir mi intento con el ornato y pláticas que adelante verán, para que salga a luz y se vean las conquistas de la Nueva España claramente, y Su Majestad sea servido conocer los grandes y notables servicios que le hicimos los verdaderos conquistadores, pues tan pocos soldados, como venimos a estas tierras con el venturoso y buen capitán Hernando Cortés, nos pusimos a tan grandes peligros.

Capítulo 19

Cómo venimos otra vez con otra armada a las tierras nuevamente descubiertas, y por capitán de la armada Hernando Cortés, que después fue marqués del Valle, y tuvo otros ditados y de las contrariedades que hubo para estorbarle que no fuese capitán.

En quince días del mes de noviembre de mil quinientos dieciocho, vuelto el capitán Juan de Grijalva de descubrir las tierras nuevas, el gobernador Diego Velázquez ordenaba enviar otra armada muy mayor que las de antes, y para ello tenía diez navíos en el puerto de Santiago de Cuba; los cuatro de ellos eran en los que volvimos cuando lo de Juan de Grijalva, porque luego les hizo dar carena y adobar; y los otros seis recogieron de toda la isla, y los hizo proveer de bastimento, que era pan cazabe, y tocino, porque en aquella sazón no había en la isla de Cuba ganado vacuno, ni carneros, y este bastimento no era más que para llegar a la Habana. Había muchos debates y contrariedades para elegir capitán del viaje, porque ciertos caballeros decían que viniera un capitán muy de calidad, que se decía Vasco Porcallo, pariente cercano del conde de Feria, los soldados decíamos que volviera Juan de Grijalva, pues era buen capitán y no había falta en su persona y en saber mandar. Andando las cosas y conciertos de esta manera, hicieron secretamente reunión con un buen hidalgo que se decía Hernando Cortés, natural de Medellín, el cual fue hijo de Martín Cortés de Monroy y de Catalina Pizarro Altamirano, ambos hidalgos, aunque pobres, fue de los buenos linajes de Estremadura y tenía indios de encomienda en aquella isla; poco tiempo había que se casó por amores con una señora que se decía doña Catalina Suárez Pacheco, y esta señora era hija de Diego Suárez Pacheco, ya difunto, natural de la ciudad de Ávila, y de María de Mercaida. Sobre este casamiento le sucedieron muchas pesadumbres y prisiones. Y fue de esta manera que concertaron dar a Hernando Cortés la capitanía general de toda la armada que partirían entre todos tres la ganancia del oro, plata y joyas, de la parte que le cupiera a Cortés, porque secretamente Diego Velázquez enviaba a rescatar y no a poblar. Y fue elegido Hernando Cortés, por la gracia de Dios, para ensalzar nuestra Santa Fe, y servir a Su Majestad, como adelante se dirá.

Capítulo 20

De las cosas que hizo y entendió el capitán Hernando Cortés,
después que fue elegido por capitán, como dicho es.

Pues como ya fue elegido Hernando Cortés por general de la
armada, comenzó a buscar todo género de armas, así escopetas como pólvora y ballestas, y todos cuantos pertrechos de
guerra pudo haber, y buscar todas cuantas maneras de rescate, y también otras cosas pertenecientes para aquel viaje. Además de esto comenzó a pulirse y embellecer su persona. Para
hacer estos gastos que he dicho, no tenía de qué, porque en
esta sazón estaba muy pobre, aunque tenía buenos indios de
encomienda, y como ciertos mercaderes amigos suyos, que
se decían Jaime Tría, o Gerónimo Tría, y un Pedro de Jerez, le
vieron con capitanía y prosperado, le prestaron cuatro mil pesos de oro y le dieron otras mercaderías sobre la renta de sus
indios. Mandó hacer estandartes y banderas labradas de oro
con las armas reales, con una cruz de cada parte, juntamente con las armas de nuestro rey y señor, con un letrero en latín,
que decía: "Hermanos, sigamos la señal de la santa cruz con
fe verdadera, que con ella venceremos". Pues como se supo
esta nueva en toda la isla de Cuba, y también Cortés escribió
a todas las villas a sus amigos, que se aparejaran para ir con
él a aquel viaje, unos vendían sus haciendas para buscar armas y caballos, otros comenzaban a hacer cazabe y salar tocinos para matalotaje. Y de la casa del mismo Diego Velázquez
vinieron los más principales que tenía en su servicio, que era
un Diego de Ordaz, su mayordomo mayor, a éste el mismo
Velázquez lo envió para que mirara y no hubiese alguna mala
trama en la armada, que siempre se temió de Cortés, aunque
lo disimulaba; y vino un Francisco de Morla, un Escobar, un
Heredia, Juan Ruano, Pedro Escudero y un Martín Ramos de
Lares Vizcaíno, y otros muchos que eran amigos y paniagua-
dos. Cortés andaba muy solícito en aviar su armada, y en todo
se daba mucha prisa, porque le habían dicho que el goberna-

dor estaba tentado a revocarle el mando, y a esta causa no se quitaba de la compañía de estar con el gobernador, siempre mostrándose su muy gran servidor. Andrés de Duero avisaba siempre a Cortés que se diera prisa en embarcar, porque ya tenían trastrocado a Diego Velázquez con importunidades de aquellos sus parientes, y después de muchos ofrecimientos y abrazos de Cortés al gobernador, y del gobernador a Cortés, se despidió de él. Otro día muy de mañana, después de haber oído misa, nos fuimos a los navíos. Con próspero tiempo en pocos días llegamos a la villa de la Trinidad.

CAPÍTULO 21

De lo que Cortés hizo desde que llegó a la villa
de la Trinidad, y de los caballeros y soldados que allí
nos juntamos para ir en su compañía,
y de lo que más le avino.

Desembarcamos en el puerto de la villa de la Trinidad, y salidos a tierra los vecinos recibieron a Cortés y a todos nosotros los que veníamos en su compañía, llevaron a nuestro capitán a aposentar entre los vecinos, porque había en aquella villa buenos hidalgos. Mandó Cortés poner su estandarte delante de su posada. Y de esta villa salieron hidalgos para ir con nosotros, todos hermanos, que fue el capitán Pedro de Alvarado, Gonzalo Alvarado, Jorge de Alvarado, y Gonzalo y Gómez, y Juan de Alvarado el viejo que era bastardo, y salió Juan de Escalante con otros que no recuerdo sus nombres. Desde la Trinidad escribió Cortés a la villa de Santo Espíritus haciendo saber a todos los vecinos como iba aquel viaje a servir a Su Majestad, con palabras sabrosas y ofrecimientos para atraer a muchas personas de calidad que estaban en aquellos poblados; vinieron a la villa de la Trinidad en respuesta y Cortés las recibió con mucho afecto. Todas las personas que he nombrado, vecinos de la Trinidad, tenían en sus estancias donde hacían el pan cazabe, manadas de puercos cerca de aquella villa, y cada uno procuró de poner el más bastimento que podía. En aquel instante vino un navío de la Habana a aquel puerto de la Trinidad que traía un Juan Sedeño, vecino de la misma Habana, cargado de pan cazabe, y tocinos que iba a vender a unas minas de oro, y como saltó en tierra vino a besar las manos de Cortés, y después de muchas pláticas que tuvieron, le compró el navío para que se fuera con nosotros. Ya teníamos once navíos, y todo se nos hacía prósperamente, gracias a Dios por ello; y estando de la manera que he dicho, envió Diego Velázquez cartas y mandamientos, para que detengan la armada a Cortés.

Capítulo 22

Cómo el gobernador Diego Velázquez envió dos criados suyos a la villa de la Trinidad, con poderes y mandamientos para revocar a Cortés el poder de su capitanía y tomarle la armada, y lo que pasó diré adelante.

Quiero volver nuestra plática atrás, para decir que apenas salimos de Santiago de Cuba dijeron a Diego Velázquez tales palabras contra Cortés, que le hicieron volver la hoja, porque le acusaban que ya iba alzado, que salió del puerto como a cencerros tapados, y que le habían oído decir que aunque pesara al gobernador había de ser capitán, y que por este efecto había embarcado todos sus soldados en los navíos de noche para si le quitasen la capitanía, por fuerza hacerse a la vela, y que le habían engañado a Velázquez su secretario Andrés de Duero, y el contador Amador de Lares, y que por tratos que había entre ellos y entre Cortés, que le habían hecho dar aquella capitanía. Y quien más metió la mano en ello para convocar a Diego Velázquez eran sus parientes y un viejo que se decía Juan Millán, que le llamaban el *Astrólogo;* este viejo decía: "Mira, señor, que Cortés se vengará ahora de vos de cuando le tuviste preso, y como es mañoso os ha de echar a perder, si no lo remediáis presto". A estas palabras, y otras muchas que le decían, dio oídos a ellas, y con mucha brevedad envió dos mozos de espuelas, de quien se fiaba, con mandamientos y provisiones para el alcalde mayor de la Trinidad, que se decía Francisco Verdugo, el cual era cuñado del mismo gobernador, en las cuales mandaba que le detuvieran la armada a Cortés, porque ya no era capitán, y le habían revocado el poder, dándolo a Vasco Porcallo. También traían cartas para Diego de Ordaz, para Francisco de Morla, y para todos los amigos y parientes de Diego Velázquez. Como Cortés lo supo, habló secretamente con Ordaz y con aquellos soldados que le pareció apoyaban al gobernador. Así se quedo sin hacer bullicio, y un mozo de los que traían las cartas se fue con nosotros; y con el otro mensajero escribió Cortés muy mansa y amorosamente a Diego Velázquez, que se maravillaba de su merced, de haber tomado aquel acuerdo y que su deseo es servir a Dios, a Su Majestad y a él en su real nombre, y que le suplicaba que no oyera más a aquellos señores. Y también escribió a todos sus amigos, en especial a Duero y al contador, sus compañeros; y después de haber escrito, mandó entender a todos los soldados en aderezar armas, y a los herreros que estaban en aquella villa, que siempre hiciesen casquillos.

CAPÍTULO 23

Cómo el capitán Hernando Cortés se embarcó con todos los demás caballeros y soldados para ir por la banda del sur al puerto de la Habana, y envió otro navío por la banda del norte al mismo puerto, y lo que más le acaeció.

Después que Cortés vio que en la villa de la Trinidad no teníamos en qué entender, apercibió a todos los caballeros y soldados que allí se habían juntado para ir en su compañía hasta la Habana, unos por tierra con Pedro de Alvarado, otros por mar. Yo fui por tierra, y más de otros cincuenta soldados. Dejemos esto, y diré que también mandó Cortés a un hidalgo, que se decía Juan de Escalante, muy su amigo, que fuese en un navío por la banda del norte. Pues ya despachado todo lo que dicho tengo, Cortés se embarcó en la nao capitana con todos los navíos para ir la derrota de la Habana. Parece ser que las naos que llevaba en conserva no vieron a la capitana, donde iba Cortés, porque era de noche, y fueron al puerto; y asimismo llegamos por tierra con Pedro de Alvarado a la villa de la Habana; y el navío en que venía Juan de Escalante por la banda del norte también había llegado, y todos los caballos que iban por tierra; y Cortés no vino, ni sabían dar razón de él. Pasaron cinco días, y no había ninguna nueva de su navío, pero como venía en el barco con más porte se quedó parado cerca de la isla de Pinos, con el batel mandó descargar toda la carga que se pudo sacar, porque allí cerca había tierra donde lo descargaron, y desde que vieron que el navío estaba en flote y podía nadar, le metieron en más hondo. Cuando llegó la mayoría de soldados y caballeros nos alegramos con su venida. Después que le aposentamos en la casa de Pedro Barba, que era teniente de aquella villa, mandó sacar sus estandartes. Y de allí de la Habana vino un hidalgo que se decía Francisco de Montejo, adelantado y gobernador de Yucatán y Honduras, y Diego de Soto, el de Toro, que fue mayordomo de Cortés en lo de México, y dos hermanos que se decían los Martínez, todas personas de calidad. Cuando Cortés vio todos aquellos hidalgos y soldados juntos, se holgó en grande manera, y luego envió un navío a la punta de Guaniguanico, a un pueblo que allí estaba de indios, adonde hacían cazabe, y tenían muchos puercos, para que cargara el navío de tocinos, porque aquella estancia era del gobernador Diego Velázquez; envió por capitán del navío a Diego de Ordaz, como mayordomo mayor de las haciendas de Velázquez, y lo envió para tenerlo apartado de sí, porque supo que no se mostró mucho en su favor cuando hubo las contiendas sobre quién sería capitán (cuando Cortés estaba en la isla de Pinos), por eso le ordenó que esperara otro navío y se fuera con él hasta Cozumel donde le enviaría canoas de indios para decirle qué hacer. Luego Cortés mandó reunir toda la artillería. Como en aquella tierra de la Habana había mucho algodón, hicimos armas muy bien colchadas, porque son buenas para entre indios. Y allí en la Habana comenzó Cortés a poner casa, y a tratarse como señor, y el primer maestresala que tuvo fue un Guzmán, que luego se murió o mataron indios. Y también tuvo Cortés por camarero a un Rodrigo Rangel, y por mayordomo a un Juan de Cáceres, que fue después de ganado México hombre rico. Y todo esto ordenado, nos mandó apercibir para embarcar.

Capítulo 24

Cómo Diego Velázquez envió a un criado, que se decía Gaspar de Garnica, con mandamientos y provisiones para que en todo caso se prendiera a Cortés, y se le tomase la armada, y lo que sobre ello se hizo.

Hay necesidad que algunas cosas de esta relación vuelvan muy atrás, para que se entienda lo que se escribe: como Diego Velázquez vio y supo que Francisco Verdugo, su teniente y cuñado, que estaba en la villa de la Trinidad, no quiso apremiar a Cortés que dejara la armada, antes le favoreció juntamente con Diego de Ordaz, para que saliese, estaba enojado, y decía al secretario Andrés de Duero y al contador Amador de Lares que ellos le habían engañado por el trato que hicieron, que Cortés iba alzado; acordó enviar a un criado con cartas y mandamientos para la Habana a su teniente, que se decía Pedro Barba, y a todos sus parientes rogándoles que no dejasen pasar la armada, y que luego prendieran a Cortés, enviándoselo preso a Santiago de Cuba. A Cortés sus dos compañeros Andrés de Duero y el contador le advirtieron lo que pasaba, y pues como a Ordaz lo había enviado el capitán a lo de los bastimentos con el navío, no tenía contraditor, y a todos los más que les había escrito Diego Velázquez, ninguno le acudía a su propósito. Por manera que si en la villa de la Trinidad se disimularon los mandamientos, muy mejor se callaron en la Habana. Le escribieron al gobernador que Cortés estaba muy rodeado de soldados. Y Cortés le escribió a Velázquez con palabras tan buenas, y de ofrecimientos que los sabía muy bien decir, y que otro día se haría a la vela.

CAPÍTULO 25

Cómo Cortés se hizo a la vela con toda su compañía
de caballeros y soldados para la isla de Cozumel,
y lo que allí le avino.

No hicimos alarde hasta la villa de Cozumel, más de mandar Cortés que los caballos se embarcaran. Cortés mandó a Pedro de Alvarado por la banda del norte hasta Punta de San Antón, para que allí se juntaran los navíos. Envió mensajero a Diego de Ordaz para que hiciera lo mismo. Yo iba con Pedro de Alvarado, saltamos a tierra dos días antes que llegara Cortés, y no hallamos indio alguno, se habían ido huyendo. Fuimos a otro pueblo y también allí los indios huyeron abandonando sus gallinas; tomamos cuarenta y capturamos dos indios y una india, y volvimos adonde desembarcamos. Estando en esto llegó Cortés con el resto de los navíos. Lo primero que hizo fue mandar echar preso al piloto Camacho, y a Pedro de Alvarado lo regañó cosa muy fuerte, le dijo que no se habían de apaciguar las tierras de aquella manera, tomando a los naturales su hacienda. Mandó traer a los indios y el indio Melchorejo les habló, porque Juanillo había muerto, que mandaran llamar a los caciques e indios del pueblo, y les mandó volver lo tomado. Otro día vino el cacique con toda su gente, hijos y mujeres de todos los del pueblo, y andaban entre nosotros, como si toda su vida nos hubieran tratado. Aquí en esta isla comenzó Cortés a mandar muy de hecho, y Nuestro

Señor le daba gracia, que doquiera que ponía la mano se le hacía bien, especial en pacificar los pueblos y naturales de aquellas partes, como adelante verán.

CAPÍTULO 26

Cómo Cortés mandó hacer alarde
de todo su ejército.

De ahí a tres días que estábamos en Cozumel, mandó Cortés hacer alarde para ver qué tantos soldados llevaba y halló por su cuenta que éramos quinientos ocho, sin maestres, pilotos y marineros; dieciséis caballos y yeguas, y once navíos. Eran treinta y dos ballesteros, y trece escopeteros, que así se llamaban en aquel tiempo, con mucha pólvora y pelotas. Puso por capitán de la artillería a un Francisco de Orozco, que había sido buen soldado en Italia; asimismo mandó a dos ballesteros, que se decían Juan Benítez y Pedro de Guzmán, a revisar bien las armas; y que los caballos estuviesen muy a punto. No sé yo en qué gasto ahora tanta tinta en meter la mano en cosas de apercibimiento de armas, y de lo demás, porque Cortés verdaderamente tenía grande vigilancia en todo.

CAPÍTULO 27

Cómo Cortés supo de dos españoles que estaban
en poder de indios en la punta de Cotoche,
y lo que sobre ello se hizo.

Como Cortés ponía en todo gran diligencia, me mandó llamar a mí y a un vizcaíno que se llamaba Martín Ramos, y nos preguntó que qué sentíamos de aquellas palabras que nos hubieron dicho los indios de Campeche cuando venimos con Francisco Hernández de Córdoba, que decían: *Castilan, cas-*

tilan. Le dije que he pensado en ello muchas veces y que por ventura estarían algunos españoles en aquellas tierras. Me pareció bien preguntar a los caciques de Cozumel si sabían algo; Melchorejo preguntó a todos los principales, y todos dijeron que conocieron a unos españoles a los que tenían por esclavos unos caciques. Cortés les escribió a esos caciques que los tenían por esclavos para que los dejaran venir; y así se hizo, que se les dio a los mensajeros todo género de cuentas. Luego mandó apercibir dos navíos, los de menos porte, con veinte ballesteros, y por capitán de ellos a Diego de Ordaz, y mandó que estuvieran ocho días en la costa de la punta de Cotoche aguardando. Echaron a tierra los mensajeros con las cartas y el rescate, en dos días las dieron a un español que se decía Jerónimo de Aguilar, que desde que las leyó se las llevó a su amo cacique para que le diera licencia, la cual se la concedió. Caminó Aguilar adonde estaba su compañero, que se decía Gonzalo Guerrero, que le respondió: "Hermano Aguilar, yo soy casado, tengo tres hijos, y me tienen por cacique y capitán cuando hay guerras". Viendo que no quería venir, Jerónimo Aguilar se vino luego con los dos indios mensajeros adonde había estado el navío aguardándole, y desde que llegó no le halló, porque ya se habían pasado los ocho días. Cuando Cortés vio venir a Ordaz sin recaudo, ni nueva de los españoles, se molestó. A aquella isla de Cozumel venían muchos indios en romería porque, según pareció, había allí ídolos de muy deformes figuras, que estaban en un adoratorio y a los cuales les ofrecían sacrificio. Cortés mandó llamar al cacique, a todos los principales y al mismo *papa,* y como mejor se pudo dárselo a entender con aquella nuestra lengua, les dijo que si habían de ser nuestros hermanos quitaran de aquella casa sus ídolos, que eran muy malos, y que pusieran una imagen de Nuestra Señora, que les dio, y una cruz, que siempre serían ayudados. Ellos respondieron que sus antepasados adoraban a esos ídolos, entonces Cortés mandó que los despedazásemos y levantásemos un altar de Nuestra Señora con una cruz hecha de maderas nuevos.

Capítulo 28

*Cómo Cortés repartió los navíos y señaló capitanes para
ir en ellos, y asimismo se dio la instrucción de lo que
habían de hacer a los pilotos, y las señales de los faroles
de noche, y otras cosas que nos avino.*

Los navíos quedaron repartidos: Cortés llevaba la capitana;
Pedro de Alvarado y sus hermanos, un navío que se decía San
Sebastián; Alonso Hernández Puertocarrero, otro; Francisco
de Montejo, otro buen navío; Cristóbal de Olid, otro; Diego de
Ordaz, otro; Juan Velázquez de León, otro; Juan de Escalante, otro; Francisco de Morla, otro; Escobar *el Paje,* otro; y el
más pequeño, como bergantín, Ginés Nortes.

Y en cada navío su piloto, y el piloto mayor Antón de
Alaminos, y las instrucciones por donde se habían de regir, y
lo que habían de hacer, y de noche las señales de los faroles; y
Cortés se despidió de los caciques y *papas,* y les encomendó
aquella imagen de Nuestra Señora y a la cruz que la reveren-
ciaran. Embarcamos cierto día del mes de marzo de
mil quinientos diecinueve. Aquel mismo día Cortés escuchó el ruido de un tiro, se puso en el
bordo de la capitana y vio que el navío donde venía Juan de Escalante se estaba hun-
diendo. Y mandó al piloto Alaminos que
hiciera señas a todos los navíos que arri-
baran a Cozumel. Ese mismo día volvimos
al puerto de donde salimos, y descarga-
mos el cazabe, y hallamos la imagen de
Nuestra Señora, y la cruz muy limpia, y
puesto incienso, y de ello nos alegramos.

Capítulo 29

*Cómo el español que estaba en poder de indios,
que se llamaba Jerónimo de Aguilar, supo cómo
habíamos arribado a Cozumel y se vino a nosotros,
y lo que más pasó.*

Cuando tuvo noticia cierta el español que estaba en poder de indios, que habíamos vuelto a Cozumel con los navíos, se alegró en grande manera, y se vino con los indios que llevaban las cartas en una canoa; como pagó con las cuentas verdes que le enviamos, se dieron tal prisa en remar que en poco espacio de tiempo llegaron a la costa de Cozumel. Dijeron a Cortés unos soldados que iban a montería, que había venido una canoa grande de la punta de Cotoche; y mandó Cortés a Andrés de Tapia, y a otros soldados, que fueran a ver qué cosa nueva había llegado sin temor. Después que hubieron saltado a tierra, el español venía mal mascado, y peor pronunciado, dijo: "Dios y Santa María, y Sevilla", luego se fue a abrazar a Tapia; y otro soldado de los que habían ido con Tapia al ver qué cosa era, fue a mucha priesa a demandar albricias a Cortés como era español el que venía en la canoa, de que todos nos alegramos, y luego se vino Tapia con el español adonde estaba Cortés. Ciertos españoles le preguntaban a Tapia: "¿Qué es del español?", aunque iba allí junto con él, porque le tenían por indio propio, porque de suyo era moreno, y trasquilado a manera de indio esclavo, y traía un remo al hombro, y una cotara vieja calzada, y un braguero con el que cubría sus vergüenzas. Pues desde que Cortés lo vio de aquella manera, también picó como los demás soldados, y preguntó a Tapia que qué era del español. El español, como lo entendió, se puso en cuclillas como hacen los indios, y dijo: "Yo soy". Luego Cortés le mandó dar de vestir camisa y jubón, y le preguntó de su vida. Dijo, aunque no bien pronunciado, que era natural de Ecija, que hacía ocho años que se había perdido él y otros quince hombres y dos mujeres que iban desde el Darién a la isla de Santo Domingo, creyendo tomar la isla de Cuba o Jamaica, y que las corrientes eran muy grandes, que les echaron en aquella tierra, que los *calachionis* de la comarca los repartieron entre sí, y que habían sacrificado a los ídolos muchos de sus compañeros, y otros se habían muerto de dolencia, que a él lo tenía para sacrificar pero se escapó y se fue con aquel cacique con quien estaba; y que no habían quedado de todos sino él, y un Gonzalo Guerrero, y dijo que le fue a llamar pero no quiso venir. Los caciques de Cozumel, cuando vieron a Aguilar que hablaba su lengua, le daban muy bien de comer, y él les aconsejaba que siempre tuvieran devoción y reverencia a la santa imagen de Nuestra Señora y a la cruz, que conocerían que por ello les venía mucho bien. Y los caciques por consejo de Aguilar demandaron una carta de favor a Cortés para que si vinieran a aquel puerto otros españoles fueran bien tratados. Después de despedidos con muchos halagos y ofrecimientos, nos hicimos a la vela para el río de Grijalva.

CAPÍTULO 30

Cómo nos tornamos a embarcar y nos hicimos a la vela para el río de Grijalva, y lo que nos avino en el viaje.

En cuatro días del mes de marzo de mil quinientos diecinueve, habiendo tan buen suceso en llevar tan buena lengua y fiel, mandó Cortés que nos embarcásemos con las mismas instrucciones que habíamos venido, antes que arribásemos a Cozumel, y con las mismas instrucciones y señas de los faroles para de noche; yendo navegando con buen tiempo, revuelve un viento, ya que quería anochecer, tan recio y contrario, que echó cada navío por su parte, con harto riesgo de dar en tierra, y quiso Dios que a medianoche aflojó. Al amanecer se volvieron a juntar los navíos, excepto uno en que iba Juan Velázquez de León, e íbamos nuestro viaje sin saber de él hasta mediodía, de lo cual llevábamos pena. Dijo Cortés al piloto Alaminos que no era bueno ir más adelante sin saber de él, y el piloto hizo señas a todos los navíos para que estuvieran al reparo. El piloto sugirió a Cortés volver, y lo hallamos anclado, todos tuvimos placer y estuvimos allí un día. Había unas estancias donde había maizales, y tenía cuatro *cúes*, que son casas de ídolos; se puso nombre a aquella tierra la Punta de las Mujeres. Me acuerdo que decía Aguilar que cerca de aquellas estancias estaba el pueblo donde era esclavo, y que no muy lejos estaba el pueblo donde vivía Gonzalo Guerrero, que todos tenían oro, aunque era poco. Cortés le dijo riendo que no venía para tan pocas cosas, sino para servir a Dios y al rey. Y luego mandó a un capitán que se decía Escobar que fuera en el navío que demandaba poca agua hasta Boca de Términos, que mirara muy bien qué tierra era. Al otro día por la mañana salimos con la armada hasta Términos pero no hallamos a Escobar, sino una carta en la que decía que era buena tierra. El piloto Alaminos le dijo a Cortés que le diéramos alcance a Escobar, que por el viento ya debía estar en mar, siendo esta la causa por la que no pudo aguardar. Luego le alcanzamos. Estando en esto llegamos al paraje de Potonchan, que era mal puerto, y así pasamos de largo, y en tres días que navegamos llegamos al río de Grijalva.

Capítulo 31

Cómo llegamos al río de Grijalva, que en lengua de indios llaman Tabasco, y de la guerra que nos dieron, y lo que más con ellos pasamos.

En doce días del mes de marzo de mil quinientos diecinueve, llegamos con toda la armada al río de Grijalva, que se dice de Tabasco, y como sabíamos ya de cuando lo de Grijalva, que en aquel puerto y río no podían entrar navíos de mucho porte, surgieron en la mar los mayores, y con los pequeños y los bateles fuimos todos los soldados a desembarcar a la punta de los Palmares, que estaba del pueblo de Tabasco otra media legua. Estaban juntos en el pueblo más de doce mil guerreros aparejados para darnos guerra, la causa de ello fue porque los de Potonchan, los de Lázaro y otros pueblos comarcanos los tuvieron por cobardes y se los hacían saber, por manera que con aquellas palabras se determinaron a tomar armas. Cortés dijo que para qué andaban tan alborotados, que no les veníamos a hacer ningún mal, y les dijo otras cosas acerca de la paz. Como quería llevar nuestro capitán todas las cosas muy justificadamente, les hizo otro requerimiento delante de un escribano del rey que allí con nosotros iba, que se decía Diego de Godoy, y por la lengua de Aguilar, para que nos dejaran saltar en tierra a tomar agua y hablarles cosas de Nuestro Señor y de Su Majestad, y que si guerra nos daban, que si por defendernos algunas muertes hubiera, era su culpa y no la nuestra. Pelearon muy valientemente con grande esfuerzo, dando voces y silbos, diciendo: "Al *calacheoni*, al *calacheoni*", que en su lengua quiere decir que matarán a nuestro capitán. Estando allí Cortés tomó posesión de aquella tierra por Su Majestad. Me acuerdo en aquellas reñidas guerras, que nos dieron aquella vez, hirieron a catorce soldados, y a mí me dieron un flechazo en el muslo, mas poca herida, y quedaron tendidos y muertos dieciocho indios en el agua, y en tierra donde desembarcamos, y allí dormimos aquella noche con grandes velas y escuchas.

CAPÍTULO 32

Cómo mandó Cortés a todos los capitanes que fueran
con cada cien soldados a ver la tierra adentro,
y lo que sobre ello nos acaeció.

Otro día mandó Cortés a Pedro de Alvarado que saliera por capitán con cien soldados, entre ellos quince ballesteros y escopeteros, que fuera a ver la tierra adentro hasta andaduras de dos leguas, y que llevase en su compañía a Melchorejo, la lengua de la punta de Cotoche; y cuando le fueron a llamar al Melchorejo, no le hallaron, que había huido con los de aquel pueblo de Tabasco. Cortés sintió enojo con su ida. Asimismo mandó Cortés que fuera otro capitán, que se decía Francisco de Lugo, por otra parte con otros cien soldados; y yendo que iba Francisco de Lugo, se encontró con grandes capitanes y escuadrones de indios, y les comenzaron a flechar de arte. Este capitán había enviado adelante un indio de Cuba muy grande corredor y suelto, a dar mandado a Cortés para que le fuésemos a ayudar. Entre tanto, el capitán Pedro de Alvarado, que pareció ser había andado más de una legua, se topó con un estero muy malo de pasar y quiso Dios Nuestro Señor encaminarlo que volviera por otro camino hacia donde estaba Francisco de Lugo peleando, y lo socorrió. Cuando Cortés oyó al indio de Cuba que venía corriendo demandando socorro, de presto lo fuimos a ayudar. Luego se envió un indio de ellos con cuentas verdes para dar a los caciques, para que vinieran de paz, y aquel mensajero dijo que el indio Melchorejo que traíamos con nosotros de la punta de Cotoche, que se fue a ellos la noche antes, les aconsejó que nos dieran guerra de día y de noche, que al fin no éramos muchos. Y aquel indio que enviamos por mensajero fue y nunca volvió con la respuesta; de los otros dos indios que estaban presos, supo Aguilar que nos habían de venir otro día a dar guerra.

CAPÍTULO 33

*Cómo Cortés mandó que para otro día nos aparejásemos
todos para ir en busca de los escuadrones guerreros,
y mandó sacar las caballos de los navíos, y lo que más
nos avino en la batalla que con ellos tuvimos.*

Luego Cortés supo que muy ciertamente nos venían a dar
guerra, y mandó que con brevedad sacasen todos los caballos
de los navíos en tierra, y que todos los soldados estuviéramos
muy a punto con nuestras armas, aunque estuviésemos heridos. Una cosa acaeció en aquella sazón, a seis o siete soldados, mancebos y bien dispuestos, les dio mal en los riñones,
que no se pudieron tener poco ni mucho en sus pies, si no
los llevaban a cuestas; no supimos de qué, decían que de ser
regalados en Cuba, y que con el peso y calor de las armas,
que les dio aquel mal. Cortés los mandó llevar a los navíos,
no quedaran en tierra, y apercibió a los caballeros que habían
de ir los mejores jinetes y caballos, que fueran con pretales de
cascabeles, y les mandó que no se parasen a alan-
cear hasta haber desbaratado a los indios.
Mandó a Diego Ordaz que fuera el capitán
de todos nosotros. Yendo de la manera que
he dicho con Ordaz, dimos con todo el poder de escuadrones de indios guerreros,
que nos venían ya a buscar a los aposentos, y fue adonde los encontramos junto
al mismo pueblo de Cintla en un buen
llano. Por manera que si aquellos guerreros tenían deseo de darnos guerra, y
nos iban a buscar, nosotros los encontramos con el mismo motivo.

Capítulo 34

*Cómo nos dieron guerra todos los caciques de Tabasco
y sus provincias, y lo que sobre ello sucedió.*

Ya he dicho de la manera y concierto que íbamos, y cómo topamos todas las capitanías y escuadrones de contrarios, que nos iban a buscar, y traían todos grandes penachos, y tambores y trompetillas, y con grandes arcos y flechas, lanzas, rodelas y espadas como montantes de a dos manos, y mucha honda y piedra; así como llegaron a nosotros, como eran grandes escuadrones que todas las sabanas cubrían, se vinieron como perros rabiosos y nos cercaron por todas partes, tirando tanta flecha, vara, piedra, que de la primera arremetida hirieron más de setenta de los nuestros, poco a poco se apartaban de nosotros, mas era para flechar a su salvo, puesto que Mesa, nuestro artillero, con los tiros mataba muchos de ellos. Yo dije al capitán Diego de Ordaz: "Parece que debemos cerrar y apechugar con ellos, porque verdaderamente sienten bien el cortar de las espadas". Respondió Ordaz que no era buen acuerdo, porque había para cada uno de nosotros trescientos indios, que no nos podríamos sostener con tanta multitud, y así estuvimos con ellos sosteniéndonos. Todavía acordamos de llegar cuando pudiésemos a ellos. Estando en esto vimos llegar a los de a caballo; creyeron los indios que el caballo y el caballero era todo un cuerpo, como jamás habían visto caballos hasta entonces. Y después que los hubimos desbaratado, Cortés nos contó cómo no había podido venir mas presto, por la parte de una ciénaga. Ésta fue pues la primera guerra que tuvimos en compañía de Cortés en la Nueva España. Pasado esto, apretamos las heridas a los heridos con paños, que otra cosa no había, y se curaron los caballos quemándoles las heridas con unto de indio de los muertos.

Capítulo 35

Cómo envió Cortés a llamar a todos los caciques
de aquellas provincias.

Ya he dicho cómo prendimos en aquella batalla cinco indios, con los cuales estuvo Aguilar la lengua a pláticas, conoció en lo que le dijeron que serían hombres para enviar por mensajeros, y le dijo al capitán Cortés que los soltaran, que fueran a hablar a los caciques de aquel pueblo, y otros cualesquier; y a aquellos indios mensajeros se les dio cuentas verdes y diamantes azules; y les dijo Aguilar muchas palabras bien sabrosas y de halagos, y que les queremos tener por hermanos, y que no hubiesen miedo. Fueron de buena voluntad, hablaron con los principales y caciques, les dijeron todo lo que les enviamos a hacer saber sobre la paz. Y oída nuestra embajada, fue entre ellos acordado enviar luego quince indios, y llegados delante de Cortés, quien los recibió de buena voluntad. Aguilar, la lengua, les dijo medio enojado que cómo venían de aquella manera puestas las caras (las traían tiznadas), que más venían de guerra que para tratar paces. A aquellos mismos se les hizo ciertos halagos, se envió con ellos cuentas azules en señal de paz. Luego otro día vinieron treinta indios principales con buenas mantas, y trajeron gallinas, pescado, fruta y pan de maíz, y demandaron licencia a Cortés para quemar y enterrar los cuerpos de los muertos en las batallas pasadas. Dijeron que no se podían detener con nosotros en palabras, ni pases, porque otro día habían de venir todos los principales y señores. Como Cortés era en todo muy avisado, nos dijo riendo: "Señores, que me parece que estos indios temerán mucho a los caballos, y deben de pensar que ellos solos hacen la guerra, traigan la yegua de Juan Sedeño que parió el otro día en el navío, y traigan el caballo de Ortiz *el Músico*, que es muy rijoso y tomará olor de la yegua". Estando en esto, que ya era mediodía, vinieron cuarenta indios, todos caciques, con buena manera. Cortés les respondió con

Aguilar nuestra lengua, algo con gravedad, como haciendo del enojado, que ya ellos habían visto cuántas veces les habían requerido con la paz, y que ellos tenían la culpa. Entonces secretamente mandó poner fuego a la bombarda, y como no habían visto cosa como aquella, creyeron que era verdad lo que Cortés les dijo; en aquel instante trajeron al caballo que había tomado olor de yegua, pateaba y relinchaba. Los caciques creyeron que por ellos hacía aquellas bramuras del relinchar y el patear, y estaban espantados. Allí hubo muchas pláticas de Cortés con aquellos principales, dijeron que otro día vendrían todos y traerían un presente. Así se fueron muy contentos.

CAPÍTULO 36

Cómo vinieron todos los caciques y calachonis del río de Grijalva, y trajeron un presente, y lo que sobre ello pasó.

Otro día de mañana, vinieron muchos caciques y principales de aquel pueblo de Tabasco, y de otros comarcanos, haciendo mucho acato a todos nosotros, y trajeron un presente de oro, mantas de las que ellos traían y hacían, que son muy vastas, pero no fue nada este presente en comparación de veinte mujeres, entre ellas una muy excelente que se dijo doña Marina, que así se llamó después de vuelta cristiana. Cortés recibió aquel presente con alegría, les dijo que por aquello que traían se lo tenía en gracia, mas que una cosa les rogaba, que luego mandaran poblar aquel pueblo con toda su gente, y lo otro que les mandó fue que dejaran sus ídolos y sacrificios; respondieron que así lo harían, y les mandó Cortés a hacer un altar bien labrado. Después de haber mandado todo esto, dijo a los caciques que cuál fue la causa por la que nos dieron guerra tres veces, y respondieron para que no los tuvieran por cobardes, también dijo que el indio que traíamos por lengua, que se nos huyó una noche, se lo aconsejó. Luego

Cortés les mandó que en todo caso se lo trajeran, y dijeron que como les vio que en la batalla no les fue bien, se les fue huyendo. Les preguntó que de qué parte traían oro, y aquellas joyezuelas, respondieron que de hacia donde se pone el sol: *Culúa* y *México*. Estaban todos los caciques y principales delante, y se puso nombre a aquel pueblo Santa María de la Victoria, y así se llama ahora la Villa de Tabasco. Cortés repartió a cada capitán una de las mujeres tributadas, a doña Marina, como era de buen parecer y entremetida y desenvuelta, dio a Alonso Hernández Puertocarrero, que ya he dicho otra vez que era muy buen caballero, primo del conde de Medellín, y desde que fue a Castilla Puertocarrero, estuvo doña Marina con Cortés, y de ella hubo un hijo, que se dijo don Martín Cortés, que el tiempo andando fue comendador de Santiago. Luego Cortés les mandó a los caciques que para otro día, que era Domingo de Ramos, muy de mañana vinieran al altar; mandó que aparejaran todas las canoas que tenían, para ayudarnos a embarcar, porque aquel día santo nos queríamos hacer a la vela, siempre encomendándoles la santa imagen de Nuestra Señora y las santas cruces. Fuimos a la vía de San Juan de Ulúa, y siempre muy juntos a tierra, y yendo navegando con buen tiempo decíamos a Cortés los soldados que venimos con Grijalva, como sabíamos aquella derrota: "Señor, allí queda la Rambla, que en lengua de indios se dice Aguayalulco", y luego llegamos al paraje de Tonalo, que se dice San Antón, y se lo señalábamos; más adelante le mostrábamos el gran río de Guazacualco, y vio las muy altas sierras nevadas; y luego las sierras de San Martín, y más adelante le mostramos la roca partida, que es un grande peñasco que entra en la mar, y tiene una señal arriba como a manera de silla; y más adelante le mostramos el río de Alvarado, que es adonde entró Pedro de Alvarado cuando lo de Grijalva, y vimos el río de Banderas, y luego en buena hora llegamos a San Juan de Ulúa. Y me acuerdo que llegó un caballero, que se decía Alonso Hernández Puertocarrero, y dijo a Cortés: "Paréceme, señor, que os han venido diciendo estos caballeros que han venido otras dos veces a esta tierra: cata Francia, Montesinos; cata París, la ciudad; cata las aguas de Duero, do van a dar a la mar. Yo digo que miréis las tierras ricas, y sabeos bien gobernar". Luego Cortés bien entendió a qué fin fueron aquellas palabras, y respondió: "Dénos Dios ventura en armas como al paladín Roldán".

CAPÍTULO 37

Cómo Doña Marina era cacica e hija de grandes señores, señora de pueblos y vasallos, y de la manera que fue traída a Tabasco.

Antes que más meta la mano en lo del gran Moctezuma y su gran México y mexicanos, quiero decir lo de doña Marina, como desde su niñez fue gran señora de pueblos y vasallos, y es de esta manera que su padre y su madre eran caciques de un pueblo que se dice Painala, y tenía otros pueblos sujetos a él, obra de ocho leguas de la villa de Guazacualco, y murió el padre siendo muy niña, y la madre se casó con otro cacique mancebo, y tuvieron un hijo, como según parece querían al hijo y para que no hubiese estorbo, dieron de noche a la niña a unos indios de Xicalango, echando fama que se había muerto, y en aquella sazón murió una hija de una india esclava suya, y publicaron que era la heredera: por manera que los de Xicalango la dieron a los de Tabasco, y los de Tabasco a Cortés; ella conocía a su madre y a su hermano cuando era ya hombre, mandaba juntamente con la madre a su pueblo, porque el marido postrero de la vieja ya era fallecido, y después de vueltos cristianos se llamó la vieja María y el hijo Lázaro, y esto lo sé muy bien porque en el año de mil quinientos veintitrés, después de ganado México, y otras provincias, y se había alzado Cristóbal de Olid en las Higueras, Cortés fue allá y pasó por Guazacualco; fuimos con él en aquel viaje toda la mayor parte de los vecinos de aquella villa, y como

doña Marina en todas las guerras de la Nueva España, Tlaxcala y México fue tan excelente mujer, y buena lengua, como
adelante diré, a esta causa la traía siempre Cortés consigo. En
esta sazón se casó con ella un hidalgo que se decía Juan Jaramillo en un pueblo que se decía Orizaba, delante de ciertos
testigos, que uno de ellos se decía Aranda, vecino que fue
de Tabasco, y aquel contaba el casamiento. Y estando Cortés
en la villa de Guazacualco, envió a llamar a todos los caciques de aquella provincia para hacerles un parlamento acerca
de la santa doctrina, y sobre su buen tratamiento, entonces
vino la madre de doña Marina y su hermano, y conocieron
que claramente era su hija. Tuvieron miedo de ella, creyeron
que los enviaba llamar para matarlos, y lloraban. Doña Marina dijo que se los perdonaba, y les dio muchas joyas de oro
y ropa, y que se volvieran a su pueblo, que Dios le había hecho mucha merced en quitarla de adorar ídolos ahora y ser
cristiana, tener un hijo de su amo y señor Cortés y ser casada
con un caballero como era su marido Juan Jaramillo. Todo
esto que digo, se lo oí muy certificadamente, se lo juro, amén.
Y esto me parece que quiere remedar a lo que le acaeció con
sus hermanos en Egipto a Joseph, que vinieron a su poder
cuando lo del trigo. Esto es lo que pasó. Y volviendo a nuestra
materia, doña Marina sabía la lengua de Guazacualco, que es
la propia de México, y sabía la de Tabasco, como Gerónimo
Aguilar sabía la de Yucatán y Tabasco, que es toda una; se
entendían bien, y Aguilar lo declaraba en castellano a Cortés.

Capítulo 38

Cómo llegamos con todos los navíos a San Juan de Ulúa,
y lo que allí pasamos.

En Jueves Santo de la Cena de mil quinientos diecinueve llegamos con toda la armada al puerto de San Juan de Ulúa,
como el piloto Alaminos lo sabía muy bien desde cuando

vinimos con Juan de Grijalva, mandó decir que los navíos estuvieran seguros del norte, y pusieron en la nao capitana sus estandartes reales y veletas. Y después de media hora vinieron dos canoas muy grandes, que llaman piraguas, en ellas vinieron muchos indios mexicanos, y como vieron los estandartes y el navío grande, conocieron que allí habían de ir a hablar al capitán. Y se fueron derechos al navío, y entran dentro y preguntan cuál era el *tatuan*, que en su lengua dicen el señor, y doña Marina, que bien lo entendió, porque sabía muy bien la lengua, se le mostró a Cortés. Le dijeron que fuese bien venido, y que un criado del gran Moctezuma, su señor, les enviaba a saber qué hombres éramos y qué buscábamos, y que si algo hubiésemos menester para nosotros y los navíos, que se lo dijésemos, que traerán recaudo para ello. Cortés respondió con las dos lenguas, Aguilar y doña Marina, que se lo tenía en merced, y luego les mandó dar de comer y beber vino, y unas cuentas azules; les dijo que veníamos para verlos y contratar, y que no se les haría enojo ninguno, y que hubiesen por buena nuestra llegada aquella tierra. Y otro día, que fue Viernes Santo de la Cruz, desembarcamos así caballos como artillería en unos montones y médanos de arena que allí hay, altos, que no había tierra llana; hicimos un altar, adonde se dijo luego misa, e hicieron chozas y enramadas para Cortés y para los capitanes, y entre tres soldados acarreábamos madera, e hicimos nuestras chozas; los caballos se pusieron adonde estuviesen seguros. Otro día sábado, víspera de Pascua, vinieron muchos indios, que envió un principal, que era gobernador de Moctezuma, que se decía Pitalpitoque, que después le llamamos Obandillo, y trajeron hachas, y adobaron las chozas del capitán Cortés, y trajeron gallinas y pan de maíz, y ciruelas, que era tiempo de ellas, y me parece que entonces trajeron unas joyas de oro, todo lo presentaron a Cortés. Y otro día, Pascua Santa de Resurrección, vino el gobernador, que se decía Tendile, hombre de negocios, y trajo con él a Pitalpitoque, que también era persona entre ellos principal, y traía detrás de sí muchos indios con presentes y gallinas, y otras legumbres. Cortés les dijo con nuestras lenguas, que fuesen bienvenidos, y les abrazó, y les mandó que esperasen, que luego les hablaría; entre tanto mandó hacer un altar, lo mejor que en aquel tiempo se pudo hacer, y dijo misa cantada fray Bartolomé de Olmedo. Cortés les dijo que éramos cristianos y vasallos del mayor señor que hay en el mundo, y que por su mandato venimos a estas tierras y les dio un presente para Moctezuma. Luego mandó Cortés a Pedro de Alvarado que él y todos los de a caballo se aparejaran para que aquellos criados de Moctezuma los vieran correr. Los gobernadores y todos los indios se espantaron de cosas tan nuevas para ellos, y todo lo mandaron pintar a sus pintores para que su señor Moctezuma lo viese. Y parece ser que un soldado tenía un casco medio dorado, y viole Tendile, que era más entremetido indio que el otro, y dijo que parecía a unos que ellos tienen, que les habían dejado sus antepasados del linaje donde venían, el cual tenían puesto en la cabeza de su dios Huichilobos, que es su ídolo de la guerra, y que su señor Moctezuma se holgará al verlo. Dicen que el gran Moctezuma, desde que lo vio, quedó admirado y tuvo por cierto que éramos del linaje de los que le habían dicho sus antepasados que venían a señorear aquella tierra.

CAPÍTULO 39

Cómo fue Tendile a hablar a su señor Moctezuma y llevar el presente, y lo que se hizo a nuestro real.

Desde que fue Tendile con el presente que el capitán Cortés le dio para su señor Moctezuma, se había quedado en nuestro real el otro gobernador, que se decía Pitalpitoque. En aquella sazón vinieron muchos indios de los pueblos por mí nombrados, donde eran gobernadores aquellos criados del gran Moctezuma, y traían algunos de ellos oro, y joyas de poco valor, y gallinas a trocar por nuestros rescates, que eran cuentas verdes, diamantes y otras cosas, y con aquello nos sustentábamos, porque comúnmente todos los soldados traíamos rescate. Vino Tendile una mañana con más de cien indios cargados, y venía con ellos un gran cacique mexicano, y en el rostro, facciones, y cuerpo se parecía al capitán Cortés, y adrede lo envió el gran Moctezuma, porque según dijeron, cuando a Cortés le llevó Tendile dibujada su misma figura, todos los principales que estaban con Moctezuma dijeron que un principal que se decía Quintalbor se le parecía a lo propio a Cortés, así se llamaba aquel gran cacique que venía con Tendile; y como parecía a Cortés, que así le llamábamos en el real, Cortés acá, Cortés acullá. Volvamos a su venida, Cortés les mostró mucho amor, aquel principal que venía con aquel presente traía cargo juntamente de hablar con Tendile; y después de haberle dado el parabién venido a aquella tierra, y otras muchas pláticas que pasaron, mandó sacar el presente que traían encima de unas esteras que llaman petates, y tendidas otras mantas de algodón encima de ellas, lo primero que dio fue una rueda de hechura de sol tan grande como de una carreta, todo de oro muy fino; y otra mayor rueda de plata, figurada la Luna. Mas trajo veinte ánades de oro, de muy prima labor, muy al natural, y unos como perros de los que entre ellos tienen, y muchas piezas de oro figuradas, de hechura de tigres y leones. Después de haberlo dado, dijo aquel gran cacique Quintalbor, y Tendile a Cortés, que reciba aquello con la gran voluntad que su señor se lo envía, que lo reparta con los *teules* que consigo trae. Y dijeron a Cortés aquellos embajadores que su señor se ha holgado que hombres tan esforzados vengan a su tierra, y que deseará mucho ver a nuestro gran emperador, pues tan gran señor es y cuanto a las vistas que no curaran de ellas, que no había para qué, poniendo muchos inconvenientes. Cortés les tornó a dar las gracias con buen semblante por ello, les rogó que volvieran a decir a su señor, el gran Moctezuma, que pues habíamos pasado tantas mares y veníamos de tan lejos tierras solamente para verlo y hablar de su persona.

Capítulo 40

Cómo Cortés envió a buscar otro puerto y asiento para poblar, y lo que sobre ello se hizo.

Despachados los mensajeros para México, luego Cortés mandó ir dos navíos a descubrir la costa adelante, y por capitán de ellos a Francisco de Montejo, y le mandó que siguiera el viaje que habíamos llevado con Juan de Grijalva, y que procurara de buscar puerto seguro y mirara por tierras en que pudiésemos estar, porque ya bien veía que en aquellos arenales no nos podíamos valer de mosquitos, y estar tan lejos de poblaciones; y mandó al piloto Alaminos, y a Juan Álvarez *el Manquillo*, que fuesen por pilotos. Llegaron al paraje del río grande, que es cerca de Pánuco, adonde otra vez llegamos, cuando lo del capitán Juan de Grijalva; y desde allí adelante no pudieron pasar por las grandes corrientes. Y viendo aquella mala navegación, dio la vuelta a San Juan de Ulúa, sin más pasar adelante, ni otra relación, excepto que doce leguas de allí habían visto un pueblo como fortaleza, el cual se llamaba Quiahuiztlan, y que cerca de aquel pueblo estaba un puerto. Y en estas idas y venidas se pasaron a Montejo diez o doce días. Y volveré a decir que el indio Pitalpitoque, que quedaba para traer la comida, aflojó de tal manera, que nunca más trujo cosa ninguna, y teníamos entonces gran falta de mantenimientos; y los indios que solían traer oro y gallinas a rescatar, ya no venían tantos como al principio. Estando de esta manera volvió Tendile con muchos indios, dio diez cargas de mantas de pluma muy fina, y piezas de oro, y le dijeron que su señor Moctezuma recibió el presente, que se holgó con él, que en cuanto a las vistas que no le hablen más sobre ello, que ya no cure de enviar más mensajeros a México. Cortés les dio las gracias con ofrecimientos y ciertamente que le pesó que tan claramente le decían que no podríamos ver a Moctezuma, y dijo a ciertos soldados que allí nos hallamos: "Verdaderamente debe ser gran señor y rico, y si Dios quisiere, algún día hemos de ir a ver". Y respondimos los soldados que ya querríamos estar envueltos con él.

Dejemos por ahora las vistas, y digamos que en aquélla sazón era hora de la Ave María, y en el real teníamos una campana, y todos nos arrodillamos delante de una cruz que teníamos puesta en un médano de arena, el más alto, y delante de aquella cruz decíamos la oración de la Ave María, y como Tendile y Pitalpitoque nos vieron así arrodillar, como eran indios muy entremetidos, preguntaron que a qué fin nos humillábamos delante de aquel palo hecho de aquella manera. Y como Cortés lo oyó, y el fraile de la merced estaba presente, le dijo Cortés al fraile: "Bien es ahora, padre, que hay buena materia para ello, que les demos a entender con nuestras lenguas las cosas tocantes a nuestra santa fe". Y también se les declaró que una de las cosas porque nos envió a estas partes nuestro gran emperador, fue para quitar que no sacrificasen ningunos indios.

Capítulo 41

De lo que se hizo sobre el rescate del oro, y de otras
cosas que en el real pasaron.

Como vieron los amigos de Diego Velázquez, gobernador de Cuba, que algunos soldados rescatábamos oro, dijeron a Cortés que para qué lo consentía, que no le envió Diego Velázquez para que los soldados se llevaran la mayor parte del oro, y que era bien mandar pregonar que no rescataran más de ahí adelante si no fuera el mismo Cortés, y lo que hubiese habido que lo manifestaran para sacar el real quinto, que se pusiera una persona para cargo de tesorero. Cortés a todo dijo que era bien lo que decían, y que tal persona nombrasen ellos, y señalaron a un Gonzalo Mejía. Y después de esto hecho, les dijo Cortés no de buen semblante: "Mirad, señores, que nuestros compañeros pasan gran trabajo de no tener con que sustentarse, y por esta causa habíamos de disimular, porque todos comiesen; cuanto más que es una miseria cuanto rescatan; que mediante Dios mucho es lo que habemos de haber, porque todas las cosas tienen su haz y envés; ya está pregonado que no rescaten mas oro, como habéis querido, veremos de qué comeremos". Dejemos esto y digamos cómo una mañana no amaneció indio de los que estaban en las chozas que solían traer de comer. Parece ser que como Moctezuma era muy devoto de sus ídolos, que se decían Tezcatepuca e Huichilobos; el uno decían que era dios de la guerra y el Tezcatepuca el dios del infierno, y les sacrificaba cada día muchachos para que le diera respuesta de lo que había de hacer de nosotros, que la respuesta que le dieron sus ídolos era que no curara más de oír a Cortés, ni las palabras que le envía a decir que tuviera cruz, y la imagen de Nuestra Señora que no la trajeran a su ciudad, y por esta causa se fueron sin hablar. Como vimos tal novedad, creímos que siempre estaban de guerra. Y un día estando yo y otro soldado puestos por espías en unos arenales, vimos venir por la playa cinco indios, cuando llegaron adonde Cortés estaba le hicieron grande acato, le dijeron en *totonaque:* "Señor, gran señor". De plática en plática supo Cortés cómo tenía Moctezuma enemigos y contrarios, de lo cual se holgó. Con dádivas y halagos, que les hizo, despidió a aquellos cinco mensajeros, y les dijo que diesen a su señor, que él los iría a ver muy presto. A aquellos indios llamábamos desde ahí adelante los *lopes lucios.*

Digamos ahora que en aquellos arenales donde estábamos había siempre muchos mosquitos zancudos, y no podíamos dormir, y no había bastimento, y algunos soldados de los que solían tener indios en la isla de Cuba, suspirando continuamente por volverse a sus casas, y en especial los criados y amigos de Diego Velázquez. Y como Cortés así vio la cosa y voluntades, mandó que nos fuésemos al pueblo que habían visto Montejo y el piloto Alaminos, que estaba en fortaleza. Los amigos de Diego Velázquez dijeron que para qué haría ese viaje sin bastimento, que sería mejor nos volviésemos a Cuba.

Y Cortés les respondió que no era buen consejo volver sin ver, porque hasta entonces que no nos podíamos quejar de la fortuna, y que diésemos gracias a Dios que en todo nos ayudaba.

CAPÍTULO 42

Cómo alzamos a Hernando Cortés por capitán general y justicia mayor, hasta que Su Majestad en ello mandase lo que fuera servido, y lo que en ello se hizo.

Ya he dicho que en el real andaban los parientes y amigos de Diego Velázquez perturbando que no pasásemos adelante, y que desde allí de San Juan de Ulúa nos volviésemos a la isla de Cuba. Pues parece que ya Cortés tenía pláticas con Alonso Hernández Puertocarrero y con Pedro de Alvarado y sus cuatro, hermanos, Jorge, Gonzalo, Gómez y Juan, todos Alvarado, y con Cristóbal de Olid, Alonso de Ávila y Juan de Escalante, Francisco de Lugo, conmigo y otros caballeros y capitanes que le pidiéramos por capitán. Francisco de Montejo bien lo entendió, y estaba a la mira; y una noche, a más de medianoche, vinieron a mi choza Alonso Hernández Puertocarrero, Juan de Escalante y Francisco de Lugo, que éramos algo deudos, y me dijeron: "Señor Bernal Diaz del Castillo, salí acá con vuestras armas a rondar, acompañaremos a Cortés, que anda rondando", y cuando estuve apartado de la choza, dijeron: "Mirad, señor, y tened secreto de un poco que ahora os queremos decir, porque pesa mucho, y no lo entiendan los compañeros que están en vuestro rancho, que son de la parte del Diego Velázquez. Bien que Hernando Cortés así nos haya traído engañados a todos, y dio pregones en Cuba que venía a poblar, y ahora hemos sabido que no trae poder para ello, sino para rescatar, y quieren que nos volvamos a Santiago de Cuba con todo el oro que se ha habido, y quedaremos todos perdidos, ¿y tomarse ha el oro Diego Velázquez como la otra vez? Mira, señor, que habéis venido ya tres veces con esta postrera, gastando vuestros haberes, y habéis quedado empeñado, aventurando tantas veces la vida con tantas heridas; lo hacemos, señor, saber porque no pase esto adelante, y estamos muchos caballeros que sabemos que son amigos de vuestra merced, para que esta tierra se pueble en nombre de Su Majestad y Hernando Cortés en su real nombre, y que tengamos posibilidad, hacerlo saber en Castilla a nuestro rey y señor". Yo respondí que la ida de Cuba no era buen acuerdo, y que sería bien que la tierra se poblase. Por manera que Cortés lo aceptó, y aunque se hacía mucho de rogar, y como dice el refrán, tú me lo ruegas y yo me lo quiero; y fue con condición que le hiciésemos justicia mayor, y capitán general. Luego le dimos poderes muy bastantísimos delante de un escribano del rey que se decía Diego de Godoy para todo lo por mí aquí dicho. Luego ordenamos de hacer, fundar y poblar una villa que se nombró la Villa Rica de la Vera Cruz, porque llegamos Jueves de la Cena, y desembarcamos en Viernes Santo de la Cruz. Fundada la villa, hicimos alcaldes y regidores, y fueron los primeros alcaldes Alonso Hernández Puertocarrero y Francisco de Montejo.

CAPÍTULO 43

Cómo la parcialidad de Diego Velázquez perturbaba el poder que habíamos dado a Cortés, y lo que sobre ello se hizo.

Y desde que la parcialidad de Diego Velázquez vieron que de hecho habíamos elegido a Cortés por capitán general y justicia mayor, y nombrada la villa, alcaldes y regidores, estaban tan enojados y rabiosos que comenzaron a armar bandos e chirinolas, y a decir que no estaba bien hecho haberle elegido sin ellos, que no querían estar debajo de su mando, sino volverse luego a la isla de Cuba. Cortés les respondió que él no determina a ninguno por fuerza, cualquiera que le viniera a pedir licencia, se la daría de buena voluntad, aunque se quedara solo, y con esto los asosegó a algunos de ellos, excepto a Juan Velázquez de León, que era pariente de Diego Velázquez, a Diego de Ordaz y a Escobar, que llamábamos *el Paje* porque había sido criado de Diego Velázquez; a Pedro Escudero y a otros amigos de Diego Velázquez. Cortés, con nuestro favor, determinó de prenderlos. Pasaré adelante, y diré cómo fue Pedro de Alvarado a entrar en un pueblo cerca de allí.

Capítulo 44

Cómo fue ordenado de enviar a Pedro de Alvarado la tierra adentro a buscar maíz y bastimentos, y lo que más pasó.

Ya que habíamos hecho y ordenado lo por mí aquí dicho, acordamos que fuese Pedro de Alvarado tierra adentro a unos pueblos que teníamos noticia que estaban cerca, para que viera qué tierra era y traer maíz y algún bastimento, porque en el real pasábamos mucha necesidad, y llevó cien soldados; de estos soldados eran más de la mitad de la parcialidad de Diego Velázquez, y quedamos con Cortés todos los de su bando, por temor se levantaran contra él, hasta asegurar más la cosa. Y de esta manera fue Alvarado a unos pueblos chicos, sujetos de otro pueblo, que se decía Costastlan, que era de lengua de *culúa*. Y llegado Pedro de Alvarado a los pueblos, todos estaban despoblados de aquel mismo día, y halló sacrificados en unos *cúes* hombres y muchachos, las paredes y altares de sus ídolos con sangre y los corazones presentados a los ídolos; y también hallaron las piedras sobre las que sacrificaban, y los cuchillos de pedernal con que los abrían por los pechos para sacarles los corazones. Dijo Pedro de Alvarado que había hallado los cuerpos sin brazos ni piernas, y que dijeron otros indios que los habían llevado para comer. Aquellos pueblos los halló muy abastecidos de comida, sólo pudo hallar dos indios que le trajeron maíz, y así hubo de cargar cada soldado de gallinas y de otras legumbres; y se volvió al real sin hacerles daño porque así lo mandó Cortés. Como Cortés en todo ponía gran diligencia, procuró de hacerse amigo con la parcialidad de Diego Velázquez, y los sacó de la prisión, excepto a Juan Velázquez de León, y a Diego de Ordaz, que estaban en cadenas en los navíos; a pocos días también los sacó de la prisión, e hizo tan buenos y verdaderos amigos con ellos, como adelante se dirá. Ya todas las cosas puestas en este estado, acordamos de irnos al pueblo, que estaba en la fortaleza, ya otra vez por mí memorado, que se dice Quianiztlan, y que los navíos se fuesen al peñol y puerto, que estaba enfrente de aquel pueblo, obra de una legua de él. Y yendo costa a costa llegamos a un río, donde está poblada ahora la Vera Cruz, y con unas canoas quebradas lo pasamos; de aquella parte del río estaban unos pueblos sujetos a otro gran pueblo que se decía Cempoal, donde eran naturales los cinco indios que vinieron por mensajeros a Cortés, que les llamamos *lopes lucios*. Y hallamos las casas de ídolos, sacrificadores y sangre derramada, inciensos con que sahumaban, y otras cosas de ídolos, y de piedras con que sacrificaban, plumas de papagayos, y muchos libros de su papel, cosidos a dobleces, como a manera de paños de Castilla, y no hallamos indios porque se habían ya huido, que como no habían visto hombres como nosotros, ni caballos, tuvieron temor. Caminamos por tierra hacia el poniente, donde estaban paciendo unos venados, vimos venir doce indios vecinos de aquellas estancias, nos rogaban que fuésemos a su pueblo, y diré cómo entramos en Cempoal.

Capítulo 45

Cómo entramos en Cempoal que en aquella sazón era muy buena población, y lo que allí pasamos.

Y como dormimos en aquel pueblo donde nos aposentaron los doce indios que he dicho, y después de bien informados del camino que habíamos de llevar para ir al pueblo que estaba en el Peñol, muy de mañana se lo hicimos saber a los caciques de Cempoal, y para ello envió Cortés los seis indios por mensajeros, y los otros seis quedaron para que nos guiasen. Y de esta manera caminamos hasta que llegamos una legua del pueblo, y ya que estábamos cerca de él, salieron veinte indios principales a recibirnos de parte del cacique, y dijeron a Cortés que su señor nos estaba esperando en los aposentos, que por ser un hombre gordo no podía venir a recibirnos. Y ya que íbamos entrando entre las casas, desde que vimos tan gran pueblo, no habíamos visto otro mayor, nos admiramos mucho de ello; y como estaba tan vicioso, y hecho un vergel, y tan poblado de hombres y mujeres, las calles llenas que nos salían a ver, dábamos muchos loores a Dios, que tales tierras habíamos descubierto. Nuestros corredores del campo, que iban a caballo, parece ser llegaron a la gran plaza y patios donde estaban los aposentos, y de pocos días, según pareció, los tenían muy encalados y relucientes como plata. El cacique gordo nos salió a recibir, que porque era muy gordo así lo nombrare, e hizo gran reverencia a Cortés. Le dio un presente que tenía aparejado de cosas de joyas de oro y mantas. Cortés le dijo que se lo pagaría en buenas obras, que lo que hubiese de menester que se lo dijeran, que él lo haría por ellos. Y luego, como aquello oyó el cacique gordo, dando suspiros se quejó reciamente del gran Moctezuma y sus gobernadores, diciendo que de poco tiempo acá le había sojuzgado y que le ha llevado todas sus joyas de oro. Cortés les dijo que haría de manera que fueran desagraviados. Y despedido del cacique gordo, fuimos a dormir a un pueblezuelo cerca de Quiauiztlan, que estaba despoblado.

CAPÍTULO 46

Cómo entramos en Quiauiztlan, que era pueblo puesto en fortaleza, y nos acogieron de paz.

Otro día, a hora de las diez, llegamos al pueblo que se dice Quiauiztlan, que está entre grandes peñascos, y muy altas cuestas, y si hubiese resistencia, era mala de tomar. Y yendo con buen concierto y ordenanza, creyendo que estuviese de guerra, iba la artillería delante, y todos subíamos en aquella fortaleza. Entonces Alonso de Ávila llevó cargo de capitán, y como era soberbio de mala condición, porque un soldado que se decía Hernando Alonso de Villanueva no iba en buena ordenanza, le dio un bote de lanza en un brazo que le mancó; y después se llamó Hernando Alonso de Villanueva *el Manquillo*. Digamos que hasta en la mitad de aquel pueblo no hallamos indio ninguno con quién hablar, de lo cual nos maravillamos, que se habían ido huyendo de miedo, y cuando nos vieron subir a sus casas, vimos quince indios que se vinieron donde Cortés, y le sahumaron hasta ver qué cosas éramos, porque tenían miedo de nosotros y de los caballos. Cortés les mostró mucho amor, y les dio unas cuentas verdes y otras cosillas de Castilla; ellos luego trajeron gallinas y maíz. Y estando en estas pláticas, vinieron luego a decir a Cortés que venía el cacique gordo de Cempoal en andas, y las andas a cuestas de muchos indios principales; y desde que llegó el cacique, habló con Cortés, dando tantas quejas de Moctezuma. Cortés les consolaba cuanto podía. Y estando en estas pláticas vinieron cinco mexicanos que eran los recaudadores de Moctezuma, y desde que lo oyeron se les perdió el color y.temblaban de miedo, dejaron solo a Cortés y los salieron a recibir; de presto les enramaron una sala y les guisaron de comer; les dieron mucho cacao, que es la mejor cosa que entre ellos beben. Después que hubieron comido mandaron llamar al cacique y a todos los más principales y les riñeron que por qué nos habían hospedado en pueblos, que su señor Moctezuma no será servido de aquello. Cortés les consoló que no tuvieran miedo, que él estaba allí con todos nosotros y que los castigaría.

Capítulo 47

Cómo Cortés mandó que prendieran aquellos cinco recaudadores de Moctezuma, y mandó que desde allí adelante no obedeciesen ni diesen tributo, y la rebelión que entonces se ordenó contra Moctezuma.

Cortés entendió lo que los caciques le decían, les dijo que ya les había dicho otras veces que el rey, nuestro señor, le mandó que viniera a castigar los malhechores y que no consintiese sacrificios ni robos; y pues aquellos recaudadores venían con aquella demanda, les mandó que luego los aprisionasen, y los tuviesen presos hasta que su señor Moctezuma supiese la causa, cómo vienen a robar, y llevar por esclavos sus hijos y mujeres. Cuando los caciques lo oyeron, estaban espantados de tal osadía, mandar que los mensajeros del gran Moctezuma fuesen maltratados, temían, y no osaban hacerlo, y todavía Cortés les convocó para que luego los echasen en prisiones. Y demás de esto mandó a los caciques que no les dieran más tributo ni obediencia a Moctezuma, que si otros recaudadores hubiese en otros pueblos como aquellos, que se lo hiciesen saber, que él enviaría por ellos. Como aquella nueva se supo en toda aquella provincia, porque luego envió mensajeros el cacique gordo, haciéndoselo saber, y también lo publicaron los principales que habían traído en su compañía aquellos recaudadores, que como los vieron presos luego se descargaron y fueron cada uno a su pueblo a dar mandado y a contar lo acaecido. Y viendo cosas tan maravillosas, y de tanto peso para ellos, dijeron que no osaran hacer aquello hombres humanos, sino *teules*, que así llaman a sus ídolos en que adoraban, y a esta causa desde allí adelante nos llamaron *teules*. Y cuando dijere en esta relación *teules* en cosas que han de ser tocadas nuestras personas, sepan que se dice por nosotros. Volvamos a decir de los prisioneros que los querían sacrificar por consejo de todos los caciques, y como esto lo entendió Cortés les mandó que no los tocasen. A media noche mandó Cortés soltar a dos prisioneros, y después que los tuvo delante les preguntó que por qué estaban presos y de qué tierra eran, como haciendo que no los conocía. Respondieron que los caciques de Cempoal y de aquel pueblo, con su favor y el nuestro, los prendieron. Cortés respondió que él no sabía nada, y que le pesa, y les mandó dar de comer y les dijo palabras de muchos halagos y que se fueran luego a decir a su señor Moctezuma cómo éramos todos nosotros sus grandes amigos y servidores. Y luego mandó a seis hombres que esa noche los sacaran a tierra segura, fuera de los términos de Cempoal. Entonces prometieron todos aquellos pueblos y caciques a una que serían con nosotros en todo lo que les quisiéramos mandar.

CAPÍTULO 48

Cómo acordamos de poblar la Villa Rica de la Vera Cruz, y de hacer una fortaleza en unos prados junto a unas salinas, y cerca del puerto del nombre feo, donde estaban anclados nuestros navíos, y lo que allí se hizo.

Después que hubimos hecho liga y amistad con más de treinta pueblos de las sierras, que se decían los totonaques, que entonces se rebelaron al gran Moctezuma y dieron la obediencia a Su Majestad; con aquella ayuda acordamos fundar la Villa Rica de la Vera Cruz en unos llanos, media legua del pueblo. Hicimos una fortaleza, desde en los cimientos para tener para enmaderar, y hechas troneras y cubos dimos tanta prisa, que desde Cortés que comenzó el primero a sacar tierra a cuestas y piedra, y ahondar los cimientos, como todos los capitanes y soldados, y a la continua entendimos en ello, y trabajarlo por acabarla de presto, los unos en los cimientos, otros en hacer las tapias, otros en acarrear agua, en las caleras en hacer ladrillos y tejas, y buscar comida, y otros en la madera, y los herreros en la clavazón, porque teníamos herreros. Estando en esto parece ser que el gran Moctezuma tuvo noticia en México cómo le habían preso sus recaudadores y que le habían quitado la obediencia, entonces mostró enojo de Cortés. Tenía ya mandado a un su gran ejército de guerreros que vinieran a dar guerra a los pueblos que se le rebelaron, y en aquel instante van los dos indios prisioneros que Cortés mandó soltar. Y cuando Moctezuma entendió que Cortés les quitó de las prisiones y los envió a México, amansó su ira y acordó de enviar a saber de nosotros, con un presente de oro y mantas y a dar las gracias a Cortés porque le soltó a sus criados. Por otra parte se envió a quejar diciendo que con nuestro favor se habían atrevido aquellos pueblos de hacerle tan gran traición, que no le dieran tributo y quitarle la obediencia, mas que él tiempo andando no se alabarán de aquellas traiciones. Cortés recibió el oro y la ropa, abrazó a los mensajeros y les dijo

que todos nosotros éramos muy amigos de su señor Moctezuma. Les mandó traer mantas de los navíos y se las entregó.

CAPÍTULO 49

Cómo vino el cacique gordo y otros principales a quejarse
delante de Cortés, que en un pueblo fuerte que se decía
Cingapacinga, estaban guarniciones de mexicanos, y les
hacían mucho daño, y lo que sobre ello se hizo.

Después de despedidos los mensajeros mexicanos, vino el
cacique gordo con otros principales a decir a Cortés que en
un pueblo que se dice Cingapacinga, que estaría de Cempoal
dos días de andadura, estaban en él muchos indios de guerra
de los *culúas*, que se entiende por los mexicanos, y que les
venían a destruir sus sementeras y estancias. Cortés lo creyó, y habiéndoles prometido que les ayudaría y mataría a los
culúas o a otros indios que les quisieran hacer enojar, a esta
causa no sabía qué decir, salvo que iría de buena voluntad o
enviaría algunos soldados con uno de nosotros para echarlos
de allí, y estuvo pensando en ello, y dijo riendo a ciertos compañeros que estábamos acompañándole: "Sabéis, señores,
que me parece que en todas estas tierras ya tenemos fama de
esforzados, y por lo que han visto estas gentes por los recaudadores de Moctezuma, nos tienen por dioses. He pensado
que para que crean que uno de nosotros basta para desbaratar
aquellos indios guerreros que dicen que están en el pueblo
de la fortaleza sus enemigos, enviemos a Heredia el viejo",
que era vizcaíno, y tenía mala catadura en la cara, la barba
grande, y la cara medio acuchillada con un ojo tuerto. Y luego
envió Cortés a llamar al cacique gordo y a todos los demás
principales que estaban aguardando la ayuda y socorro, y les
dijo: "Allá envío con vosotros ese mi hermano, para que mate
y eche todos los *culúas* de ese pueblo". Los caciques estaban
elevados desde que lo oyeron, y no sabían si creerlo o no,

miraban a Cortés si hacía algún mudamiento en el rostro, que creyeron que era verdad lo que les decía. Luego el viejo Heredia que iba con ellos cargó su escopeta, e iba tirando tiros al aire por los montes, porque lo oyesen y viesen los indios, y los caciques enviaron a dar mandado a los otros pueblos, cómo llevaban a un *teule* para matar a los mexicanos que estaban en Cingapacinga. Y esto pongo aquí por cosa de risa, porque vean las mañas que tenía Cortés. Y cuando entendió que había llegado Heredia al río, que le había dicho, mandó de presto que le fuesen a llamar, y vueltos los caciques y el viejo Heredia, les tornó a decir Cortés a los caciques que por la buena voluntad que les tenía, que el propio Cortés en persona con algunos de sus hermanos quería ir a hacerles aquel socorro, y a ver aquellas tierras y fortalezas, y que luego le trajesen cien hombres tamemes para llevar los tepuzques, que son los tiros. Vinieron otro día por la mañana, y habíamos de partir aquel mismo día con cuatrocientos soldados.

CAPÍTULO 50

Cómo ciertos soldados de la parcialidad de Diego Velázquez, viendo que de hecho queríamos poblar, y comenzamos a pacificar pueblos, dijeron que no querían ir a ninguna entrada sino volverse a la isla de Cuba.

Ya me habrán oído decir que Cortés había de ir a un pueblo que se dice Cingapacinga, y había de llevar consigo cuatrocientos soldados, catorce de caballo y ballesteros y escopeteros, y tenían puestos en la memoria para ir con nosotros a ciertos soldados de la parcialidad de Diego de Velázquez, y yendo los cuadrilleros a apercibirlos que saliesen luego con sus armas y caballos, los que los tenían respondieron soberbiamente que no querían ir a ninguna entrada, sino volverse a sus estancias y haciendas que dejaron en Cuba. Y a esta causa estaban siete soldados apercibidos para volverse a Cuba.

Como Cortés lo supo, los envió a llamar, y preguntando por qué hacían aquella cosa tan fea, respondieron algo alterados que se maravillaban de su merced querer poblar adonde había grandes poblaciones, con tan pocos soldados como éramos, y que ellos estaban dolientes y hartos de andar de una parte a otra, y que se querían ir a Cuba a sus casas, que les diera licencia, como se los había prometido. Cortés hizo como que les quería dar la licencia, mas a la postre se la revocó. Y se quedaron burlados, y aun avergonzados, y fuimos nuestra entrada a Cingapacinga.

Capítulo 51

De lo que nos acaeció en Cingapacinga, y cómo a la vuelta que volvimos por Cempoal les derrocamos sus ídolos, y otras cosas que pasaron.

Como ya los siete hombres que se querían volver a Cuba estaban pacíficos, partimos con los soldados de infantería al pueblo de Cempoal, y tenían aparejados para salir con nosotros dos mil indios de guerra en cuatro capitanías. Llegamos a las estancias que estaban junto al pueblo de Cingapacinga. Salieron de paz a nosotros ocho indios principales llorando y diciendo que los de Cempoal estaban mal con ellos de enemistades, que es verdad que los mexicanos solían estar en guarnición en aquel pueblo, pero que pocos días se habían ido a sus tierras. Cortés entendió todo bien por nuestra lengua doña Marina y Aguilar, luego con mucha brevedad mandó al capitán Pedro de Alvarado y al maestre de campo, que era Cristóbal de Olid, y a todos nosotros los compañeros que con él íbamos, que detuviésemos a los indios de Cempoal que no pasasen más adelante; y así lo hicimos, y por presto que fuimos a detenerlos, ya estaban robando en las estancias, de lo cual hubo Cortés gran enojo, y manḍó que viniesen luego los capitanes que traían a cargo aquellos guerreros de Cempoal, y con palabras de muy enojado, y de grandes amenazas les dijo que luego les trajesen los indios e indias, mantas y gallinas que habían robado en las estancias. Los caciques de aquel pueblo vieron qué tan justificados éramos, y las palabras amorosas que les decía Cortés con nuestras lenguas, y también las cosas tocantes a nuestra santa fe. Allí luego dieron muchas quejas de Moctezuma, como las pasadas que habían dado los de Cempoal, cuando estábamos en el pueblo de Quiahuistlan. Y otro día por la mañana Cortés mandó llamar a los capitanes y caciques de Cempoal, que estaban en el campo aguardando para ver lo que les mandábamos, y aun muy temerosos de Cortés, por lo que habían hecho en haberle mentido; y venidos delante, hizo amistades entre ellos y los de aquel pueblo, que nunca faltó por ninguno de ellos. Luego partimos para Cempoal por otro camino, y pasamos por dos pueblos, y un soldado que se decía fulano de Mora, natural de Ciudad Rodrigo, tomó dos gallinas de una casa de indios de aquel pueblo, y Cortés que lo acertó a ver hubo tanto enojo de lo que delante de él se hizo que luego le mandó echar una soga a la garganta, Pedro de Alvarado le cortó la soga y el soldado quedó medio muerto. He querido traer esto aquí a la memoria, para que vean los curiosos lectores cuán ejemplarmente procedía Cortés, y lo que esto importa en esta ocasión. Salimos de aquellos pueblos que dejamos de paz, yendo para Cempoal, y todos los caciques nos acompañaron a sus aposentos. Realmente quisieran que no saliéramos de sus tierras, porque temían que Moctezuma enviase guerra contra ellos. Como no cesaban de hacer sacrificios, subimos sobre cincuenta soldados y derrocamos a sus ídolos, y cuando así los vieron hechos pedazos, los caciques y *papas* que con ellos estaban, lloraban y tapaban los ojos, y en su lengua totonaque les decían que les perdonasen, y que no era más en su mano, ni tenían culpa, sino estos *teules* que les derrocan, y que por temor de los mexicanos no nos daban guerra.

Capítulo 52

Cómo Cortés mandó hacer un altar, y se puso una imagen de nuestra Señora, una cruz, y se dijo misa, y se bautizaron las ocho indias.

Como ya callaban los caciques y *papas*, y todos los principales, mandó Cortés que a los ídolos que derrocamos hechos pedazos que los llevasen adonde no pareciesen más, y los quemasen. Salieron de un aposento ocho *papas* que tenían cargo de ellos, toman sus ídolos y los llevan a la misma casa donde salieron. El hábito que traían aquellos *papas* eran unas mantas prietas, a manera de sábana, y lobas largas hasta los pies, y unos como capillos que querían parecer a los que traen los canónigos, y otros capillos traían mas chicos, como los que traen los dominicos; aquellos *papas* eran hijos de principales y no tenían mujeres, mas tenían el maldito oficio de sodomías, y ayunaban ciertos días. Cortés, con nuestras lenguas, les hizo un buen razonamiento, les dijo que ahora los teníamos como hermanos, y que les favorecería en todo lo que pudiese contra Moctezuma y sus mexicanos. Mandó a todos los indios albañiles que había en aquel pueblo y les dijo que trajeran cal para aderezar el lugar donde estaban los ídolos, mandó que quitaran las costras de sangre y que las taparan muy bien. Otro día se encalaron, los *cúes* y se hizo un altar con buenas mantas; mandó traer muchas rosas de las naturales que había en la tierra, que eran bien olorosas, y mandó a nuestros carpinteros que hicieran una cruz y la pusieran en un pilar que teníamos ya nuevamente hecho y muy bien encalado. Otro día de mañana se dijo misa en el altar, la cual dijo el padre fray Bartolomé de Olmedo. En la misa estuvieron los caciques principales de aquel pueblo, y asimismo se trajeron ocho indias para volver cristianas, y se llamó a la sobrina del cacique gordo doña Catalina, que era muy fea; aquella dieron a Cortés por la mano, las otras ya no me acuerdo el nombre que recibieron, mas sé que Cortés las repartió entre soldados.

CAPÍTULO 53

Cómo llegamos a nuestra Villa Rica de la Vera Cruz,
y lo que allí pasó.

Después que hubimos hecho aquella jornada, y quedaron amigos los de Cingapacinga con los de Cempoal, y otros pueblos comarcanos dieron obediencia a Su Majestad, y se derrocaron los ídolos, y se puso la imagen de Nuestra Señora y la santa cruz, nos fuimos a la villa, llevando con nosotros ciertos principales de Cempoal. Hallamos que aquel día había venido de la isla de Cuba un navío, y por capitán de él un Francisco de Saucedo, que llamábamos *el Pulido;* y le pusimos aquel nombre, porque en demasía se preciaba de galán y pulido, y decían que había sido maestresala del almirante de Castilla, y era natural de Medina de Ríoseco. Y vino entonces Luis Marín, capitán que fue en lo de México, persona que valió mucho, y vinieron diez soldados; y los amigos de Diego Velázquez se alegraron mucho, y más de que supieron que le trajeron provisión para ser adelantado de Cuba. Estando en aquella villa sin tener en qué entender mas de acabar de hacer la fortaleza, dijimos a Cortés que sería bueno ir a ver qué cosa era el gran Moctezuma y que antes que nos metiésemos en camino enviásemos a besar los pies a Su Majestad y a darle cuenta y relación de todo lo acaecido desde que salimos de la isla de Cuba. Y también se puso en plática que enviásemos a Su Majestad el oro que se había así rescatado, como los presentes que nos envió Moctezuma; y respondió Cortés que era muy bien acordado, y que ya lo había puesto él en plática con ciertos caballeros, porque en lo del oro, por ventura habría algunos soldados que querrían sus partes, y si se partiese, que sería poco lo que se podría enviar. Y hecho esto, luego se nombraron para procuradores que fuesen a Castilla, a Alonso Hernández Puertocarrero, y Francisco de Montejo, porque ya Cortés le había dado sobre dos mil pesos por tenerle de su parte. Y se mandó apercibir el mejor navío de toda la flota.

CAPÍTULO 54

De la relación y carta que escribimos a Su Majestad con nuestros procuradores Alonso Hernández Puertocarrero y Francisco de Montejo, la cual iba firmada de algunos capitanes y soldados.

Después de poner en el principio aquel muy debido acato que somos obligados a tan gran majestad el emperador nuestro señor, y poner otras cosas que se convenían decir en la relación y cuenta de nuestra vida y viaje, cada capítulo por sí, fue esto que diré en suma breve: Cómo salimos de la isla de Cuba con Hernando Cortés; los pregones que se dieron cómo veníamos a poblar, y que Diego Velázquez secretamente enviaba a rescatar y no a poblar; cómo Cortés se quería volver con cierto oro rescatado, conforme a las instrucciones que de Diego Velázquez traía; cómo hicimos a Cortés que poblara y le nombramos por capitán general y justicia mayor hasta que otra cosa Su Majestad fuese servido mandar; cómo le prometimos el quinto de lo que se hubiera, después de sacado su real quinto; cómo quedamos en estos sus reinos cuatrocientos y cincuenta soldados en muy gran peligro por servir a Dios y a su real Corona. Y demás de estas relaciones le suplicamos que, entre tanto que otra cosa sea servido mandar, que le hiciera merced de la gobernación a Hernando Cortés.

CAPÍTULO 55

Cómo Diego Velázquez, gobernador de Cuba, supo por cartas que enviábamos procuradores con embajadas y presentes a nuestro rey, y lo que sobre ello se hizo.

Como Diego Velázquez, gobernador de Cuba, supo las nuevas, así por las cartas que le enviaron secretas, y dijeron que fueron de Montejo, y cuando entendió del gran presente de oro que enviábamos a Su Majestad y supo quiénes eran los embajadores y procuradores, decía palabras muy lastimosas y maldiciones contra Cortés y su secretario Duero. De presto mandó armar dos navíos, y con dos capitanes que fueron en ellos, que se decían Gabriel de Rojas, y el otro capitán se decía fulano de Guzmán, les mandó que fueran hasta la Habana y le trajeran presa la nao en que iban nuestros procuradores y todo el oro que llevaban. Y de presto así como lo mandó, llegaron en ciertos días a la canal de Bahama, y preguntaban los de los navíos a barcos que andaban por la mar de acarreto, que si habían visto ir una nao de mucho porte, y todos daban noticia de ella, que ya sería desembocada por la canal de Bahama, porque siempre tuvieron buen tiempo; y después de andar barloventeando con aquellos dos navíos entre la canal y la Habana, y no hallaron recado de lo que venían a buscar, se volvieron a Santiago de Cuba. Y si triste estaba Diego Velázquez antes de que enviara los navíos, más se congojó desde que los vio volver de aquel arte. Luego le aconsejaron sus amigos que se enviara a quejar a España, al obispo de Burgos, que estaba por Presidente de Indias y hacía mucho por él. También mandó sus quejas a Santo Domingo a la Audiencia Real que en ella residía. Y como alcanzaron a saber en la Real Audiencia nuestros grandes servicios, la respuesta que le dieron los frailes fue que a Cortés y los que con él andábamos en las guerras no se nos podía poner culpa, pues sobre todas cosas acudíamos a nuestro rey y señor, y le enviábamos tan gran presente, que otro como él no se había visto de muchos tiempos pasados en nuestra España. Y esto dijeron porque en aquel tiempo y sazón no había Perú ni memoria de él; y también le enviaron a decir, que antes éramos dignos de que Su Majestad nos hiciese muchas mercedes. Entonces le enviaron a Diego Velázquez a Cuba a un licenciado que se decía Zuazo, para que le tomase residencia. Diego Velázquez se congojó mucho, y si antes era gordo, se paró flaco en aquellos días. Y luego con gran diligencia mandó buscar todos los navíos que pudo haber en la isla, y apercibir soldados y capitanes, y procuró enviar una recia armada para prender a Cortés y a todos nosotros.

CAPÍTULO 56

Cómo nuestros procuradores con buen tiempo desembocaron el canal de la Bahama, y en pocos días llegaron a Castilla, y lo que en la Corte les sucedió.

Ya he dicho qué partieron nuestros procuradores del puerto de San Juan de Ulúa, y con buen viaje llegaron a la Habana, y luego desembocaron la canal, y dizque aquella fue la primera vez que por allí navegaron, y en poco tiempo llegaron a las islas de la Tercera, y desde allí a Sevilla, y fueron en posta a la Corte, que estaba en Valladolid, y por presidente del

Real Consejo de Indias don Juan Rodríguez de Fonseca, que era obispo de Burgos, y se nombraba arzobispo de Rosano y mandaba toda la corte porque el emperador nuestro señor estaba en Flandes. Nuestros procuradores le fueron a besar las manos, y le suplicaron que luego hiciera mensajero a Su Majestad y le enviaran aquel presente y cartas. En vez de agasajarlos, les mostró poco amor, y los favoreció muy poco, aun les dijo palabras secas y ásperas. Nuestros embajadores dijeron que mirase su señoría los grandes servicios que Cortés y sus compañeros hacíamos a Su Majestad, y que le suplicaban otra vez que todas aquellas joyas de oro, cartas y relaciones las enviase luego a Su Majestad. Y les tornó a responder muy soberbiamente, y aun les mandó que no tuvieran cargo de ello, que él escribiría lo que pasaba y no lo que le decían, pues se habían levantado contra Diego Velázquez; y pasaron otras muchas palabras agrias. Acordaron nuestros embajadores callar hasta su tiempo o lugar. El obispo escribió a Su Majestad a Flandes en favor de su privado o amigo Diego Velázquez, y muy malas palabras contra Hernando Cortés, y contra todos nosotros, mas no hizo relación de ninguna de las cartas que le enviábamos, salvo que se había alzado Hernando Cortés a Diego Velázquez. Alonso Hernández Puertocarrero, Francisco de Montejo, y aun Martín Cortés, padre del mismo Cortés, acordaron de enviar mensajeros a Flandes con otras cartas como las que dieron al obispo de Burgos; y como nuestros grandes servicios eran por Dios Nuestro Señor, y por Su Majestad, y siempre poníamos nuestras fuerzas en ello, quiso Dios que Su Majestad lo alcanzó a saber muy claramente, y como lo vio y entendió, fue tanto el contentamiento que mostró. Y desde allí en adelante le tuvo mala voluntad al obispo.

Capítulo 57

Cómo después que partieron nuestros embajadores para Su Majestad con todo el oro, cartas y relaciones, de lo que en el real se hizo, y la justicia que Cortés mandó hacer.

Desde a cuatro días que partieron nuestros procuradores para ir ante el emperador nuestro señor, y los corazones de los hombres son de muchas calidades y pensamientos, parece ser que unos amigos y criados de Diego Velázquez, que se decían Pedro Escudero, y un Juan Cermeño, y un Gonzalo de Umbría, piloto, y Bernardino de Coria, estaban mal con Cortés, y acordaron todos de tomar un navío de poco porte e irse con él a Cuba a dar mandado a Diego Velázquez para avisarle cómo en la Habana podían tomar en la estancia de Francisco de Montejo a nuestros procuradores con el oro y recaudo. Y ya que se iban a embarcar, uno de ellos parece ser que se arrepintió de volver a Cuba, lo fue a hacer saber a Cortés. Como supo de qué manera, cuántos, y por qué causas se querían ir, y quiénes fueron los consejos y tramas para ello, los mandó echar presos, y les tomó sus confesiones; confesaron la verdad y condenaron a otros que estaban con nosotros, que se disimuló por el tiempo, que no permitía otra cosa, y por sentencia mandó ahorcar a Pedro Escudero y a Juan Cermeño, y cortar los pies a otro, y azotar a varios. Cuando Cortés firmó aquella sentencia, dijo con grandes suspiros y sentimiento: "¡Oh, quién no supiera escribir por no firmar muertes de hombres!"

Capítulo 58

Cómo acordamos de ir a México, y antes que partiésemos dar con todos los navíos al través, y lo que más pasó, y esto de dar con los navíos a través fue por consejo y acuerdo de todos nosotros los que éramos amigos de Cortés.

Estando en Cempoal, como dicho tengo, platicando con Cortés en las cosas de la guerra, le aconsejamos los que éramos sus amigos que no dejase navío ninguno en el puerto, que no quedaran embarazos, porque entretanto que estábamos en la tierra adentro no se alzaran otras personas. El mismo Cortés lo tenía ya concertado, pero quería que saliese de nosotros. Mandó a un Juan de Escalante, que era alguacil mayor y persona de mucho valor, y gran amigo de Cortés, y enemigo de Diego Velázquez, porque en la isla Cuba no le dio buenos indios, que luego fuese a la villa, y que de todos los navíos se sacasen todas las andas, cables, velas, y lo que dentro tenían, de que se pudiesen aprovechar, y que diese con todos ellos al través, que no quedasen más de los bateles, y que los pilotos y maestres viejos y marineros que no eran para ir a la guerra que se quedaran en la villa. Juan de Escalante lo hizo según y de la manera que le fue mandado, y luego se vino a Cempoal con una capitanía de hombres de la mar, que fueron los que sacaron de los navíos, y salieron algunos de ellos muy buenos soldados. Pues hecho esto, mandó Cortés llamar a todos los caciques de la serranía de los pueblos nuestros confederados, y rebelados al gran Moctezuma, y les dijo cómo habían de servir a los que quedaban en la Villa Rica, y acabar de hacer la Iglesia, fortaleza y casas. Tomó de la mano a Escalante, y dijo: "Éste es mi hermano, lo que les mande deben hacer". Y todos los caciques se ofrecieron de buena voluntad.

Capítulo 59

De un razonamiento que Cortés nos hizo después
de haber dado con los navíos al través, y cómo aprestamos
nuestra ida a México.

Después de haber dado con los navíos al través a ojos vistas, estando que estábamos todos los capitanes y soldados, Cortés dijo que nos pedía por merced que le oyésemos, y propuso un razonamiento de esta manera: que ya habíamos entendido la jornada que íbamos, y mediante nuestro Señor Jesucristo habíamos de vencer todas las batallas y reencuentros, y que habíamos de estar tan prestos para ello como convenía; porque en cualquier parte que fuésemos desbaratados podríamos alzar cabeza, por ser muy pocos, y que no teníamos otro socorro ni ayuda sino la de Dios, porque ya no teníamos navíos para ir a Cuba, salvo nuestro buen pelear y corazones fuertes, y sobre ello dijo otras muchas comparaciones de hechos heroicos de los romanos. Y todos a una le respondimos que haríamos lo que ordenara; luego mandó llamar al cacique gordo y le dijo que se quería partir luego para México a mandar a Moctezuma que no robe ni sacrifique, y que ha menester doscientos indios *tamemes* para llevar la artillería, también le demandó cincuenta principales hombres de guerra que fueran con nosotros. Estando de esta manera para partir, vino de la Villa Rica un soldado con una carta de Juan de Escalante, que decía había un navío por la costa, que había puesto una manta blanca por bandera. Cortés vio la carta, mandó luego a Pedro de Alvarado que tuviese cargo de todo el ejército que estaba allí en Cempoal, y juntamente con él a Gonzalo de Sandoval, que ya daba muestras de varón muy esforzado, como siempre lo fue. Éste fue el primer cargo que tuvo Sandoval. Y luego Cortés cabalgó con cuatro de caballo que le acompañaron, y mandó que le siguiésemos cincuenta soldados de los más sueltos. Aquella noche llegamos a la Villa Rica.

Capítulo 60

Cómo Cortés fue adonde estaba surto el navío y prendimos
seis soldados, y marineros que del navío huyeron,
y lo que sobre ello pasó.

Así como llegamos a la Villa Rica, vino Juan de Escalante a hablar a Cortés y le dijo que sería bien ir luego aquella noche al navío, por ventura no alzase velas y se fuese, y que reposase que él iría con veinte soldados. Cortés dijo que no podía reposar, que cabra coja no tenga siesta, que él quería ir en persona con los soldados que consigo traía, y antes que bocado comiésemos comenzamos a caminar hacia la costa, y topamos en el camino con cuatro españoles que venían a tomar posesión en aquella tierra por Francisco de Garay, gobernador de Jamaica, los cuales enviaba un capitán que estaba poblado de pocos días en el río de Pánuco, que se llamaba Alonso Álvarez de Pineda o Pinedo. Y como Cortés hubo bien entendido cómo venían a tomar posesión en nombre de Francisco de Garay, y supo que quedaba en Jamaica, y enviaba capitanes, les preguntó que por qué título, o por qué vía venían aquellos capitanes. Respondieron que en el año de mil quinientos dieciocho, como había fama en todas las islas de las tierras que descubrimos, Garay podía pedir a Su Majestad todo lo que descubriese por la banda norte; y como Garay tenía en la corte quien le favoreciese, mandó a su mayordomo Torralba a negociar, y trajo provisiones que fuese adelantado, y por aquellas provisiones envió tres navíos con el capitán por mí nombrado, Alonso Álvarez Pineda o Pinedo, que estaba poblando en Pánuco. Que ellos hacen lo que su capitán les manda y que no tienen culpa. Entonces, Cortés, con palabras amorosas les halagó y rogó que se desnudaran para que vistieran vestidos de los nuestros, y así lo hicieron. Luego vinieron en el batel seis marineros, y encontraron los cuatro de los nuestros, y decían los del batel: "¿Venimos a embarcar; qué hacen? ¿Por qué no vienen?" Entonces respondió uno de los nuestros: "Salta en tierra y verás aquí un pozo". Como desconocieron la voz se volvieron con su batel, y por más que les llamaron no quisieron responder; les queríamos tirar con las escopetas y ballestas, pero Cortés dijo que no se hiciera tal, que se fueran con Dios a dar mandado a su capitán.

Capítulo 61

Cómo ordenamos de ir a la Ciudad de México y por consejo
del cacique fuimos por Tlaxcala, y de lo que nos acaeció,
así de reencuentros de guerra, como de otras cosas

Después de bien considerada la partida para México, tomamos consejo sobre el camino que habíamos de llevar, y fue acordado por los principales de Cempoal que el mejor y más conveniente era por la provincia de Tlaxcala, porque eran sus amigos, y mortales enemigos de mexicanos. Y ya tenían aparejados cuarenta principales, y todos hombres de guerra que fueron con nosotros y nos ayudaron mucho en aquella jornada, y más nos dieron doscientos *tamemes* para llevar la artillería. La primera jornada fuimos a un pueblo, que se dice Xalapa, y desde allí a Socochima, en estos pueblos se les dijo con doña Marina y Gerónimo de Aguilar nuestras lenguas, todas las cosas tocantes a nuestra santa fe, y como éramos vasallos del emperador don Carlos, y que nos envió para quitar que no haya más sacrificios de hombres, ni se robasen unos a otros. Hallamos en ellos buena voluntad, nos daban de comer, y se puso en cada pueblo una cruz. Desde allí pasamos a otro puerto donde hallamos unas caserías, y grandes adoratorios de ídolos, que ya he dicho que se dicen *cúes,* y tenían grandes rimeros de leña, para el servicio de los ídolos que estaban en aquellos adoratorios. No tuvimos qué comer y pasamos mucho frío. Y desde allí entramos en tierra de un pueblo que se llama Cocotlán, que era sujeto de México, por lo que siempre andábamos muy apercibidos. El cacique Olintecle salió a recibirnos con otros principales, y nos dieron de comer poca cosa y de mala voluntad. Cortés les preguntó con nuestras lenguas de las cosas de su señor Moctezuma, y dijo de sus grandes poderes de guerreros que tenía en todas las provincias sujetas, luego dijo del mucho oro, plata y piedras *chalchiuis,* y riquezas que tenía Moctezuma su señor, que nunca acababa de decir otras muchas cosas de cuán gran señor era, que Cortés, y todos nosotros estábamos admirados de oírlo. Y dijo que era tan gran señor Moctezuma, que todo lo que quería señoreaba, y que sabía que no estaría contento cuando supiese nuestra estancia allí en aquel pueblo, por habernos aposentado, y dado de comer sin su licencia. Cortés le respondió que nosotros veníamos de lejanas tierras por mandado de nuestro rey y señor, que es el emperador don Carlos de quien son vasallos muchos y grandes señores, envía a mandar a ese gran Moctezuma que no sacrifique, ni mate ningunos indios, ni robe sus vasallos, ni tome ningunas tierras. Luego se volvió para nosotros, y dijo: "Paréceme, señores, que ya no podemos hacer otra cosa". Ellos le preguntaron a Cortés que con las bombardas que traíamos qué hacíamos, y respondieron que con unas piedras que metíamos dentro de ellas matábamos a quien queríamos, y que los caballos corrían como venados, y alcanzábamos con ellos a quien les mandábamos; y dijo Olintecle, y los demás principales: "*teules* deben de ser". Cortés les preguntó cuál era el mejor camino y más llano para ir a México, y el cacique le dijo que por un pueblo que se decía Cholula, y los de Cempoal dijeron a Cortés: "Señor, no vaya por Cholula, que son muy traidores y tiene allí siempre Moctezuma sus guarniciones de guerra".

CAPÍTULO 62

*Cómo se determinó que fuésemos por Tlaxcala, y les
enviábamos mensajeros, para que tuviesen por bien
nuestra ida por su tierra, y cómo prendieron a los
mensajeros, y lo que más se hizo.*

Fuimos por nuestro camino, muy apercibidos, así de día
como de noche, y con esta orden llegamos a un pueblo de
Xalancingo, y allí nos dieron un collar de oro y unas mantas;
desde aquel pueblo enviamos dos mensajeros principales de
los de Cempoal a Tlaxcala con una carta en la que les decíamos que íbamos a su pueblo, que tuvieran por bien que no
les íbamos a hacer enojo, sino tenerles por amigos. Esto fue
porque en aquel pueblezuelo nos certificaron que toda Tlaxcala estaba puesta en armas contra nosotros, porque, según
pareció, ya tenían noticia como íbamos, y que llevábamos
con nosotros muchos amigos que solían dar tributo a Moctezuma; y como otras veces los mexicanos con mañas y caute-
las los entraban en la tierra, y se la saqueaban, así creyeron
querían hacer ahora. Por manera que luego que llegaron los
mensajeros y comenzaron a decir su embajada, los mandaron prender, sin ser más oídos, y estuvimos aguardando respuesta aquel día y otro, y desde que no venían partimos otro
día para Tlaxcala; yendo por nuestro camino vienen nuestros·
dos mensajeros que tenían presos, que parece ser que los indios que los tenían a cargo se descuidaron, y vinieron tan
medrosos, porque, según dijeron, cuando estaban presos les
amenazaban y les decían: "Ahora hemos de matar a esos que
llamáis *teules*, y comer sus carnes, y veremos si son tan esforzados como publican, y también comeremos las carnes de
ustedes, pues vienen con traiciones y con embustes de aquel
traidor de Moctezuma". Y por más que les decían los mensajeros que éramos contra los mexicanos, no aprovechaban
nada sus razones. Y nos dijeron que habrían de salir al camino a defender la entrada de Tlaxcala. Pues yendo de esta

manera que he dicho, siempre íbamos hablando cómo habían de entrar y salir de a caballo a media rienda, y las lanzas algo terciadas, y de tres en tres, para que se ayudasen. Dirán ahora que para qué tanta diligencia sin ver contrarios guerreros que nos acometiesen. A esto respondo y digo, que decía Cortés: "Mirad, señores compañeros, ya veis que somos pocos, hemos de estar siempre tan apercebidos y aparejados". De esta manera caminamos obra de dos leguas, y hallamos una fuerza bien fuerte hecha de cal y canto. Preguntó Cortés a los indios de Zocotlán que a qué fin tenían aquella fuerza hecha de esa manera. Y dijeron que como entre su señor Moctezuma y los de Tlaxcala tenían guerras a la continua, que los tlaxcaltecas para defender mejor sus pueblos la habían hecho tan fuerte, porque ya aquella es su tierra. Y así comenzamos a caminar con el concierto que he dicho, y no muy lejos vieron nuestros corredores del campo hasta obra de treinta indios, que estaban por espías, y tenían espadas de dos manos. Y Cortés mandó a los mismos de a caballo que corriesen tras ellos, y que procurasen tomar algunos sin heridas, aunque mataron a cinco. Estando en esto, viene muy de presto y con gran furia un escuadrón de tlaxcaltecas que estaban en celada de más de tres mil de ellos y comenzaron a flechar. En aquel encuentro hirieron cuatro de los nuestros.

Capítulo 63

De las guerras y batallas muy peligrosas que tuvimos con los tlaxcaltecas, y de lo que más pasó.

Otro día después de habernos encomendado a Dios, partimos de allí, muy concertados nuestros escuadrones, los de a caballo muy avisados de cómo habían de entrar rompiendo y salir. Yendo así como dicho tengo, se vinieron a encontrar con nosotros dos escuadrones de guerreros, que habría seis mil, con grandes gritas, tambores y trompetillas, y flechando, tirando varas y haciendo como fuertes guerreros. Cortés mandó que estuviésemos quedos, y con tres prisioneros que les habíamos tomado el día antes les enviamos decir y a requerir no dieran guerra, que les queremos tener por hermanos. Y como les hablaron los tres prisioneros que les enviamos, se mostraron más recios y nos daban tanta guerra que no les podíamos sufrir. Entonces dijo Cortés: "A ellos". Y de hecho arremetimos de manera que les matamos y herimos mucha de su gente con los tiros; y se van retrayendo con su capitán general, que se decía Xicotenga, y como había allí unas quebradas, no nos podíamos aprovechar de los caballos, con mucho concierto los pasamos. Al pasar tuvimos muy gran peligro, porque se aprovechaban de su buen flechar, y con sus lanzas y montantes nos hacían mala obra, aun las hondas y piedras como granizo eran harto malas. Y andando en estas batallas nos cercan por todas partes, que no nos podíamos valer poco ni mucho, que no osábamos arremeter a ellos, sino era todos juntos. Andando en estas prisas, entre aquellos grandes guerreros, y sus temerosos montantes, parece ser acordaron de juntarse muchos de ellos, y de mayores fuerzas para tomar a manos a algún caballo, y lo pusieron por obra, arremetieron y echan mano a una muy buena yegua, y bien revuelta de juego, y de carrera, y el caballero que en ella iba muy buen jinete, que se decía Pedro de Morón; y como entró rompiendo con otros tres de a caballo entre los escuadrones de los contrarios, porque así les era mandado, porque se ayudasen unos a otros, échenle mano de la lanza, que no la pudo sacar, y otros le dan de cuchilladas con los montantes, y le hirieron malamente, entontes dieron una cuchillada a la yegua, que le cortaron el pescuezo redondo, y allí quedó muerta; a Morón ya le llevaban medio muerto, y cortamos la cincha de la yegua porque no se quedase allí la silla. Murió Morón entonces de ahí a dos días de las heridas, porque no me acuerdo verle más. Se llamaba donde pasó esta batalla Tehuacingo o Tehuacacingo, y desde que nos vimos con victoria dimos muchas gracias a Dios, que nos libró de tan grandes peligros.

Capítulo 64

*Cómo tuvimos nuestro real asentado en unos pueblos
y caserías que se dicen Teoacingo o Teuacingo;
y lo que allí hicimos.*

Como nos sentimos muy trabajados de las batallas pasadas y estaban muchos soldados y caballos heridos, estuvimos un día sin hacer cosa de que contar. Otro día por la mañana Cortés acordó que se soltaran los prisioneros, y se les dio otra carta para que fueran a decir a los caciques mayores que estaban en el pueblo cabecera de todos los de aquella provincia, que no les veníamos a hacer mal ni enojo, sino para pasar por su tierra e ir a México a hablar a Moctezuma. Y los dos mensajeros fueron al real de Xicotenga, que les respondió que fuésemos a su pueblo, adonde está su padre, y que allá harán las paces con hartarse de nuestras carnes y honrar sus dioses con nuestros corazones y sangre, y que para otro día de mañana veríamos su respuesta. Entonces se informó muy por extenso, cómo y de qué manera estaba el capitán Xicotenga, y qué poderes tenía consigo; y les dijeron que tenía muy más gente que la otra vez cuando nos dio guerra, porque traía cinco capitanes consigo, y que cada capitanía traía diez mil guerreros.

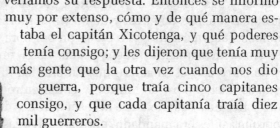

Capítulo 65

De la gran batalla que hubimos con el poder
de tlaxcaltecas, y quiso Dios Nuestro Señor darnos
victoria, y lo que más pasó.

Otro día de mañana, que fue el cinco de septiembre de mil quinientos diecinueve, pusimos los caballos en concierto, y no habíamos andado medio cuarto de legua cuando vimos asomar los campos llenos de guerreros con grandes penachos y sus devisas y mucho ruido de trompetillas y bocinas. Aquí había bien que escribir, y ponerlo en relación lo que en esta peligrosa y dudosa batalla pasamos, porque nos cercaron por todas partes tantos guerreros, que se podía comparar como si hubiese unos grandes prados de dos leguas de ancho y otras tantas de largo. Y supimos que esta vez venían con pensamiento que no habían de dejar ninguno de nosotros con vidas, que no habían de ser sacrificados a sus ídolos. Volvamos a la batalla. Pues como comenzaron a romper con nosotros, ¡qué granizo de piedra de los honderos! Tanto número de indios cargó entonces sobre nosotros, a puras estocadas les hicimos que nos diesen lugar. Una cosa nos daba la vida, y era que como eran muchos y estaban amontonados, los tiros les hacían mucho mal, y de más de esto no se sabían capitanear, porque no podían allegar todos los capitanes con su gente. Y demás de esto, desde la batalla pasada temían los caballos y tiros, espadas y ballestas, y nuestro buen pelear, y sobre todo la gran misericordia de Dios, que nos daba esfuerzo para nos sustentar. En esta batalla, como en la otra, no podíamos ver ningún muerto, pues apenas caían los recogían. En aquella batalla matamos un capitán muy principal, y comenzaron a retraerse con buen concierto. Y desde que nos vimos libres de aquella multitud de guerreros dimos muchas gracias a Dios, y enterramos los muertos en una de aquellas casas que tenían hechas en los soterraños, porque no viesen los indios que éramos mortales, sino que creyesen que éramos *teules,* como ellos decían, y derrocamos mucha tierra encima de la casa, porque no oliesen los cuerpos, y se curaron todos los heridos con el unto del indio. En esta batalla prendimos tres indios principales.

CAPÍTULO 66

Cómo otro día enviamos mensajeros a los caciques de Tlaxcala, rogándoles con la paz, y lo que sobre ello hicieron.

Después de pasada la batalla por mí contada, que prendimos en ella los tres indios principales, los envió luego nuestro capitán Cortés, y con los dos que estaban en nuestro real que habían ido otras veces por mensajeros, les mandó que dijesen a los caciques de Tlaxcala que les rogábamos que vengan luego de paz y que nos den pasada por su tierra para ir a México, que si ahora no vienen les mataremos toda su gente. Aquellos mensajeros fueron de buena gana luego a la cabecera de Tlaxcala, y dijeron su embajada a todos los caciques por mí ya nombrados, los cuales hallaron juntos con otros muchos viejos y *papas*, estaban muy tristes, así del mal suceso de la guerra como de la muerte de los capitanes parientes, o hijos suyos que en las batallas murieron. Y dicen que no quisieron escuchar a los mensajeros de buena gana, y mandaron llamar todos los adivinos. Y parece ser que en las suertes hallaron que éramos hombres de carne y hueso, que comíamos gallinas, pan y fruta cuando lo teníamos, y que de día no podíamos ser vencidos, sino de noche. Y se lo enviaron a decir a su capitán general Xicotenga, para que luego con brevedad venga una noche con grandes poderes a darnos guerra. El cual como lo supo juntó obra de diez mil indios, los más esforzados que tenía, y vino a nuestro real, y por tres partes nos comenzó a dar una mano de flechas, tirar varas con sus tiraderas de un gajo y de dos; y mejor lo hizo Nuestro Señor Dios, que por muy secretamente que ellos venían nos hallaron muy apercibidos, les resistirnos con las escopetas y ballestas. Y aún oí decir, que como no les sucedió bien lo que los *papas,* las suertes y hechiceros les dijeron, que sacrificaron dos de ellos. Aquella noche mataron un indio de nuestros amigos de Cempoal e hirieron dos soldados y un caballo, allí prendimos cuatro de ellos. Y desde que nos vimos libres de aquella arrebatada refriega, gracias a Dios, dormimos lo que quedó de la noche con grande recaudo. Dejemos esto y digamos cómo doña Marina, con ser mujer de la tierra, qué esfuerzo tan varonil tenía, que con oír cada día que nos habían de matar y comer nuestras carnes con ají, y habernos visto cercados en las batallas pasadas, y que ahora todos estábamos heridos y dolientes, jamás vimos flaqueza en ella, sino muy mayor esfuerzo que de mujer. Y a los mensajeros que ahora enviábamos les habló doña Marina y Gerónimo de Aguilar que vengan luego de paz, que si no vienen dentro de dos días les iremos a matar y destruir sus tierras.

Capítulo 67

Cómo tornamos a enviar mensajeros a los caciques de Tlaxcala para que vengan de paz, y lo que sobre ello hicieron y acordaron.

Como llegaron a Tlaxcala los mensajeros que enviamos a tratar las paces, les hallaron que estaban en consulta los dos principales caciques, que se decían Masse Escaci y Xicotenga *el Viejo,* padre del capitán general que también se decía Xicotenga. Y después que les oyeron su embajada estuvieron suspensos un rato, que no hablaron, y quiso Dios que inspiró en los pensamientos que hicieran paces con nosotros. Luego enviaron a llamar a todos los caciques y capitanes que había en sus poblaciones, y a los de una provincia que está junto a ellos. Según después supimos, aunque no las palabras formales: "Hermanos y amigos nuestros, ya habéis visto cuántas veces estos *teules* que están en el campo esperando guerras, nos han enviado mensajeros a demandar paz, y dicen que nos vienen a ayudar, y tener en lugar de hermanos; y asimismo habéis visto cuántas veces han llevado presos muchos de nuestros vasallos, que no les hacen mal, y luego los sueltan; bien veis cómo les hemos dado guerra tres veces con todos nuestros poderes, así de día como de noche, y no han sido vencidos, y ellos nos han muerto en los combates que les hemos dado muchas de nuestra gente, e hijos y parientes, y capitanes; ahora de nuevo vuelven a demandar paz". Luego enviaron a hacer saber a su capitán Xicotenga y a los demás capitanes que consigo tiene para que luego se vengan sin dar más guerras. Y el capitán Xicotenga *el Mozo* no lo quiso escuchar, y mostró que no estaba por las paces; y dijo que él quería dar otra noche sobre nosotros y acabamos de vencer y matar. La cual respuesta desde que la oyó su padre Xicotenga *el Viejo*, y Masse Escaci y los demás caciques se enojaron de manera que luego enviaron a los capitanes y a todo su ejército que no fueran con el Xicotenga a darnos guerra, ni en tal caso le obedecieran en cosa que les mandara, si no fuera para hacer paces; y tampoco lo quiso obedecer. Cuando vieron la desobediencia de su capitán, enviaron a otros cuatro principales para tratar la paz en nombre de toda Tlaxcala.

Capítulo 68

Cómo acordamos de ir a un pueblo que estaba
cerca de nuestro real, y lo que sobre ello se hizo.

Como había dos días que estábamos sin hacer cosas de que contar, fue acordado y aun aconsejamos a Cortés que un pueblo que estaba obra de una legua de nuestro real, que le habíamos enviado llamar de paz y no venía, que fuésemos una noche y diésemos sobre él no para hacerles mal, mas de traer comida y atemorizarles o hablarles de paz; dícese este pueblo Zumpancingo, y era cabecera de muchos pueblos chicos, y era sujeto el pueblo donde estábamos allí donde teníamos nuestro real. Una noche madrugamos para ir a aquel pueblo, hacía un viento tan frío aquella mañana, que venía de la sierra nevada, que nos hacía temblar, y tiritar, y bien lo sintieron los caballos que llevábamos. Desde que nos sintieron los naturales se fueron huyendo de sus casas, dando voces que les íbamos a matar. Y desde que vimos aquello hicimos alto en un patio hasta que fue de día, que no se les hizo ningún daño. Como unos *papas* que estaban en unos *cúes* los mayores del pueblo y otros viejos principales vieron que estábamos allí sin hacerles enojo ninguno, vienen a Cortés y le dicen que les perdone, porque no han ido a nuestro real de paz, ni llevar de comer cuando los enviamos llamar, y la causa ha sido que el capitán Xicotenga, que está de allí muy cerca, se lo ha enviado decir que no lo den. Cortés les dijo con nuestras lenguas, doña Marina y Aguilar, que siempre iban con nosotros, que aunque fuese de noche no tuvieran miedo, y que luego fuesen a decir a sus caciques que vengan de paz. Y nos volvimos luego a nuestro real con el bastimento. Y como supieron que no les hacíamos mal ninguno, y aunque pudiéramos matarles aquella noche muchas de sus gentes, y les enviábamos a demandar paces, se holgaron y les mandaron que cada día nos trajesen todo lo que hubiésemos menester.

Capítulo 69

*Cómo después que volvimos con Cortés de Cimpacingo,
hallamos en nuestro real ciertas pláticas, y lo que Cortés
respondió a ellas.*

Vueltos de Cimpacingo, que así se dice, con bastimentos, y
muy contentos, hallamos en el real corrillos y pláticas sobre
los grandísimos peligros en que cada día estábamos en aquella guerra, y cuando llegamos avivaron más la plática. Los
que más en ello hablaban e asistían eran los que en la isla
de Cuba dejaban sus casas y repartimientos de indios. Y se
juntaron hasta siete de ellos, que aquí no quiero nombrar por
su honor, y fueron al rancho y aposento de Cortés; y uno de
ellos, que habló por todos, dijo a Cortés que mirara cuál andábamos, malamente heridos y flacos, y los grandes trabajos
que teníamos, así de noche con velas, con espías, rondas y
corredores del campo, como de día peleando, que por cuenta
que echaban, que desde que salimos de Cuba que faltaban ya
sobre cincuenta y cinco compañeros, y que no sabemos de
los de la Villa Rica, que dejamos poblando que a Dios que
tanto nos socorría no debíamos tentarle tantas veces, que sería bueno volvernos a nuestra villa, que en la fortaleza que
hicimos, entre los pueblos de los totonaques nuestros amigos
nos estaríamos, hasta que hiciésemos un navío, que fuese a
dar mandado a Diego Velázquez, y a otras partes e islas para
que nos enviasen socorro. Y dijeron otras cosas sobre el caso.
Y viendo Cortés que se lo decían algo como soberbios, puesto
que iba a manera de consejo, les respondió muy mansamente,
y dijo que pues Dios nos libró de tan gran peligro, que esperanza tenía que así había de ser de allí en adelante, que no
es cosa bien acertada volver un paso atrás, que si nos viesen
volver esta gente, y los que dejamos atrás de paz, las piedras
se levantarían contra nosotros. Y dijo: "Por tanto os pido, señores, por merced, que pues sois caballeros, y personas que
antes había de esforzar en vez de mostrar flaqueza, que de

aquí en adelante se os quite del pensamiento la isla de Cuba". Y como Cortés hubo dado esta respuesta, volvieron aquellos soldados a repetir en la plática, y dijeron que todo lo que decía estaba bien dicho, mas que cuando salimos de la villa, que dejábamos poblada, nuestro intento era, y ahora lo es, de ir a México, pues hay tan gran fama de tan fuerte ciudad, y tanta multitud de guerreros, que aquellos tlaxcaltecas decían que los de Cempoal eran pacíficos, y no había fama de ellos como de los de México, y habían estado tan a riesgo nuestras vidas, que si otro día nos dieran otra batalla como alguna de las pasadas, ya no nos podíamos tener de cansados. Y Cortés respondió medio enojado que valía mas morir por buenos, como dicen los cantares, que vivir deshonrados. En fin, todos obedecieron muy bien.

Capítulo 70

Cómo el capitán Xicotenga tenía apercibidos veinte mil hombres guerreros, escogidos para dar en nuestro real, y lo que sobre ello se hizo.

Como Masse Escaci, Xicotenga *el Viejo*, y todos los caciques de la cabecera de Tlaxcala enviaron a decir a su capitán que no nos diera guerra, sino que nos fuera a hablar de paz, estaba cerca de nuestro real, y mandaron a los demás capitanes que estaban con él que no le siguiesen, sino fuese para acompañarle ir a ver la paz. Como Xicotenga era de mala condición, porfiado y soberbio, acordó de enviarnos cuarenta indios con comida de gallinas, pan y fruta, y cuatro mujeres indias viejas y de ruin manera, y mucho copal y plumas de papagayos. Dijeron: "Esto os envía el capitán Xicotenga, que comáis si sois *teules*, como dicen los de Cempoal". Y Cortés respondió, con nuestras lenguas, que ya les había enviado a decir que quiere paz, que no venía a dar guerra, y les venía a rogar y manifestar de parte de Nuestro Señor Jesucristo, que es en quien creemos y adoramos, y el emperador don Carlos, cuyos vasallos somos, que no maten, ni sacrifiquen a ninguna persona, como lo suelen hacer. Y parece ser que esos hombres que traían de comer eran espías para mirar nuestras chozas, ranchos, caballos y artillería, y cuántos estábamos en cada choza, entradas y salidas. Y lo supo luego doña Marina y ella lo dijo a Cortés, y para saber la verdad mandó apartar dos de los tlaxcaltecas que parecían más hombres de bien, y confesaron que eran espías de Xicotenga. Cortés mandó prender hasta diez y siete indios de aquellos espías, y de ellos se cortaron las manos, y a otros los dedos pulgares; los enviamos a su señor Xicotenga; y se les dijo que por el atrevimiento de venir de aquella manera se les ha hecho aquel castigo, y digan que vengan cuando quieran, les aguardaríamos dos días.

Capítulo 71

Cómo vinieron a nuestro real los cuatro principales que
había enviado a tratar paces, y el razonamiento
que hicieron y lo que más pasó.

Estando en nuestro real sin saber que habían de venir de paz, puesto que la deseábamos en gran manera, vino uno de nuestros corredores del campo a gran prisa y dice que por el camino principal de Tlaxcala vienen muchos indios e indias con cargas, que sin torcer el camino vienen a nuestro real. Y estando en esto llegó el otro su compañero de a caballo, y dijo que muy cerca de allí venían derechos, adonde estábamos, y que de rato en rato hacían paradillas. Cortés y todos nosotros nos alegramos con aquellas nuevas porque creímos ser de paz, como lo fue. Mandó Cortés que no se hiciese alboroto, ni sentimiento, que disimulados nos estuviésemos en nuestras chozas. Luego de todas aquellas gentes con las cargas, se adelantaron cuatro principales que traían cargo de entender en las paces, y pusieron la mano en el suelo, besaron la tierra e hicieron tres reverencias; y dijeron que todos los caciques de Tlaxcala, vasallos, aliados, amigos y confederados suyos se vienen a meter debajo de la amistad y paces de Cortés, y de todos sus hermanos los *teules* que consigo estaban, que les perdone, porque no han salido de paz, y por la guerra que nos han dado, porque creyeron y tuvieron por cierto que éramos amigos de Moctezuma, y sus mexicanos, los cuales son sus enemigos mortales de tiempos muy antiguos; que ahora vienen a pedir perdón de su atrevimiento. Que de ahí a dos días vendrá el capitán Xicotenga con otros caciques, y dará más relación de la buena voluntad que toda Tlaxcala tiene de nuestra buena amistad. Y después bajaron sus cabezas y pusieron las manos en el suelo; luego se fueron y dejaron las indias que traían para hacer pan y gallinas y todo servicio. Vinieron en tiempo que ya estábamos tan flacos, trabajados y descontentos con las guerras.

CAPÍTULO 72

Cómo vinieron a nuestro real embajadores de Moctezuma, gran señor de México, y del presente que trajeron.

Como Nuestro Señor Dios, por su gran misericordia fue servido darnos victoria de aquellas batallas de Tlaxcala, voló nuestra fama por todas aquellas comarcas, y fue a oídos del gran Moctezuma a la gran ciudad de México, si antes nos tenían por *teules*, que son como sus ídolos, de ahí adelante nos tenían en muy mayor reputación, y por fuertes guerreros, por manera que temió nuestra ida a su ciudad y despachó cinco principales de mucha cuenta a Tlaxcala y nuestro real para darnos la bienvenida, y envió en presente obra de mil pesos de oro en joyas muy ricas y de muchas maneras labradas, y veinte cargas de ropa fina de algodón; y envió decir que quería ser vasallo de nuestro gran emperador, y que viera cuánto quería de tributo cada año nuestro gran emperador, que lo dará en oro y plata y ropa y piedras de *chaichiuis*, con tal que no fuésemos a México. Cortés le respondió, y dijo que le tenía en merced la voluntad que mostraba, y el presente que envió, y el ofrecimiento de dar a Su Majestad el tributo que decía, y luego rogó a los mensajeros que no se fuesen hasta ir a la cabecera de Tlaxcala.

CAPÍTULO 73

Cómo vino Xicotenga, capitán general de Tlaxcala,
a entender en las pases, y lo que dijo y lo que nos avino.

Estando platicando Cortés con los embajadores de Moctezuma, y como quería reposar porque estaba malo de calenturas y purgado de un día antes, le vienen a decir que venía el capitán Xicotenga con muchos caciques y capitanes, que traen cubiertas mantas blancas y coloradas. Le dijo que venía de parte de su padre y de Masse Escaci y de todos los caciques a rogarle que les admitiera a nuestra amistad, y que venía a dar la obediencia a nuestro rey y señor y a demandar perdón por haber tomado armas, que si lo hicieron es porque tuvieron por cierto que veníamos de la parte de su enemigo Moctezuma. Cortés le dio las gracias muy cumplidas con halagos que le mostró, y dijo que él los recibía por tales vasallos de nuestro rey y señor. Luego dijo Xicotenga que nos rogaba fuésemos a su ciudad, porque estaban todos los caciques viejos y *papas* aguardándonos con mucho regocijo; y Cortés le respondió que él iría presto, mas lo haría luego porque se estaba entendiendo en negocios del gran Moctezuma, y como despache aquellos mensajeros, que se irá para allá; y tomó Cortés a decir algo más áspero, y con gravedad de las guerras que nos habían dado de día y de noche. Como aquello oyó Xicotenga, y todos los principales que con él venían, respondieron a una que serían firmes y verdaderas, y que para ello quedaban todos en rehenes. En todas estas pláticas y ofrecimientos estaban presentes los embajadores mexicanos. Y desde que se hubo despedido Xicotenga, dijeron a Cortés medio riendo que si creía algo de aquellos ofrecimientos y paces que habían hecho en nombre de toda Tlaxcala, que no creyeran porque eran palabras engañosas. Cortés respondió con semblante muy esforzado, y dijo que no se le daba nada porque tuviesen tal pensamiento, como decían, y ya que todo fuese verdad, que él se holgaría de ello para castigarles con quitarles las vidas. Viendo aquellos embajadores su determinación, le rogaron que aguardásemos allí en nuestro real seis días, porque querían enviar de sus compañeros a su señor Moctezuma, y que vendrían dentro de los seis días con respuesta, y Cortés se lo prometió, lo uno porque, como he dicho, estaba con calenturas, y lo otro, como aquellos embajadores le dijeron aquellas palabras, puesto que hizo semblante de no hacer caso de ellas, miró que si por ventura serían verdad.

Cumplido el plazo que habían dicho, vinieron de México seis principales hombres de mucha estima, y trajeron un rico presente que envió el gran Moctezuma, que fueron más de tres mil pesos de oro en ricas joyas de diversas maneras. Y dijeron a Cortés, cuando lo presentaron, que su señor Moctezuma se huelga de nuestra buena andanza, y que le ruega muy ahincadamente que en bueno ni malo no fuese con los de Tlaxcala a su pueblo, ni se confiase de ellos, que son gente muy pobre que quieren robarle. Cortés recibió con alegría aquel presente, y dijo que se lo tendría en merced, que él lo pagaría al señor Moctezuma en buenas obras, y que si se sintiese que los tlaxcaltecas les pasase por el pensamiento lo que Moctezuma les enviaba a avisar, que se lo pagarían con quitarles a todos las vidas. Y estando en estas razones vienen otros muchos mensajeros de Tlaxcala a decir a Cortés cómo vienen cerca de allí todos los caciques viejos de la cabecera de toda la provincia.

CAPÍTULO 74

*Cómo vinieron a nuestro real los caciques viejos
de Tlaxcala a rogar a Cortés y a todos nosotros,
que luego nos fuésemos con ellos a su ciudad,
y lo que sobre ello pasó.*

Como los caciques viejos de toda Tlaxcala vieron que no íbamos a su ciudad, acordaron de venir en andas, otros en hamacas y unos más a pie, los cuales eran Masse Escaci, Xicotenga *el Viejo*, Guaxolacima, Chichimeclatecle, Tecapaneca de Topeyanco, los cuales llegaron a nuestro real con otra gran compañía de principales. Con gran acato hicieron a Cortés y a todos nosotros tres reverencias. Xicotenga *el Viejo* comenzó a hablar de esta manera: "Malinche, Malinche, muchas veces te hemos enviado a rogar que nos perdones porque salimos de guerra, y pues ya nos han perdonado, lo que ahora venimos a rogar es que vayan luego con nosotros a nuestra ciudad". Cortés respondió con alegre semblante y dijo que bien sabía desde muchos años antes que a estas sus tierras viniésemos, como eran buenos, y que de eso se maravilló cuando no salieron de guerra, y que los mexicanos que allí estaban aguardaban respuestas para su señor Moctezuma, y lo que decían, que fuésemos luego a su ciudad, y por el bastimento que siempre traían, que se lo agradecían mucho, y que ya se hubiera ido si tuviera quien nos llevare los tepuzques, que son las bombardas; como oyeron aquella palabra, sintieron tanto placer, y dijeron: "¿Pues cómo, por esto has estado, y no lo has dicho?", y en menos de media hora traen sobre quinientos indios de carga, y otro día muy de mañana comenzamos

a marchar camino de la cabecera de Tlaxcala. Y había roga-
do Cortés a los mensajeros de Moctezuma que se fuesen con
nosotros, para ver en qué paraba lo de Tlaxcala, y desde allá
les despacharía, y que en su aposento estarían, porque no re-
cibiesen ningún deshonor. En todos los pueblos por donde
pasamos llamaban a Cortés Malinche y así lo nombraré de
aquí adelante. La causa de haberle puesto este nombre es que
doña Marina estaba siempre en su compañía.

Capítulo 75

*Cómo fuimos a la ciudad de Tlaxcala, y lo que los caciques
viejos hicieron, de un presente que nos dieron y cómo
trajeron sus hijas y sobrinas, y lo que más pasó.*

Como los caciques vieron que comenzaba a ir nuestro fardaje
camino de su ciudad, se fueron adelante para mandar que
todo estuviese muy aparejado para recibirnos y para tener los
aposentos muy enramados. Ya que llegábamos a un cuarto de
legua de la ciudad, nos salen a recibir los mismos caciques
que se habían adelantado, y traen consigo sus hijos, sobrinos
y muchos principales, porque en Tlaxcala había cuatro par-
cialidades, sin la de Tecapaneca, señor de Topeyanco, que
eran cinco. Luego vinieron los *papas* de toda la provincia,
que había muchos por los grandes adoratorios que tenían. Y
junto a Cortés se allegaron muchos principales, acompañándole, y como entramos en lo poblado no cabían por las calles
y azoteas, de tantos indios e indias que nos salían a ver con
rostros muy alegres, y trajeron obra de veinte piñas hechas de
muchas rosas de la tierra. En los aposentos tenían aparejado
para cada uno de nosotros, a su usanza, unas camillas de esteras, y también se aposentaron los amigos que traíamos de
Cempoal y de Cocotlán. Dijo Cortés: "Parece que están muy
de paz, mas por la buena costumbre hemos de estar apercibidos". Xicotenga *el Viejo* y Masse Escasi, que eran grandes

caciques, se enojaron mucho con Cortés y le dijeron con nuestras lenguas: "Malinche, o tú nos tienes por enemigos, o no muestras obras en lo que te vemos hacer, que no tienes confianza de nuestras personas". Cortés, y todos nosotros estábamos espantados de la gracia y amor con que lo decían. Y vienen otros principales con muy gran aparato de gallinas y pan de maíz, y otras cosas de legumbres que había en la tierra, y abastecen el real muy cumplidamente; que en veinte días que allí estuvimos siempre lo hubo muy sobrado.

Capítulo 76

Cómo se dijo misa estando presentes muchos caciques,
y de un presente que trajeron los caciques viejos.

Otro día de mañana mandó Cortés que se pusiera un altar para que se dijera misa, porque ya teníamos vino y hostias (que las había mandado Cortés traer de la Villa de la Vera Cruz), la cual dijo el clérigo Juan Díaz, porque el padre de la Merced estaba con calenturas, y muy flaco, y estando presente Masse Escaci, *el Viejo* Xicotenga y otros caciques. Acabada la misa, Cortés entró en su aposento y también los dos caciques viejos, y le dijo Xicotenga que le querían traer un presente, y trajeron seis o siete pecezuelos de oro y piedras de poco valor. Dijeron aquellos caciques riendo: "Malinche, bien creemos que como es poco eso que te damos, no lo recibirás con buena voluntad; ya te hemos enviado a decir que somos pobres, y que no tenemos oro, ni ningunas riquezas, y la causa de ello es que esos traidores y malos de los mexicanos, y Moctezuma que ahora es señor, nos lo han sacado todo cuanto solíamos tener". Cortés lo recibió con alegría, y les dijo que más tenía aquello por ser de su mano. Parece ser que tenían concertado entre todos los caciques de darnos sus hijas y sobrinas, las más hermosas que tenían que fueran doncellas por casar. Y Cortés les respondió que se lo teníamos en Merced, y que en buenas obras se lo pagaríamos el tiempo andando. Y estaba allí presente el padre de la Merced, y Cortés le dijo: "Señor padre, paréceme que será ahora bien que demos un tiento a estos caciques para que dejen sus ídolos".

CAPÍTULO 77

Cómo trajeron las hijas a presentar a Cortés, y a todos nosotros, y lo que sobre ello se hizo.

Otro día vinieron los mismos caciques viejos y trajeron cinco indias hermosas, doncellas y mozas, y para ser indias todas eran de buen parecer y bien ataviadas, todas eran hijas de caciques. Y dijo Xicotenga a Cortés: "Malinche, ésta es mi hija, no ha sido casada, es doncella; tomadla para vos". Cortés se lo agradeció, y con buen semblante que mostró, dijo que él las recibía y tomaba por suyas, y que ahora al presente, que las tuviesen en su poder sus padres; y preguntaron los mismos caciques que por qué causa no las tomábamos ahora, y Cortés respondió: "Porque quiero hacer primero lo que manda Dios nuestro Señor, que para que con mejor voluntad tomáramos aquellas sus hijas para tenerlas por mujeres, que luego dejen sus malos ídolos y crean en Nuestro Señor Dios". Y lo que respondieron a todo es: "¿Cómo quieres que dejemos nuestros *teules*, que desde muchos años nuestros antepasados tienen por dioses y les han adorado y sacrificado? Los *papas* han hablado con nuestros *teules*, y dijeron que no los olvidásemos". Le hablaron a Cortés tres caballeros, que fueron Pedro de Alvarado, Juan Velázquez de León y Francisco de Lugo, y dijeron que muy bien dice el padre, con lo que ha hecho cumple, y no se toque más a estos caciques sobre el caso. Así se hizo. Lo que les demandamos como ruego fue que desembarazasen un *cu* que allí estaba cerca, y quitasen unos ídolos, lo limpiasen y encalasen para poner una cruz y la imagen de Nuestra Señora. Lo cual luego lo hicieron y se dijo misa, y se bautizaron aquellas cacicas. Se puso nombre a la hija de Xicotenga, doña Luisa, y Cortés la tomó por la mano y se la dio a Pedro de Alvarado, y dijo a Xicotenga que aquel a quien la daba era su hermano, y su capitán, y que lo hubiese por bien, porque sería de él muy bien tratada. La hija o sobrina de Masse Escaci se puso nombre doña Elvira, y era muy hermosa; y paréceme que·la dio a Juan Velázquez de León, y las demás se pusieron sus nombres de pila, y todas con dones, y Cortés las dio a Cristóbal de Olid, a Gonzalo de Sandoval y a Alonso de Ávila.

Antes que más pase adelante, quiero decir cómo de aquella cacica hija de Xicotenga, que se llamó doña Luisa, que se la dio a Pedro de Alvarado, que así como se la dieron, toda la mayor parte de Tlaxcala la acataba, y le daban presentes, y la tenían por su señora; y de ella hubo Pedro de Alvarado, siendo soltero, un hijo que se dijo don Pedro, y una hija que se dice doña Leonor, mujer que ahora es de don Francisco de la Cueva, buen caballero, primo del duque de Alburquerque, y ha habido en ella cuatro o cinco hijos muy buenos caballeros; y que esta señora doña Leonor es tan excelente señora, en fin como hija de tal padre, que fue comendador de Santiago, adelantado, y gobernador de Guatemala; y por la parte de Xicotenga gran señor de Tlaxcala, que era como rey.

Capítulo 78

Cómo Cortés preguntó a Masse Escaci y a Xicotenga por las cosas de México.

Luego Cortés apartó aquellos caciques, y les preguntó muy extenso las cosas de México, y Xicotenga, como era más avisado y gran señor, tomó la mano a hablar, y de cuando en cuando le ayudaba Masse Escaci, que también era gran señor dijeron que tenía Moctezuma tan grandes poderes de gente de guerra, y que es tan gran señor que todo lo que quiere tiene, y que las casas en que vive están llenas de riquezas, que todas las riquezas de la tierra están en su poder. Que tenía en todas las provincias puestas guarniciones de muchos guerreros sin los muchos que sacaba de la ciudad, y que todas aquellas provincias le tributan oro, plata, plumas y piedras. Luego dijeron de la gran fortaleza de su ciudad, de la manera que la laguna y la hondura del agua, y de las calzadas que hay por donde han de entrar en la ciudad, y la manera como se provee la ciudad de agua dulce desde una fuente que se dice Chapultepeque. Luego contaron de la manera de las armas, hechas de arte que cortan más que navajas. Y como todos nosotros ya estábamos informados de todo lo que decían aquellos caciques, estorbó la plática y los metió en otra más honda, y fue que cómo ellos habían venido a poblar aquella tierra. Dijeron que les habían dicho sus antecesores que en los tiempos pasados que había allí entre ellos poblados hombres y mujeres muy altos de cuerpo, y de grandes huesos, que porque eran muy malos, y de malas maneras, que los mataron peleando con ellos, y otros que quedaban se murieron; y para que viésemos qué tamaños y altos cuerpos tenían, trajeron un hueso o zancarrón de uno de ellos, y era muy grueso. Tuvimos por cierto que hubo gigantes en esta tierra. Nuestro capitán Cortés nos dijo que sería bien enviar aquel gran hueso a Castilla para que lo viese Su Majestad, y así lo enviamos con los primeros procuradores que fueron.

También dijeron aquellos mismos caciques que sabían de aquellos sus antecesores, que vendrían hombres de las partes de hacia donde sale el sol, y de lejanas tierras a señorear; que si somos nosotros, holgaran de ello que pues tan esforzados y buenos somos. Cuando acabaron su razonamiento, todos quedamos espantados, y decíamos si por ventura dicen verdad; y luego nuestro capitán Cortés les replicó y dijo que ciertamente veníamos de hacia donde sale el sol, y que por esta causa nos envió el rey nuestro señor a tenerlos por hermanos.

El volcán que está cabe Guaxocingo echaba en aquella sazón que estábamos en Tlaxcala mucho fuego más que otras veces solía echar, de lo cual nuestro capitán Cortés, y todos nosotros, como no habíamos visto tal, nos admiramos de ello, y un capitán de los nuestros, que se decía Diego de Ordaz, le tomó codicia de ir a ver qué cosa era, y demandó licencia. Llevó consigo dos de nuestros soldados y principales que ponían temor con decirle que cuando estuviese a medio camino de Popocatepeque, que así se llamaba aquel volcán, no podría sufrir el temblor de la tierra, ni llamas y piedras. Y todavía Diego de Ordaz con sus dos compañeros fue su camino, hasta llegar arriba, y los indios que iban en su compañía se le quedaron en lo bajo. Desde allí veía la ciudad de México y toda la laguna. Después de bien visto, muy gozoso Ordaz, y admirado de haber visto a México, y sus ciudades, volvió a Tlaxcala con sus compañeros, y los indios de Guaxocingo.

Diré cómo hallamos en este pueblo de Tlaxcala casas de madera hechas de redes, y llenas de indios e indias que tenían dentro encarcelados y a cebo, hasta que estuviesen gordos para comer y sacrificar. Las cuales cárceles les quebramos para que se fuesen los presos que en ellas estaban. Y como Cortés, y todos nosotros vimos aquella gran crueldad, mostró tener mucho enojo de los caciques de Tlaxcala, y se lo riñó muy enojado, prometieron desde allí adelante que no matarían, ni comerían de aquella manera más indios.

CAPÍTULO 79

Cómo acordó nuestro capitán Hernando Cortés con todos nuestros capitanes y soldados que fuésemos a México, y lo que sobre ello pasó.

Viendo nuestro capitán que había diez y siete días que estábamos holgando en Tlaxcala, y oíamos decir de las grandes riquezas de Moctezuma, y su próspera ciudad, acordó tomar consejo con todos nuestros capitanes y soldados, de quien sentía que le tenían buena voluntad para ir adelante, y fue acordado que con brevedad fuera nuestra partida: y sobre este camino hubo en el real muchas pláticas de disconformidad, porque decían unos soldados que era cosa muy temerosa irnos a meter en tan fuerte ciudad, siendo nosotros tan pocos, y decían de los grandes poderes de Moctezuma. Cortés respondió que ya no podíamos hacer otra cosa, porque siempre nuestra demanda y apellido fue verlo, y que por demás ya eran otros consejos. Pues viendo Xicotenga y Masse Escaci, señores de Tlaxcala, que de hecho queríamos ir a México, les pesaba en el alma, y siempre estaban con Cortés avisándole, que no curase de ir aquel camino, y que no se fiara poco ni mucho de Moctezuma, ni de ningún mexicano, y que no se creyera de sus grandes reverencias, ni de sus palabras tan humildes y llenas de cortesías, ni aun de cuantos presentes le ha enviado, ni de otros ningunos ofrecimientos, que todos eran de atraidorados, que en una hora se lo tornarían a tomar cuanto le habían dado, y que de noche y de día se guardara muy bien de ellos, porque tienen bien entendido que cuando más descuidados estuviésemos nos darían guerra, y que cuando peleáremos con ellos, que los que pudiésemos matar que no quedasen con las vidas. Nuestro capitán agradeció el buen consejo, les mostró mucho amor con ofrecimientos y dádivas que luego les dio al viejo Xicotenga y a Masse Escaci, y todos los más caciques, y les dio mucha parte de la ropa fina de mantas que había presentado Moctezuma, y les dijo que sería bueno tratar paces entre ellos y los mexicanos para que tuviesen amistad. Xicotenga respondió que eran por demás las paces, y que su enemistad tienen siempre en los corazones arraigada, y que son tales los mexicanos que, so color de las paces, les harán mayores traiciones, porque jamás mantienen verdad en cosa ninguna. Y estando platicando sobre el camino que habíamos de llevar para México, porque los embajadores de Moctezuma que estaban con nosotros que iban por guías, decían que el mejor camino y más llano era por la ciudad de Cholula, por ser vasallos del gran Moctezuma, donde recibiríamos servicios, y a todos nosotros nos pareció bien ir a esa ciudad, y los caciques de Tlaxcala como entendieron que queríamos ir por donde nos encaminaban los mexicanos, se entristecieron, y tornaron a decir que en todo caso fuésemos por Guaxocingo, que eran sus parientes y no por Cholula, porque en Cholula siempre tiene Moctezuma sus tratos dobles encubiertos. Después de muchas pláticas y acuerdos, nuestro camino fue por Cholula, y luego Cortés mandó que fuesen mensajeros a decirles, que como estando tan cerca de nosotros no nos envían a visitar y hacer aquel acato que son obligados a mensajeros como somos de tan gran rey y señor.

CAPÍTULO 80

Cómo el gran Moctezuma envió cuatro principales hombres de mucha cuenta con un presente de oro y mantas, y lo que dijeron a nuestro capitán.

Estando platicando Cortés con nosotros y los caciques de Tlaxcala sobre nuestra partida, vinieron a decirle que llegaron cuatro embajadores de Moctezuma; cuando llegaron donde estaba le manifestaron gran acato, mostrando su presente de ricas joyas de oro, y de muchos géneros de hechura. Luego dijeron aquellos embajadores, por parte de su señor Moctezuma, que se maravillaba mucho de nosotros estar tantos días entre aquellas personas pobres, y sin policía, que aun para esclavos no son buenos, por ser tan malos, traidores y robadores, que cuando más descuidados estuviéramos, de día y de noche nos matarían por robarnos, y que nos rogaba que fuéramos luego a su ciudad. Esto hacía Moctezuma para sacarnos de Tlaxcala, nos cebaba con oro y presentes para que fuéramos a su tierra. Los de Tlaxcala dijeron a nuestro capitán que todos eran señores de pueblos y vasallos, con quien Moctezuma enviaba a tratar cosas de mucha importancia. Cortés les dio muchas gracias a los embajadores y les dio por respuesta que iría muy presto a ver al señor Moctezuma, y les rogó que estuvieran allí con nosotros algunos días, y en aquella sazón acordó Cortés que fueran dos de nuestros capitanes a ver y hablar con el gran Moctezuma. Iban ya en camino Pedro de Alvarado y Bernardino Vázquez, y quedaron de rehenes cuatro de aquellos embajadores del gran Moctezuma. Le dijimos que cómo enviaba a México esos dos hombres para ver sus fuerzas, que era mal consejo, y entonces los mandó llamar de vuelta. Entonces Cortés envío mensajeros a Cholula.

CAPÍTULO 81

*Cómo enviaron los de Cholula cuatro indios de poca valía
a disculparse por no haber venido a Tlaxcala,
y lo que sobre ello pasó.*

Ya he dicho en el capítulo pasado cómo envió nuestro capitán mensajeros a Cholula, para que nos vinieran a ver a Tlaxcala, y los caciques de aquella ciudad, como entendieron lo que Cortés les mandaba, les pareció que sería bien enviar cuatro indios de poca valía a disculpar y a decir que por estar malos no venían, y no trajeron bastimento, ni otra cosa, sino así secamente dieron aquella respuesta. Estaban presentes los caciques de Tlaxcala, y dijeron a nuestro capitán que para hacer burla de él, y de todos nosotros, enviaban los de Cholula aquellos indios, que eran macehuales, y de poca calidad. De manera que Cortés les tornó a enviar luego con otros cuatro indios de Cempoal a decir que vinieran dentro de tres días, que si no venían serían tratados como rebeldes, y que cuando vengan les quiere decir cosas que les convienen para tenerlos como amigos y hermanos, que si otra cosa acordaren y no quieren nuestra amistad, que nosotros no por eso los procuraríamos de descomplacer, ni enojarles. Y como oyeron aquella amorosa embajada, respondieron que no habían de venir a Tlaxcala porque son sus enemigos, porque saben que han dicho de ellos y de su señor Moctezuma muchos males. Viendo nuestro capitán que la excusa que decían era muy justa, acordamos de ir allá, y como los caciques de Tlaxcala vieron que determinadamente era nuestra ida por Cholula, dijeron a Cortés: "Ya te hemos dicho muchas veces que te guardes de los de Cholula, y del poder de México, y para que mejor te puedas ayudar de nosotros, te tenemos aparejados diez mil hombres de guerra que vayan en su compañía". Cortés consultó con todos nosotros, que no sería bueno que lleváramos tantos guerreros a tierra, que habíamos de procurar amistades; que sería bien que lleváramos dos mil, que los demás se quedaran en sus casas.

CAPÍTULO 82

Cómo fuimos a la ciudad de Cholula, y del gran recibimiento que nos hicieron.

Una mañana comenzamos a marchar por nuestro camino para la ciudad de Cholula, e íbamos con el mayor concierto que podíamos, porque, como otras veces he dicho, adonde esperábamos haber revueltas o guerras nos apercibíamos muy mejor, y aquel día fuimos a dormir a un río que pasa obra de una legua chica de Cholula, adonde está hecho ahora un puente de piedra; y allí nos hicieron unas chozas y ranchos, y esa noche enviaron los caciques de Cholula mensajeros, y trajeron bastimentos de gallinas, y pan de su maíz, y dijeron que en la mañana vendrían todos los caciques y *papas* a recibirnos. Ya cerca de la población nos salieron a recibir los caciques y *papas*, y otros muchos indios, y todos los más traían vestidas unas ropas de algodón de hechura de marlotas. Y parecer aquellos *papas* y principales, como vieron los indios tlaxcaltecas que con nosotros venían, le dijeron a doña Marina, que se lo dijera a Cortés, que no era bueno que de aquella manera entraran sus enemigos con armas en su ciudad, y como nuestro capitán lo entendió, dijo: "Me parece, señores, que antes que entremos en Cholula, que demos un tiento con buenas palabras a estos caciques y *papas* y veamos qué es su voluntad, porque vienen murmurando de estos nuestros amigos de Tlaxcala, y tienen mucha razón en lo que dicen". Luego mandó a doña Marina que llamara a los caciques y *papas* allí donde estaba a caballo. Luego vinieron tres principales, y dos *papas*, y dijeron: "Malinche, perdónanos, porque no fuimos a Tlaxcala a verte, y llevar comida, no por falta de voluntad, sino porque son nuestros enemigos Masse Escaci y Xicotenga, y toda Tlaxcala, y porque han dicho muchos males de nosotros, sino que ahora tengan atrevimiento con el favor de usted, de venir con armas a nuestra ciudad"; y que le piden por merced que les mande volver a sus tierras, o a lo menos que se queden en el campo, y que no entren de aquella manera en su ciudad. Y como el capitán vio la razón que tenía, mandó luego a Pedro de Alvarado, y al maestre de campo, que era Cristóbal de Olid, que rogaran a los tlaxcaltecas que allí en el campo hicieran sus ranchos y chozas, y que no entraran con nosotros, y les dijeron la causa porque se mandaba, y que cuando hubiéremos de pasar de Cholula para México, que los enviaría a llamar. Como los de Cholula vieron lo que Cortés mandó, parecía que estaban más sosegados, y les comenzó Cortés a hacer un parlamento, diciendo que nuestro rey y señor, cuyos vasallos somos, tiene grandes poderes, y tiene debajo de su mando a muchos grandes príncipes y caciques; y que nos envió a estas tierras a notificarles y mandarles que no adoren ídolos, ni sacrifiquen hombres, ni coman de sus carnes, ni hagan sodomías, ni otras torpedades, que por ser el camino por allí para México, adonde vamos a hablar al gran Moctezuma, y por no haber otro más cercano, venimos por su ciudad. Hecho esto comenzamos a marchar para la ciudad; era tanta la gente que nos salía a ver, que las calles y azoteas estaban llenas, y no me maravillo de ello, porque no habían visto hombres como nosotros ni caballos.

Capítulo 83

Cómo tenían concertado en esta ciudad de Cholula matarnos por mandado de Moctezuma, y lo que sobre ello pasó.

Habiéndonos recibido tan solemnemente, envió Moctezuma a sus embajadores, que con nosotros estaban, que trataran con los de Cholula, que con un escuadrón de veinte mil hombres estuvieran apercibidos, para entrando en aquella ciudad nos dieran guerra, y los que pudieran llevar de nosotros atados a México, que se los llevaran. Y los *papas* de aquella ciudad debían tomar veinte de nosotros para hacer sacrificios a sus ídolos, y los guerreros que luego Moctezuma envió estaban en unos ranchos y arcabuezos, obra de media legua de Cholula, y otros estaban ya dentro en las casas, y todos puestos a punto con sus armas. Y aun tenían unas casas llenas de varas largas, y colleras de cueros y cordeles con que nos habían de atar y llevarnos a México.

Nos dieron muy bien de comer los primeros días, y al tercero día ni nos daban de comer, ni aparecía cacique, ni *papa*, y como aquello vio nuestro capitán, dijo a doña Marina y Aguilar nuestras lenguas, que dijera a los embajadores del gran Moctezuma que allí estaban, que mandaran a los caciques traer de comer, y lo que traían era agua y leña. Aquel día vinieron otros embajadores de Moctezuma, y se juntaron con los que estaban con nosotros. Nuestro capitán nos mandó juntar, nos dijo: "Muy desconcertada veo a esta gente, estemos muy alerta". Luego envió llamar al cacique principal, que debía ser a manera de obispo entre ellos, y dijo que no tenían temor de nosotros, que si el cacique y principales no han querido venir, que él iría a llamarles, y que como él les hable, que tiene creído que no harán otra cosa, que vendrán; luego Cortés dijo que fuese en buen hora, y quedase su compañero allí aguardando hasta que viniesen, y fue aquel *papa*, y llamó al cacique y principales, luego vinieron juntamente con él al aposento de Cortés. Y les preguntó con nuestras lenguas, doña Marina y Aguilar, que por qué habían miedo, y por qué causa no nos daban de comer, y que si reciben pena de nuestra estancia en la ciudad, que otro día por la mañana nos queríamos partir para México. Y estando en estas pláticas vinieron tres indios de los de Cempoal, nuestros amigos, y secretamente dijeron a Cortés que habían hallado junto a donde estábamos aposentados hoyos en las calles, cubiertos con madera y tierra, que quitaron la tierra de encima de un hoyo que estaba lleno de estacas muy agudas, y dijeron a Cortés: "Esta ciudad está de mala manera, porque sabemos que esta noche sacrifican a su ídolo, que es el de la guerra". Como aquello oyó Cortés, luego los despachó para que fuesen a sus capitanes los tlaxcaltecas, que estuvieran muy aparejados, si los enviásemos a llamar, y tornó a hablar al cacique y *papas*, y principales de Cholula, que no tuviesen miedo, ni anduviesen alterados, y que mirasen la obediencia que dieron, que no la quebrantasen, que les castigaría por ello, que ya les ha dicho que nos queremos ir por la mañana, que ha menester dos mil hombres de guerra de aquella ciudad, que vayan con nosotros, como nos han dado los de Tlaxcala, porque en los caminos los habrá menester. Y le dijeron que sí darían, así los hombres de guerra como los del fardaje; y demandaron licencia para irse luego a apercibirlos, y muy contentos se fueron porque creyeron que con los guerreros que nos habían de dar, y con las capitanías de Moctezuma, que estaban en los arcabuezos y barrancas, que allí de muertos o presos no podríamos escapar. Dieron luego por aviso a los que estaban en guarnición que hiciesen, a manera de callejón, que no pudiésemos pasar, y les avisaron que otro día habíamos de partir, que estuviesen muy a punto todos porque ellos darían dos mil hombres de guerra, y como fuésemos descuidados, que allí harían su presa los unos y los otros y nos podían atar.

Nuestro capitán quiso saber muy extenso todo el concierto, dijo a Doña Marina que llevase más *chalchihuis* a los dos *papas* que habían hablado primero, pues no tenía miedo, y con palabras amorosas les dijese que les quería tornar a hablar Malinche, y que los trajese consigo. Vinieron luego con ella, Cortés les dijo que dijesen la verdad de lo que supiesen, pues eran sacerdotes de ídolos, y principales, que no habían de mentir; y dijeron que la verdad es que su señor Moctezuma supo que íbamos a aquella ciudad, y que cada día estaba en muchos acuerdos, que unas veces les enviaba a mandar, que si allí fuésemos que nos hiciesen mucha honra y nos encaminasen a su ciudad; y otras veces les enviaba a decir que ya no era su voluntad que fuésemos a México; que ahora nuevamente le han aconsejado su Tezcatepuca, y su Huichilobos, en quien ellos tienen gran devoción, que allí en Cholula los matasen, o llevasen atados a México. Aquella noche tomó Cortés consejo de lo que debíamos hacer, y una vieja india, mujer de un cacique, le dijo y aconsejó que se fuera con ella a su casa, si quería conservar la vida, porque ciertamente aquella noche u otro día nos habían de matar a todos. Por ello, en la mañana, cuando vinieron los cholultecas con la gente de guerra, ya todos nosotros estábamos muy apunto para lo que se había de hacer, matamos muchos de ellos y otros se quemaron vivos.

Luego vinieron los dos *papas* amigos nuestros que nos descubrieron el secreto, y la vieja mujer del capitán que quería ser suegra de doña Marina, y todos rogaron a Cortés fuesen perdonados. Y Cortés, cuando se lo decían, mostró tener grande enojo y mandó llamar a los embajadores de Moctezuma, que estaban detenidos en nuestra compañía, y dijo que puesto que toda aquella ciudad merecía ser asolada, y que pagaran con las vidas, que teniendo respeto a su señor Moctezuma, cuyos vasallos son, los perdona, y que de ahí adelante que sean buenos, y no les acontezca otra como la pasada, que morirán por ello. Luego mandó llamar los caciques de Tlaxcala que estaban en el campo, y les dijo que volviesen los hombres y mujeres que habían cautivado, que bastaban los males que habían hecho. Y puesto que se les hacía de mal devolverlos, y decían que de muchos más daños eran merecedores por las traiciones que siempre de aquella ciudad han recibido, por mandarlo Cortés volvieron muchas personas, mas ellos quedaron de esta vez ricos, así de oro, mantas, algodón, sal y esclavos. Y demás de esto Cortés los hizo amigos con los de Cholula, que a lo que después vi y entendí jamás quebraron amistades. Les mandó a todos los *papas* y caciques cholultecas que poblasen su ciudad, y que hiciesen *tianguez* y mercados, y que no hubiese temor, que no se les haría enojo ninguno. Y además de esto, desde que vio la ciudad poblada, y estaban seguros en sus mercados, mandó que se juntasen los *papas* y capitanes con los demás principales de aquella ciudad, y se les dio a entender muy claramente todas las cosas tocantes a nuestra santa fe; que mirasen que sus ídolos los traen engañados, y que son malos, no dicen verdad, que tuviesen memoria, que cinco días había las mentiras que les prometieron, que les darían victoria, cuando sacrificaron las siete personas.

Dejaré de hablar de esto, y diré cómo aquella ciudad está asentada en un llano, y en parte sitio, donde están muchas poblaciones cercanas, que es Tepeaca, Tlaxcala, Chalco, Tecamachalco, Guaxocingo, y otros muchos pueblos que por ser tantos aquí no los nombro; es tierra de maíz, otras legumbres y de mucho *ají*, toda llena de magueyales, que es de lo que hacen el vino, y hacen en ella muy buena loza de barro colorado y prieto. Tenía aquella ciudad en aquel tiempo sobre cien torres muy altas, que eran *cúes,* y adoratorios, donde estaban sus ídolos. Me acuerdo que cuando en aquella ciudad entramos, que cuando vimos tan altas torres, y blanquear, nos pareció al propio Valladolid.

Dejemos de hablar de esta ciudad, todo lo acaecido en ella, y digamos cómo los escuadrones que había enviado el gran Moctezuma, que estaban ya puestos entre los arcabuezos que están cabe Cholula, se vuelven más que de paso para México, y dan relación a su Moctezuma, según de la manera que todo pasó. Supimos muy de cierto que cuando lo supo Moctezuma, que sintió gran dolor y enojo, que luego sacrificó ciertos indios a su ídolo Huichilobos, y aun supimos que estuvo encerrado en sus devociones y sacrificios dos días juntamente con diez *papas,* los más principales, y hubo respuesta de aquellos ídolos que tenían por dioses, y fue que le aconsejaron que nos enviase mensajeros a disculpar de lo de Cholula, que con muestras de paz nos deje entrar en México, y que estando dentro, con quitarnos la comida, el agua o alzar cualquiera de las puentes, nos mataría. Dejemos de hablar de lo que Moctezuma sintió de lo sobredicho, y digamos cómo esta cosa, o castigo de Cholula, fue sabido en todas las provincias de la Nueva España. Y si de antes teníamos fama de esforzados, desde ahí adelante nos tenían por adivinos, y decían que no se nos podría encubrir cosa ninguna mala que contra nosotros tratasen.

Creo que estarán hartos los curiosos lectores de oír esta relación de Cholula, y ya quisiera haberla acabado de escribir. No puedo dejar de traer aquí a la memoria las redes de maderos gruesos que en ella hallamos; las cuales tenían llenas de indios, y muchachos a cebo, para sacrificar y comer sus carnes. Las cuales quebramos y dejamos ir a los que estaban cautivos. Dejémoslo ya, y diré lo que más adelante hicimos.

CAPÍTULO 84

De ciertas pláticas y mensajeros que enviamos
al gran Moctezuma.

Como habían pasado catorce días que estábamos en Cholula, y no entendíamos nada, veíamos que el gran Moctezuma enviaba a nuestro real espías encubiertos a saber e inquirir qué era nuestra voluntad, acordó nuestro capitán de entrar en consejo con ciertos capitanes y algunos soldados. Y fue acordado que blanda y amorosamente enviásemos a decir al gran Moctezuma que hemos pasado muchos mares y remotas tierras solamente para verle; que veníamos camino de su ciudad porque sus embajadores nos encaminaron por Cholula, que dijeron que eran sus vasallos, y que dos días, los primeros que en ella entramos, nos recibieron muy bien, y para otro día tenían ordenada una traición con pensamiento de matarnos, porque somos hombres que tenemos tal calidad que no se nos puede encubrir cosa de trato ni traición, ni maldad que contra nosotros quieran hacer que luego no lo sepamos; y que por esta causa castigamos a algunos de los que querían ponerlo por obra; y lo peor de todo es que dijeron los *papas* y caciques que por consejo y mandado de él, y de sus embajadores lo querían hacer, lo cual nunca creímos, que tan gran señor, como él es, tal mandase, especialmente habiéndose dado por nuestro amigo. Y como Moctezuma oyó esta embajada y entendió que por lo de Cholula no le echábamos culpa, oímos decir que tomó a entrar con sus *papas* en ayunos y sacrificios para que tornara a rectificar. Y la respuesta que les tomó a dar fue como la primera, y que de hecho nos deje entrar, y que dentro nos mataría a su voluntad. Y más le aconsejaron sus capitanes y *papas*, que si ponía estorbo en la entrada, que le haríamos guerra en los pueblos sus sujetos, teniendo como teníamos por amigos a los tlaxcaltecas, y todos los totonaques de la sierra y otros pueblos que habían tomado nuestra amistad; y por excusar estos males, que mejor y más sano consejo es el que les ha dado su Huichilobos.

Capítulo 85

Cómo el gran Moctezuma envió un gran presente de oro, y lo que envió decir, y cómo acordamos ir camino de México, y lo que más acaeció.

Como el gran Moctezuma hubo tomado otra vez consejo con sus Huichilobos, *papas* y capitanes, y todos le aconsejaron que nos dejara entrar en su ciudad, que allí nos matarían a su salvo, y después que oyó las palabras que le enviamos a decir acerca de nuestra amistad, también otras razones bravosas, como somos hombres que no se nos encubre traición, que contra nosotros se trate, que no lo sepamos: y que en lo de la guerra que eso se nos da que sea en el campo, o en poblado, que de noche o de día, o de otra cualquier manera, envió seis principales con un presente de oro y joyas de mucha diversidad de hechura. Cuando esos principales llegaron ante Cortés, dijeron: "Nuestro señor el gran Moctezuma te envía este presente, y que le pesa el enojo que provocaron los de Cholula, que tuviésemos por muy cierto que era nuestro amigo, y que podemos ir a su ciudad cuando quisiésemos, puesto que él nos quiere hacer mucha honra". Los caciques mayores de Tlaxcala, que se decían Xicotenga *el Viejo,* y ciego, y Masse Escaci, enviaron a decir a Cortés, que ya le habían dicho muchas veces que mirara lo que hacía, y temían que no podríamos salir con vida, y que por la buena voluntad que nos tienen, que ellos quieren enviar diez mil hombres. Cortés les agradeció mucho su buena voluntad, y les dijo que solamente había menester mil hombres para llevar los *tepuzques.*

Ya he dicho otra vez que *tepuzques* en estas partes dicen por los tiros, que son de hierro que llevábamos; y luego despacharon los mil indios muy apercibidos, y ya que estábamos muy a punto para caminar, vinieron a Cortés los caciques y todos los más principales guerreros de Cempoal, que andaban en nuestra compañía, y nos sirvieron muy bien y lealmente; y dijeron que se querían volver a Cempoal, que no pasarían de Cholula adelante para ir a México. Como Cortés les vio que con tanta voluntad le demandaban aquella licencia, les respondió, con doña Marina y Aguilar, que no hubiesen temor ninguno de que recibirían mal ni daño, que pues iban en nuestra compañía, que quién había de ser osado a enojarlos a ellos, ni a nosotros. Y que les rogaba, que mudasen su voluntad, y que se quedasen con nosotros, les prometió que les haría ricos; y por más que se lo rogó Cortés, y doña Marina se lo decía muy afectuosamente, nunca quisieron quedar. Mandó traer muchas cargas de mantas ricas, y se las repartió entre todos, también envió al cacique gordo nuestro amigo, señor de Cempoal, dos cargas de mantas para él y para su sobrino Cuesco, que así se llamaba otro gran cacique; y escribió al teniente Juan de Escalante, que dejábamos por capitán, y era en aquella sazón alguacil mayor, todo lo que nos había acaecido, y cómo ya íbamos camino de México.

CAPÍTULO 86

Cómo comenzamos a caminar para la ciudad de México,
y de lo que en el camino nos avino, y lo que
Moctezuma envió decir.

Así como salimos de Cholula con gran concierto, como lo teníamos de costumbre, los corredores del campo a caballo, descubriendo la tierra, y peones muy sueltos juntamente con ellos, para si algún paso nulo o embarazo hubiese ayudasen los unos a los otros, así caminando llegamos aquel día a unos ranchos, que es población de Guaxocingo, y allí vinieron luego los caciques y *papas* de los pueblos que estaban cerca, y eran amigos y confederados de los tlaxcaltecas. Trajeron todos mucho abastecimiento, y un presente de joyas de poca valía, y dijeron a Cortés que había dos caminos muy anchos, que el uno iba a un pueblo que se dice Chalco y el otro Tamanalco, que un camino estaba muy barrido y limpio, el otro lo tenían ciego, que nos aconsejaban que no fuésemos por el que estaba limpio, que aquel camino salía a Tamanalco. Cortés recibió el presente con mucho amor, les dijo que les agradecía el aviso que le daban, y con la ayuda de Dios, que no dejará de seguir su camino, y que irá por donde le aconsejaban. Luego otro día bien de mañana comenzamos a caminar, y ya era cerca de mediodía cuando llegamos en lo alto de la sierra, donde hallamos los caminos, ni más ni menos que los de Guaxocingo dijeron. Cortés mandó llamar a los embajadores del gran Moctezuma, que iban en nuestra compañía, y les preguntó que cómo estaban aquellos dos caminos de aquella manera, el uno muy limpio y barrido, y el otro lleno de árboles cortados nuevamente. Y respondieron que porque vamos por el limpio que sale a una ciudad, que se dice Chalco, donde nos harán buen recibimiento, que es de su señor Moctezuma, y que el otro camino que le pusieron aquellos árboles, y le cegaron, porque no fuésemos por él. Entonces comenzamos a subir la sierra puesto en gran concierto, por donde pasamos con gran trabajo, y subiendo a lo más alto comenzó a nevar, y se cuajó de nieve la tierra, caminamos la sierra abajo y fuimos a dormir a unas caserías, que eran como a manera de aposentos. Otro día comenzamos a caminar, a hora de misas mayores llegamos a Tamanalco, y nos recibieron bien, de comer no faltó. Como supieron de otros pueblos de nuestra llegada, luego vinieron los de Chalco y se juntaron con los de Tamanalco, Mecameca y Acacingo, donde están las canoas, que es puerto de ellos, y otros pueblezuelos. Cortés los recibió con gran amor, y se les ofreció que en todo lo que tenían de menester los ayudaría. Y se les dijo todo lo que solíamos decir en los demás pueblos por donde habíamos venido, que veníamos a deshacer agravios y robos; como aquello oyeron todos esos pueblos, dieron tantas quejas de Moctezuma. Cortés les dijo con buen semblante que no tenían los mexicanos, ni otras ningunas naciones, poder para matarnos, salvo Nuestro Señor Dios. Con alegre rostro todos los de aquellos pueblos dieron buenas respuestas.

CAPÍTULO 87

*Cómo el gran Moctezuma nos envió otros embajadores
con un presente de oro, y mantas, y lo que dijeron
a Cortés, y lo que les respondió.*

Ya que estábamos de partida para ir nuestro camino a México,
vinieron ante Cortés cuatro principales mexicanos, que envió
Moctezuma, y trajeron un presente de oro, dijeron: "Malinche, este presente te envía nuestro señor el gran Moctezuma,
y dice que le pesa mucho por el trabajo que has pasado en venir de tan lejanas tierras a verle, y que ya te ha enviado decir
otra vez que te dará mucho oro, y que no vengan a México".
Cortés recibió los presentes, y le respondió que se maravillaba del señor Moctezuma, que si le parecerá bien, que estando
tan cerca de su ciudad, será bueno volvernos del camino sin
hacer aquello que nuestro señor nos manda, y que de una
manera u otra que habíamos de entrar en su ciudad. Y luego
de despachados los mensajeros, comenzamos a caminar para
México, y como nos habían dicho y avisado los de Guaxocingo, y los de Chalco, que Moctezuma había tenido pláticas
con sus ídolos y *papas,* que si nos dejaría entrar en México,
o si nos daría guerra, y todos sus *papas* le respondieron que
decía su Huichilobos que nos dejase entrar, que allí nos podrá matar, según dicho tengo otras veces en el capítulo que
de ello habla, y como somos hombres y temíamos la muerte,
no dejábamos de pensar en ello, encomendándonos a Dios.
Moctezuma luego acordó de enviar a su sobrino, que se decía
Cacamatzin, señor de Tezcuco, a dar la bienvenida a Cortés.
Llegó con el mayor fasto. Y cuando nuestro capitán, y todos
nosotros vimos tanto aparato y majestad como traían aquellos caciques, especialmente el sobrino de Moctezuma, pla-
ticamos entre nosotros que cuando aquel cacique traía tanto
triunfo, ¿qué haría el gran Moctezuma? Otro día por la mañana llegamos a la calzada ancha, íbamos camino de Iztapalapa. Algunos de nuestros soldados creían que aquello era un

sueño, pues desde que llegamos cerca de Iztapalapa vimos la grandeza de otros caciques. No creí que en el mundo hubiese otras tierras descubiertas como éstas. Nos quedamos admirados, las casas como encantamiento. La manera de los palacios donde nos aposentaron, de cuán grandes y bien labrados.

Después de bien visto todo aquello, fuimos a la huerta y jardín, que fue cosa muy admirable verlo y pasarlo, que no me hartaba de mirarlo, ver la diversidad de árboles, y los olores que cada uno tenía, andenes llenos de rosas y flores, y muchos frutales, y rosales de la tierra, un estanque de agua dulce; y otra cosa de ver, que podrían entrar en el vergel grandes canoas desde la laguna, por una abertura que tenía hecha sin saltar en tierra, todo muy encalado. Había aves reales, y no creí que en el mundo hubiese otras tierras descubiertas como éstas. Ahora toda esta villa está por el suelo perdida. Pasemos adelante, diré cómo trajeron un presente de oro los caciques de aquella ciudad, y los de Cuyoacán, que valía sobre dos mil pesos. Cortés les dio muchas gracias por ello y les mostró grande amor; se les dijo con nuestras lenguas las cosas tocantes a nuestra santa fe.

Capítulo 88

Del gran y solemne recibimiento que nos hizo el gran Moctezuma a Cortés y a todos nosotros en la entrada de la gran ciudad de México.

Otro día por la mañana, partimos de Iztapalapa, muy acompañados de esos grandes caciques; íbamos por nuestra calzada, la cual es ancha de ocho pasos, va tan derecha a la ciudad de México, que me parece que no se tuerce poco ni mucho; y puesto que es bien ancha, toda iba llena de aquella gente, que no cabían unos que entraban en México, y otros que salían, que nos venían a ver porque jamás habían visto hombres como nosotros con caballos. Y de que vimos cosas tan admirables, no sabíamos qué decirnos, o si era verdad lo que por delante parecía, que por una parte en tierra había grandes ciudades, y en la laguna otras muchas, y lo veíamos todo lleno de canoas, y en la calzada muchos puentes de trecho a trecho, y por delante estaba la gran ciudad de México, y nosotros aún no llegábamos a cuatrocientos y cincuenta soldados, y teníamos muy bien en la memoria las pláticas y avisos que nos dieron los de Guaxocingo, y Tlaxcala, y Tamanalco, y con otros muchos consejos que nos habían dado, para que nos guardásemos de entrar en México, que nos habían de matar cuando dentro nos tuviesen. Y vinieron muchos principales y caciques, a aquellos grandes caciques enviaba el gran Moctezuma a recibirnos. Decían en sus lenguas que éramos bienvenidos. Desde allí se adelantaron el Cacamatzin, señor de Tezcuco, y el señor de Iztapalapa, y el señor de Tacuba, y el señor de Cuyoacán a encontrarse con el gran Moctezuma, que venía cerca en ricas andas acompañado de otros grandes señores y caciques. Se apeó el gran Moctezuma de las andas, y le traían del brazo aquellos grandes caciques debajo de un palio muy riquísimo, a maravilla, el color de las plumas verde con grandes labores de oro, con mucha argentería, y perlas, piedras *chalchihuis,* que colgaban de unas como bordaduras, que hubo mucho que mirar en ello; y el gran Moctezuma venía muy ricamente ataviado según su usanza, y traía calzados unos como *cotaras,* que así se dice lo que se calzan, las suelas de oro, y muy preciada pedrería encima en ellas; los cuatro señores que le traían del brazo venían con rica manera de vestidos a su usanza, que parece ser se los tenían aparejados en el camino, para entrar con su señor, y otros muchos señores que venían delante del gran Moctezuma barriendo el suelo por donde había de pisar, y le ponían mantas, porque no pisase la tierra. Todos estos señores ni por pensamiento le miraban a la cara, sino los ojos bayos, y con mucho acato, excepto aquellos cuatro deudos, y sobrinos suyos, que le llevaban.

Como Cortés vio y entendió que venía el gran Moctezuma, se apeó del caballo. Moctezuma le dio la bienvenida, y Cortés le daba la mano derecha, no la quiso, entonces Cortés sacó un collar, que traía muy a mano de piedras de vidrio, se lo echó al cuello al gran Moctezuma, y cuando se lo puso, le iba a abrazar, y aquellos grandes señores que iban con Moctezuma detuvieron del brazo a Cortés. Entonces Moctezuma mandó a dos de sus sobrinos, que era el señor de Tezcuco y el señor de Cuyoacán, que se fuesen con nosotros hasta aposentarnos. Moctezuma, con los otros dos sus parientes Cuedlavaca y el señor de Tacuba, que le acompañaban, se volvió a la ciudad, y también se volvieron con él todas aquellas grandes compañías de caciques y principales. Así tuvimos lugar nosotros de entrar por las calles de México, sin tener tanto embarazo. ¿Quién podrá decir la multitud de hombres, y mujeres, y muchachos, que estaban en las calles, y azoteas, y en canoas en aquellas acequias, que nos salían a mirar? Era cosa de notar, que ahora que lo estoy escribiendo, se me representa todo delante de mis ojos, como si ayer fuera cuando esto pasó, y considerada la cosa, y gran merced que Nuestro Señor Jesucristo nos hizo.

Y volvamos a nuestra entrada en México, que nos llevaron a aposentar a unas grandes casas, donde había aposentos para todos nosotros, que habían sido de su padre del gran Moctezuma, que se decía Axayaca, y tenía una recámara muy secreta con piezas y joyas de oro, que era como tesoro de lo que había heredado de su padre Axayaca, que no tocaba en ello. Y asimismo nos llevaron a aposentar a aquella casa, por causa que como nos llamaban *teules,* y por tales nos tenían, que estuviésemos entre sus ídolos, como *teules* que allí tenían. Sea de una manera, o de otra, allí nos llevaron, donde tenía hechos grandes estrados, y salas muy entoldadas de paramentos de la tierra, para nuestro capitán. Y como llegamos y entramos en un gran patio, luego tomó por la mano el gran Moctezuma a nuestro capitán, que allí lo estuvo esperando, y le metió en el aposento y sala, donde había de posar, que la tenía muy ricamente aderezada para según su usanza, y tenía aparejado un muy rico collar de oro, de hechura de camarones, obra muy maravillosa, y el mismo Moctezuma se le echó al cuello a nuestro capitán Cortés, que tuvieron bien que mirar sus capitanes del gran favor que le dio, y cuando se lo hubo puesto Cortés le dio las gracias con nuestras lenguas y dijo Moctezuma: "Malinche, en vuestra casa estáis vos, y vuestros hermanos, descansad"; y luego se fue a sus palacios, que no estaban lejos, y nosotros repartimos nuestros aposentos por capitanías. Y fue ésta nuestra venturosa y atrevida entrada en la gran ciudad de Tenochtitlan, México, a ocho días del mes de noviembre, año de nuestro Salvador Jesucristo de mil quinientos diecinueve.

CAPÍTULO 89

Cómo el gran Moctezuma vino a nuestros aposentos con muchos caciques que le acompañaban y la plática que tuvo con nuestro capitán.

Como el gran Moctezuma hubo comido, y supo que nuestro capitán y todos nosotros asimismo había buen rato que habíamos hecho lo mismo, vino a nuestro aposento con gran copia de principales, y como a Cortés le dijeron que venía, salió a mitad de la sala a recibirlo, y Moctezuma le tomó por la mano, trajeron como unos asentaderos, hechos a su usanza, labrados de muchas maneras de oro. Luego comenzó Moctezuma un buen parlamento, dijo que en gran manera se holgaba de tener en su casa y reino unos caballeros tan esforzados, como era el capitán Cortés y nosotros, y que a dos años tuvo noticias de otro capitán, y también el año pasado le trajeron nuevas de otro capitán, que vino con cuatro navíos, y que siempre lo deseó ver. Que ahora que nos tiene ya consigo para servirnos y darnos de todo lo que tuviese. Y que verdaderamente debe de ser cierto que somos los que sus antepasados mucho tiempo antes habían dicho, que vendrían hombres de hacia donde sale el sol a señorear a estas tierras. Cortés le respondió con nuestras lenguas que consigo siempre estaban, especial doña Marina, y le dijo que no sabe con qué pagar, él ni todos nosotros, las grandes mercedes recibidas de cada día, y que ciertamente veníamos de donde sale el sol, y somos vasallos y criados de un gran señor, que se dice el emperador don Carlos, que tiene sujetos a sí muchos y grandes príncipes, que nos envió a verle y a rogarle que sean cristianos, como es nuestro emperador, y todos nosotros, y que salvarán sus ánimas él y todos sus vasallos, que adelante le declarara más cómo y de qué manera ha de ser. Tenía apercibido el gran Moctezuma muy ricas joyas de oro y de muchas hechuras, que dio a nuestro capitán, y asimismo a cada uno de nuestros capitanes dio cositas de oro; y había mandado a sus mayordomos, que a nuestro modo y usanza estuviésemos proveídos. El gran Moctezuma se despidió con gran cortesía de todos nosotros.

Capítulo 90

Cómo luego otro día fue nuestro capitán a ver al gran Moctezuma, y de ciertas pláticas que tuvieron.

Otro día acordó Cortés ir a los palacios de Moctezuma, llevó consigo cuatro capitanes, que fue Pedro de Alvarado, Juan Velázquez de León, Diego de Ordaz y Gonzalo de Sandoval, y también fuimos cinco soldados. Como Moctezuma lo supo, nos salió a recibir a la mitad de la sala muy acompañado de sus sobrinos. Cortés comenzó a hacer un razonamiento, con nuestras lenguas doña Marina y Aguilar, dijo que ahora que había venido a ver y hablar a un tan gran señor, como era, estaba descansado, y todos nosotros, pues ha cumplido el viaje y mandado que nuestro gran rey y señor le mandó, que ya su merced habrá entendido de sus embajadores Tendile, Pitalpitoque y Quintalvor, cuando nos hizo las mercedes de enviarnos la luna y el sol de oro en el arenal; que éramos cristianos, adoramos a un solo Dios verdadero, que se dice Jesucristo, y le dijimos cuando nos preguntaron por qué adorábamos esa cruz, que lo hacíamos porque era señal donde Nuestro Señor fue crucificado por nuestra salvación, que es la muerte y pasión, que permitió que así fuese, por salvar por ella todo el linaje humano que estaba perdido, que nuestro Dios resucitó al tercer día, y está en los cielos, y es el que hizo cielo y tierra y creó todas las cosas que hay en el mundo, y que aquellos que tienen por dioses, que no lo son, sino diablos, que son cosas muy malas. Luego le dijo muy de la creación del mundo, y cómo todos somos hermanos, hijos de un padre y de una madre que se decían Adán y Eva, y cómo tal hermano, nuestro gran emperador, doliéndose de la perdición de las ánimas, que son muchas las que aquellos sus ídolos llevan al infierno, nos envió para que esto lo remedie, y no adoren aquellos ídolos. Moctezuma respondió: "Muy bien entendido tengo sus pláticas y razonamientos antes de ahora, y eso de la cruz; no hemos respondido a cosa ninguna de ellas, porque desde el inicio acá adoramos nuestros dioses, y los tenemos por buenos, y a esta causa tenemos por cierto, que son los que nuestros antecesores nos dijeron que vendrían de donde sale el sol, porque, como dicho tengo otra vez, tengo noticias de capitanes que vinieron con navíos por donde vosotros vinisteis". Dijo que desde entonces tuvo pensamiento de ver algunos de aquellos hombres que venían, para tener en sus reinos y ciudades, que si algunas veces nos enviaba a decir que no entrásemos en su ciudad, que no era de su voluntad, sino porque sus vasallos tenían temor, que les decían que echábamos rayos, relámpagos, y con los caballos matábamos muchos indios, y que ahora que ha visto nuestras personas, que somos de hueso y carne, sabe que somos muy esforzados, por esta causa nos tiene en más estima. Luego Moctezuma dijo riendo, en su hablar de gran señor: "Malinche, bien sé que te han dicho esos de Tlaxcala, con quien tanta amistad habéis tomado, que yo que soy como dios o teule, que cuanto hay en mis casas es todo oro, plata, y piedras ricas; bien tengo conocido que como sois entendidos, que no lo creías, y lo tenías por burla lo que ahora, señor Malinche, veis mi cuerpo de hueso y de carne, como los vuestros; mis casas y palacios de piedra, madera y cal; de ser yo gran rey, sí soy; y tener riquezas de mis antecesores, sí tengo; mas no las locuras y mentiras que de mí os han dicho, así que también lo tendréis por burla, como yo tengo lo de vuestros truenos y relámpagos". Cortés le respondió también riendo, y dijo que los contrarios enemigos siempre dicen cosas malas y sin verdad de los que quieren mal. Estando en estas pláticas, mandó secretamente Moctezuma a un gran cacique sobrino suyo a que trajese ciertas piezas de oro, y esto daba con una alegría y semblante grande de valeroso señor. Así nos despedimos, con grandes cortesías de él, y nos fuimos a nuestros aposentos.

Capítulo 91

De la manera y persona del gran Moctezuma,
y de cuán gran señor era.

Sería el gran Moctezuma de edad de hasta cuarenta años, de buena estatura y bien proporcionado, y cenceño, de color no muy moreno, sino matiz de indio, y traía los cabellos no muy largos, sino cuanto le cubrían las orejas. El rostro largo y alegre, y los ojos de buena manera. Era muy pulido y limpio, se bañaba cada día por la tarde; tenía muchas mujeres por amigas, que cuando usaba con ellas era muy secretamente, que no lo alcanzaba a saber sino alguno de los que le servían. Tenía doscientos principales de su guarda en otras salas junto a la suya, cual y cuando le iban a hablar se habían de quitar las mantas ricas y ponerse otras de poca valía, mas habían de ser limpias, y habían de entrar descalzos, los ojos bajos puestos en tierra, no mirarle a la cara, y con tres reverencias que le hacían primero que a él llegasen, y le decían en ellas: "Señor, mi señor, gran señor". Y cuando le daban relación a lo que iban, con pocas palabras los despachaba, sin levantar el rostro al despedirse de él, sino la cara y ojos bajos en tierra, hacia donde estaba, y no vueltas las espaldas, hasta que salían de la sala. Otra cosa que vi, que cuando otros grandes señores venían de lejanas tierras, cuando llegaban a los aposentos del gran Moctezuma, se habían de descalzar y venir con pobres mantas. Y no habían de entrar derecho en los palacios, sino rodear un poco por el lado de la puerta de palacio. En el comer le tenían sus cocineros sobre treinta maneras de guisados, hechos a su modo y usanza, y los tenían puestos en braseros de barro chicos debajo, porque no se enfriasen. Y de aquello que el gran Moctezuma había de comer, guisaban más de trescientos platos, sin más de mil para la gente de guarda, y cuando había de comer se salía Moctezuma algunas veces con sus principales, y mayordomos, y le señalaban cuál guisado era mejor, de qué aves y cosas estaba guisado; como por pasatiempo oí decir que le solían guisar carnes de muchachos de poca edad. Cotidianamente le guisaban gallinas, gallos de papada, faisanes, perdices de la tierra, codornices, patos mansos y bravos, venado, puerco de la tierra, pajaritos de caña, palomas, liebres, conejos, y muchas maneras de aves, y cosas de las que se crían en estas tierras, que son tantas, que no las acabaré de nombrar tan presto. Lo que yo sé es que desde que nuestro capitán le reprehendió el sacrificio, y comer de carne humana, que desde entonces mandó que no le guisasen tal manjar. Volvamos a la manera que tenía en su servicio al tiempo de comer. Y es de esta manera; que si hacía frío, le tenían hecha mucha lumbre de ascuas de una leña de cortezas de árboles, que no hacían humo, y porque no le diese más calor de lo que él quería ponían delante una como tabla labrada con oro, y otras figuras de ídolos, y él sentado en un asentadero bajo, rico y blando. La mesa también baja, y allí le ponían sus manteles de mantas blancas, y unos pañizuelos algo largos de lo mismo, cuatro mujeres muy hermosas y limpias le daban aguamanos en unos como a manera de aguamaniles hondos, que llaman *xicales,* y le ponían debajo para recoger el agua otros a manera de platos, y le daban sus toallas, otras dos mujeres le traían el pan de tortillas. Y ya que comenzaba a comer, le echaban delante una como puerta de madera muy pintada de oro, porque no le viesen comer. Allí se le ponían a sus lados cuatro grandes señores viejos, y de edad en pie, con quien Moctezuma de cuando en cuando platicaba, y preguntaba cosas, y por mucho favor daba a cada uno de estos viejos un plato de lo que él comía. Mientras que comía, ni por pensamiento habían de hacer alboroto, ni hablar alto los de su guarda, que estaban en las salas cerca. Le traían frutas, mas no comía sino muy pocas, y de cuando en cuando traían unas como copas de oro fino, con cierta bebida hecha del mismo cacao, que decían era para tener acceso con mujeres. Lo que yo vi, que traían sobre cincuenta jarros grandes hechos de buen cacao con su espuma, y de lo que bebía, las mujeres le servían al beber con gran acato, y algunas veces al tiempo del comer estaban unos indios corcovados muy feos, porque eran chicos de cuerpo, entre ellos les llamaban chocarreros. Y cuando el gran Moctezuma había comido, comían luego todos los de su guarda.

Digamos de los mayordomos y de los que tenían cargo de las casas donde tenían el maíz; digo que había tanto que escribir, cada cosa por sí, que yo no sé por dónde comenzar, sino que estábamos admirados del gran concierto y abasto que en todo había. Y más digo, que se me había olvidado que es bien de tornarlo a recitar, y es que le servían a Moctezuma, estando a la mesa cuando comía, como dicho tengo, otras dos mujeres muy agraciadas tortillas amasadas con huevos, y otras cosas sustanciosas, y eran las tortillas muy blancas. Se las traían en platos cobijados, y pan pachol, que en esta tierra así se dice, que es a manera de unas obleas. Dejemos ya de decir del servicio de su mesa, y volvamos a nuestra relación. Me acuerdo que era en aquel tiempo su mayordomo mayor un gran cacique, que le pusimos por nombre Tapia, y tenía cuenta de todas las rentas que le traían a Moctezuma con sus libros hechos de su papel, que se dice *amatl*.

Moctezuma tenía dos casas llenas de todo género de armas, muchas de ellas ricas con oro y pedrería. También tenía muchas armas de algodón colchadas, ricamente labradas por fuera de plumas de muchos colores y tenía otros como cascos de madera y de hueso. Dejemos esto, y vamos a la casa de aves, y por fuerza me he de detener en contar cada género, de qué calidad eran. Digo que desde águilas reales, y otras águilas más chicas, y otras muchas maneras de aves de grandes cuerpos, hasta pajaritos muy chicos, pintados de diversos colores. También donde hacen aquellos ricos plumajes, que labran de plumas verdes; y las aves de estas plumas, llámense en estas tierras quetzales, y otros que tienen en las plumas cinco colores. En aquella casa había un estanque grande de agua dulce, y tenía en él otra manera de aves muy altas de zancas, colorado todo el cuerpo. También en aquel estanque había otras raleas de aves, que siempre estaban en el agua. Dejemos esto, y vamos a otra gran casa, donde tenían muchos ídolos, y decían que eran sus dioses bravos, y con ellos muchos géneros de animales, de tigres, leones de dos maneras; unos, que son de hechura de lobos, que en esta tierra se llaman adives, y zorros, y otras alimañas chicas; y todas estas carniceras se mantenían con carne, y las más de.ellas criaban en aquella casa, y les daban de comer venados, gallinas, perrillos y otras cosas que cazaban. Pues más tenían en aquella maldita casa, muchas víboras, culebras emponzoñadas, que traen en las colas unos que suenan como cascabeles, éstas son las peores víboras de todas, y las tenían en cunas, tinajas, en cántaros grandes, y en ellos mucha pluma, y allí tenían sus huevos, criaban sus viboreznos, y les daban a comer de los cuerpos de los indios que sacrificaban. Y aun tuvimos por cierto que cuando nos echaron de México, y nos mataron sobre ochocientos y cincuenta de nuestros soldados, y de los de Narváez, que de los muertos mantuvieron muchos días a aquellas fuertes alimañas. Digamos ahora las cosas infernales que hacían cuando bramaban los tigres y leones, y aullaban los adives y zorros, y silbaban las sierpes, era grima oírlo, parecía infierno.

Pasemos adelante y digamos de los grandes oficiales que tenía de cada género de oficio, que entre ellos se usaba, y comencemos por los lapidarios y plateros de oro y plata. Seguían las indias tejedoras y labranderas, que le hacían tanta multitud de ropa fina. Había gran cantidad de bailarines y danzadores, que eran para darle placer. Tenía canteros, albañiles, carpinteros, que todos entendían en las obras de sus casas. No olvidemos las huertas de flores, árboles olorosos, y de muchos géneros que de ellos tenía. Había tanto que mirar en esto de las huertas, como en todo lo demás, que no nos hartábamos de ver su gran poder. Y porque yo estoy harto de escribir sobre esta materia, y más lo estarán los lectores, lo dejaré de decir, y diré cómo fue nuestro capitán Cortés con muchos de nuestros capitanes y soldados a ver el Tatelulco.

CAPÍTULO 92

Cómo nuestro capitán salió a ver la ciudad de México, y el Tatelulco que es la plaza mayor, y el gran cu de su Huichilobos, y lo que más pasó.

Como había ya cuatro días que estábamos en México, nos dijo Cortés que sería bueno ir a la plaza mayor a ver el gran adoratorio de su Huichilobos, que quería enviarle a decir al gran Moctezuma, que lo tuviese por bien, y para ello envió por mensajero a Gerónimo de Aguilar, a doña Marina, y con ellos a un pajecillo de nuestro capitán, que entendía ya algo de la lengua, que se decía Orteguilla. Moctezuma, como lo supo, envió a decir que fuésemos en buena hora, por otra parte temió no le fuésemos a hacer algún deshonor a sus ídolos, y acordó de ir él en persona con muchos de sus principales y en sus ricas andas salió de sus palacios; se apeó de las andas, porque tenía por gran deshonor de sus ídolos ir hasta su casa y adoratorio de aquella manera, y no ir a pie. Los señores vasallos llevaban dos bastones, como cetros, alzados en alto, que era señal que iba allí el gran Moctezuma.

Dejemos a Moctezuma, que ya había ido adelante, como dicho tengo, y volvamos a Cortés y a nuestros capitanes y soldados que, como siempre, teníamos por costumbre de noche y de día estar armados, así nos veía estar Moctezuma cuando lo íbamos a ver, no lo teníamos por cosa nueva. Digo esto, porque a caballo nuestro capitán, con todos los más que tenían caballos, y la más parte de nuestros soldados muy apercibidos fuimos al Tatelulco. Iban muchos caciques que Moctezuma envió para que nos acompañaran, y cuando llegamos a la gran plaza quedamos admirados de la multitud de gente y mercaderías que en ella había, y del gran concierto y regimiento que en todo tenían, y los principales que iban con nosotros nos lo iban mostrando. Comencemos por los mercaderes de oro, plata y piedras ricas, plumas, mantas y cosas labradas, y otras mercaderías, esclavos, esclavas; digo que traían tantos a vender a aquella gran plaza, como traen los portugueses negros de Guinea. Luego estaban otros mercaderes que vendían ropa más basta, algodón y otras cosas de hilo torcido, y cacaguateros que vendían cacao; y de esta manera estaban cuantos géneros de mercaderías hay en toda la Nueva España. Pasemos adelante, digamos de los que vendían frijoles, chía y otras legumbres y yerbas. Vamos a los que vendían gallinas, gallos de papada, conejos, liebres, venados, anadones, perrillos y otras cosas de este arte, a su parte de la plaza. Digamos de las fruteras, de las que vendían cosas cocidas, *mazamorreras* y malcocinado, también a su parte, puesto todo género de loza hecha de mil maneras, desde tinajas grandes y jarrillos chicos que estaban por sí aparte; estaban los que vendían miel y melcochas. Vamos a los que vendían leña, ocote y otras cosas de esta manera. ¿Qué quieren más que diga? Que hablando con acato, también vendían canoas llenas de hienda de hombres, que tenían en los esteros cerca de la plaza, y esto era para hacer o para curtir cueros, que sin ella decían que no se hacían buenos. Tenían por costumbre que en todos los caminos, que tenían hechos de cañas, o paja, o yerbas, porque no los viesen los que pasasen por ellos, y allí se metían, si tenían gana de purgar los vientres, porque no se les perdiese aquella suciedad. Había muchos herbolarios, mercaderías de otra manera, y tenían allí sus casas, donde juzgaban tres jueces, y otros, como alguaciles ejecutores, que miraban las mercaderías. Se me había olvidado la sal, y los que hacían navajas de pedernal, y de cómo las sacaban de la misma piedra. Pues pescaderas y otros que vendían unos panecillos que hacen de una como lama que cogen de aquella gran laguna, que se cuaja. En un día no se podía ver todo, que me parece que eran mayores que la plaza que hay en Salamanca.

Y llegamos a los grandes patios y cercas de donde estaba el gran *cu,* y envió el gran Moctezuma desde arriba, donde estaba haciendo sacrificio, seis *papas* y dos principales para que acompañasen a nuestro capitán Cortés, y cómo subimos al gran *cu.* Desde allí vimos las tres calzadas que entran en México: Iztapalapa, Tacuba y Tepeaquilla, y veíamos el agua dulce, que venía de Chapultepeque; entre nosotros hubo soldados que habían estado en muchas partes del mundo: en Constantinopla, en toda Italia y Roma, y dijeron que plaza tan bien compasada y con tanto concierto no la habían visto. Luego Cortés dijo a Moctezuma: "Lo que pido por merced es que nos muestre sus dioses y *teules*". El primero que estaba a mano derecha, decían que era el de Huichilobos, su dios de la guerra. Luego vimos a Tezcatepuca, el dios de los infiernos. Allí le tenían cinco corazones de aquel día sacrificados. Nuestro capitán dijo a Moctezuma que le dejase poner una cruz. Moctezuma respondió medio enojado: "Si tal deshonor, como has dicho, creyera que habías de decir, no te habría mostrado mis dioses". Y bajamos las gradas.

Me parece que el circuito del gran *cu* sería de seis muy grandes solares de los que dan en esta tierra, desde abajo hasta arriba, adonde estaba una torrecilla, y allí estaban sus ídolos, ya estrechando y en medio del alto *cu*, hasta lo más alto de él, van cinco concavidades a manera de barbacanas y descubiertas, sin mamparos; en el cimiento de él habían ofrecido de todos los vecinos de aquella gran ciudad oro y plata y aljófar y piedras ricas, y que le habían bañado con mucha sangre de indios que sacrificaron, que habían tomado en las guerras.

Dirán ahora algunos lectores muy curiosos, que cómo pudimos alcanzar a saber que en el cimiento de aquel gran *cu* echaron oro, plata y piedras de *chalchiuis* ricas y semillas, y lo rociaban con sangre humana de indios que sacrificaban, habiendo sobre mil años que se fabricó y se hizo. A esto doy por respuesta que desde que ganamos aquella fuerte y gran ciudad, y se repartieron los solares, que luego propusimos, que en aquel gran *cu* habíamos de hacer la iglesia de nuestro patrón y guiador Señor Santiago, y cupo mucha parte de solar del alto *cu* para el solar de la santa iglesia, y cuando abrían los cimientos para hacerlos más fijos hallaron mucho oro, plata, *chalchiuis*, perlas, aljófar y otras piedras.

Dejemos esto, y digamos de los grandes y suntuosos patios que estaban delante del Huichilobos, adonde está ahora Señor Santiago. Tenían dos cercas de calicanto antes de entrar, y que era empedrado de piedras blancas como losas, muy encalado, bruñido y limpio, y sería de tanto compás y tan ancho como la plaza de Salamanca; y un poco apartado del gran *cu* estaba una torrecilla que también era casa de ídolos, o puro infierno, porque tenía pintada una boca en una puerta. Asimismo, estaban unos bultos de diablos, y cuerpos de sierpes junto a la puerta, y tenían un poco apartado un sacrificadero. Y asimismo, detrás de aquella maldita casa, bien apartado de ella, estaban unos grandes rimeros de leña, y no muy lejos una gran alberca de agua, que se henchía y vaciaba, que le venía por su caño encubierto de la que entraba en la ciudad desde Chapultepeque.

Pasemos adelante del patio, y vamos a otro *cu* donde era enterramiento de grandes señores mexicanos, que también tenían otros ídolos, y todo lleno de sangre y humo, y tenía otras puertas y figuras de infierno. Luego, junto a aquel *cu* estaba otro lleno de calaveras y zancarrones puestos con gran concierto, que se podían ver mas no se podrían contar. Pasemos adelante, que había otros *cúes* apartados un poco de donde estaban las calaveras, que tenían otros ídolos y sacrificios de otras malas pinturas, y aquellos decían que eran abogados de los casamientos de los hombres. También tenían otra muy mayor alberca o estanque de agua, y muy limpia a una parte del gran *cu*; era dedicada para solamente el servicio de Huichilobos y Tezcatepuça, y entraba el agua en aquella alborea por caños encubiertos que venían de Chapultepeque.

Mucho me he detenido en contar de este gran *cu* del Tatelulco, y sus patios, pues digo era el mayor templo de sus ídolos de todo México, porque había tantos, y muy suntuosos, que entre cuatro o cinco barrios tenían un adoratorio y sus ídolos. Y una cosa de reír es que tenían en cada provincia sus ídolos, y los de la una provincia o ciudad no aprovechaban a los otros, así tenían infinitos ídolos y a todos sacrificaban. Después que nuestro capitán y todos nosotros nos cansamos de andar y ver tantas diversidades de ídolos y sus sacrificios, nos volvimos a nuestros aposentos.

CAPÍTULO 93

Cómo hicimos nuestra iglesia y altar en nuestro aposento,
y una cruz fuera del aposento, y lo que más pasamos,
y hallamos la sala y recámara del tesoro del padre
de Moctezuma, y cómo se acordó prender a Moctezuma.

Como nuestro capitán Cortés y el padre de la Merced vieron que Moctezuma no tenía voluntad que en el *cu* de su Huichilobos pusiésemos la cruz, se acordó que lo demandásemos a los mayordomos del gran Moctezuma, para que en nuestra casa hiciésemos una iglesia. Los mayordomos dijeron que se lo harían saber a Moctezuma, y nuestro capitán envió a decír-

selo a doña Marina, Aguilar y Orteguilla. En tres días teníamos nuestra iglesia hecha, y la santa cruz puesta delante de
los aposentos; allí se decía misa cada día, hasta que se acabó
el vino, que como Cortés y otros capitanes y el fraile estuvieron malos cuando las guerras de Tlaxcala, dieron prisa al
vino que teníamos para misas. Pues estando en estos aposentos, y queremos saber adonde mejor y más convenible parte
habíamos de hacer el altar, estando disponiendo el lugar, dos
de nuestros soldados vieron una señal en la pared que había
sido puerta, y como había fama que en aquel aposento tenía
Moctezuma el tesoro de su padre Axayaca, se sospechó que
estaría en aquella sala, que estaba de pocos días cerrada y
calada. Secretamente se abrió la puerta, y cuando fue abierta
Cortés con ciertos capitanes entraron primero y vieron tanto
número de joyas de oro. Se acordó no tocar el tema para que
Moctezuma no lo llegara a saber, apartaron a Cortés cuatro
de nuestros capitanes y juntamente doce soldados, de quien
él se fiaba y comunicaba, yo era uno de ellos, y le
dijimos que luego sin más dilación prendiése-
mos a Moctezuma si queríamos asegurar nuestras vidas. Después de estas pláticas, otro
día por la mañana vinieron dos indios de
Tlaxcala muy secretamente con unas cartas de la Villa Rica, y lo que se contenía
en ello decía que Juan de Escalante, que
quedó por alguacil mayor, era muerto,
y seis soldados juntamente con él en
una batalla que le dieron los mexicanos, y que todos los pueblos de
la sierra y Cempoal están alterados.
Y cuando oímos aquellas nuevas, sabe
Dios cuánto pesar tuvimos todos. Que
éste fue el primer desbarate que tuvimos en la Nueva España. Fue acordado
que aquel mismo día de una manera o
de otra se prendiera a Moctezuma.

CAPÍTULO 94

*Cómo fue la batalla que dieron los capitanes mexicanos
a Juan de Escalante, y cómo le mataron a él y al caballo,
y a otros seis soldados; y muchos amigos indios
totonaques, que también allí murieron.*

Y es de esta manera, que ya me habrán oído decir en el capítulo que de ello habla, que cuando estábamos en un pueblo que se dice Quiahuiztlan se juntaron muchos pueblos sus confederados, que eran amigos de los de Cempoal, y por consejo y convocación de nuestro capitán, que los atrajo a ello, quitó que no diesen tributo a Moctezuma, y se le rebelaron, y fueron más de treinta pueblos. Cuando partimos de Cempoal para venir a México quedó en la Villa Rica por capitán y alguacil mayor de la Nueva España un Juan de Escalante, que era amigo de Cortés, y como el gran Moctezuma tenía muchas guarniciones y capitanes de gente de guerra en todas las provincias, pareció que demandaron tributo de indios e indias, y bastimentos, y como les demandaban los mexicanos el tributo y servicio, dijeron que no se lo querían dar porque Malinche les mandó que no lo diesen y que el gran Moctezuma lo ha tenido por bien; y los capitanes mexicanos respondieron que si no lo daban que les vendrían a destruir sus pueblos y llevarlos cautivos, que su señor Moctezuma se lo había mandado de poco tiempo acá. Nuestros amigos los totonaques vinieron al capitán Juan de Escalante a quejarse reciamente, y como Escalante lo entendió envió mensajeros a los mismos mexicanos para que no se enojaran ni robaran aquellos pueblos. Los mexicanos dieron como respuesta que en el campo los hallarían. Y en el campo se encontraron al cuarto del alba, y como siempre estaban atemorizados de ellos de las guerras pasadas, a la primera refriega de flechas a gritas huyeron, dejando a Juan de Escalante peleando con los mexicanos, y de tal manera que llegó con sus pobres soldados hasta un pueblo que llaman Almería, y le puso fuego y le quemó las casas;

allí reposó un poco, porque estaba mal herido. Y en aquellas refriegas y guerra le llevaron un soldado vivo. Se volvió a la Villa Rica donde a los tres días murió él y los soldados. De esta manera pasó lo que decimos de la Almería, y no como lo cuenta el cronista Gómara.

Los capitanes mexicanos, después de darle la batalla que dicho tengo a Juan de Escalante, se lo hicieron saber a Moctezuma y le llevaron la cabeza del soldado cautivo. Como era grande y robusto nuestro compañero, le tuvo pavor y mandó que no la ofreciesen a ningún *cu* de México, sino en otros ídolos de otros pueblos. Preguntó Moctezuma que siendo ellos muchos millares de guerreros, que cómo no vencieron a tan pocos *teules*, y respondieron que no aprovechaban nada sus varas y flechas ni buen pelear, que no les pudieron hacer retraer, porque una gran *tequeciguata* de Castilla venía delante de ellos, y que aquella señora ponía a los mexicanos temor. Moctezuma entonces creyó que aquella gran señora era nuestra abogada. Ciertamente todos los soldados que pasamos con Cortés tenemos muy creído, y así es verdad, que la misericordia divina, y nuestra Señora la Virgen María siempre era con nosotros.

Capítulo 95

De la prisión de Moctezuma, y lo que sobre ello se hizo.

Y como teníamos acordado el día antes de prender a Moctezuma, toda la noche estuvimos en oración con el padre de la Merced. Y otro día en la mañana fue acordado de la manera que había de ser. Llevó consigo Cortés cinco capitanes, y con nuestras lenguas doña Marina y Aguilar, y a todos nosotros mandó que estuviésemos muy al punto. Como siempre andábamos con nuestras armas, no les pareció cosa nueva vernos de esta manera. Cortés, después de haberle hecho sus acatos acostumbrados al emperador Moctezuma, le dijo: "Señor

Moctezuma, muy maravillado estoy de usted, siendo tan valeroso príncipe, pero me he enterado que mandó armas contra mis españoles, por estas causas no querría comenzar guerra ni destruir esta ciudad; conviene que para excusarlo todo, sin hacer ningún alboroto venga usted a nuestro aposento, que allí seréis servido". Cuando oyó esto Moctezuma respondió que nunca mandó que tomaran armas contra nosotros, y que enviara luego a llamar a sus capitanes. Y como Juan Velázquez de León y los demás capitanes no veían la hora de tenerlo preso, hablaron a Cortés algo alterados, dijeron: "Qué hace usted con tantas palabras, o lo apresamos o le daremos estocadas". Moctezuma vio a nuestros capitanes como enojados, preguntó a doña Marina que qué decían con aquellas palabras altas, y como la doña Marina era muy entendida, le dijo: "Señor Moctezuma, lo que yo os aconsejo es que vais luego con ellos a su aposento sin ruido ninguno". Entonces Moctezuma dijo a Cortés: "Señor Malinche, ¿y qué dirán mis principales si me viesen llevar preso?" Tornó a decir Cortés que su persona había de ir con ellos y no había de ser otra cosa. Fue a nuestro aposento donde le pusimos guarda y velas.

Luego le vinieron a ver todos los mayores principales mexicanos, y sus sobrinos, y hablar con él, a saber la causa de su prisión y si mandaba que nos diesen guerra; y Moctezuma les respondía que él holgaba de estar algunos días allí con nosotros de buena voluntad y no por fuerza. Y de esta manera que he dicho fue la prisión del gran Moctezuma. Y dejaré de decir al presente de esta prisión, y digamos cómo los capitanes que mataron nuestros soldados los trajeron ante él presos, mas se los envió a Cortés para que hiciera justicia de ellos, y tomada su confesión Cortés sentenció a aquellos capitanes a muerte.

Capítulo 96

Cómo nuestro Cortés envió a la Villa Rica por teniente
y capitán a un hidalgo, que se decía Alonso de Grado, en
lugar del alguacil mayor Juan de Escalante, y el alguacilazgo
mayor se lo dio a Gonzalo de Sandoval, y desde entonces
fue alguacil mayor, y lo que sobre ello pasó diré adelante.

Después de hecha justicia de Quetazalpopoca y sus capitanes, y sosegado el gran Moctezuma, acordó de enviar nuestro capitán a la Villa Rica por teniente de ella a un soldado que se decía Alonso de Grado. Este Alonso de Grado era uno de los que siempre fue contrario de nuestro capitán Cortés, porque no fuésemos a México y nos volviésemos a la Villa Rica, y esto digo porque cuando nuestro Cortés le dio el cargo, le dijo: "He aquí, señor Alonso de Grado, sus deseos cumplidos, que irá ahora a la Villa Rica, como lo deseaba". Alonso de Grado le suplicó a Cortés que le hiciera merced de la vara de alguacil mayor, como la tenía Juan de Escalante, que mataron los indios, y le dijo que ya la había dado a Gonzalo de Sandoval. Y como Alonso de Grado llegó a la villa mostró mucha gravedad con los vecinos, y envió a Gonzalo de Sandoval, que era alguacil mayor, que llegó a la Villa Rica, y luego envió preso a México con indios que lo guardasen a Alonso de Grado, porque así se lo mandó Cortés. Y todos los vecinos querían mucho a Gonzalo de Sandoval, porque a los que halló que estaban enfermos los proveyó de comida lo mejor que podía, y les mostró mucho amor, y a los pueblos de paz tenía en mucha justicia.

Dejemos a Sandoval en la Villa Rica y volvamos a Alonso de Grado, que llegó preso a México, y quería ir a hablar a Cortés, y no le consintió que pareciese delante de él, antes le mandó echar preso en un cepo de madera, que entonces hicieron nuevamente. Estuvo preso dos días. Y como Alonso de Grado era muy plático, y hombre de muchos medios, hizo grandes ofrecimientos a Cortés, que le sería muy servidor, y luego le soltó; y aun desde allí adelante vi que siempre privaba con Cortés, mas no para que le diese cargos de cosas de guerra, sino conforme a su condición, y aun el tiempo andando le dio la contaduría que solía tener Alonso de Ávila.

Capítulo 97

Cómo estando el gran Moctezuma preso, siempre Cortés y todos nuestros soldados le regocijábamos, y aun se le dio licencia para ir a sus cúes.

Nuestro capitán, al ver preso a Moctezuma, y por temor que no se acongojara por estar encerrado, procuraba cada día, después de haber rezado, irle a preguntar con mucha cortesía que qué tal estaba, y de plática en plática le dieron a entender las cosas de nuestra fe, aun algunas veces jugaba Moctezuma con Cortés al totoloque, que es un juego que ellos así le llaman, con unos bodoquillos chicos muy lisos, que tenían hechos de oro para aquel juego, y tiraban con aquellos bodoquillos algo lejos a unos tejuelos que también eran de oro, y a cinco rayas ganaban o perdían ciertas piezas, y joyas ricas que ponían. Si ganaba Cortés, daba las joyas a aquellos sus sobrinos y privados de Moctezuma que le servían; y si ganaba Moctezuma, nos lo repartía a los soldados que le hacíamos guarda, y no contento con lo que le daba el juego cada día nos daba presentes, así a nosotros como al capitán de la guarda, que entonces era Juan Velázquez de León. También me acuerdo que era de la vela un soldado muy grande de cuerpo, bien dispuesto, que se decía Trujillo, y era hombre de la mar, y cuando le cabía el cuarto de la noche de la vela era tan mal mirado, que, hablando aquí con acato de los señores leyentes, hacía cosas deshonestas, que lo oyó Moctezuma, y como era un rey de estas tierras y tan valeroso, lo tuvo a mala crianza y desacato, que en parte que él lo oyese se hiciese tal cosa, sin tener respeto a su persona, y preguntó a su paje Orteguilla que quién era aquel mal criado y sucio, y dijo que era hombre que solía andar en la mar, y que no sabe de policía y buena crianza, y también le dio a entender de la calidad de cada uno de los soldados que allí estábamos. Moctezuma le pidió a Juan Velázquez que ya no pusiera a Trujillo, y otro soldado que se decía Pedro López tuvo palabras con un cuadrillero, dijo que por velarle al emperador estaba mal del estómago, y cuando vino Cortés y lo alcanzó a saber tomó tanto enojo de ello que a Pedro López lo mandó castigar. Y desde allí adelante todos los soldados, a quien cabía la vela, debían estar muy callados. Como en aquel tiempo era yo mancebo, siempre que estaba en su guarda, o pasaba delante de él, con muy grande acato le quitaba mi bonete de armas, y Moctezuma me mandó llamar, me dijo: "Bernal Díaz del Castillo, me han dicho que tiene *motolínea* de oro y ropa, yo mandaré dar hoy una buena moza, tratarla muy bien, que es hija de hombre principal, y también le darán oro". Yo le respondí con mucho acato que le besaba las manos por gran merced. Dejemos de hablar de esto, y digamos cómo por la mañana almorzaba poca cosa y no era carne, sino ají, y estaba ocupado una hora en oír pleitos de muchas partes de caciques, que a él venían de lejanas tierras. Así se pasaba la vida, unas veces riendo, y otras veces pensando en su prisión.

Capítulo 98

Cómo Cortés mandó hacer dos bergantines de mucho sostén y veleros para andar en la laguna, y cómo el gran Moctezuma dijo a Cortés que le diera licencia para ir a hacer oración a sus templos.

Cortés fue a hacer saber a Moctezuma que quería hacer dos navíos chicos para andarse holgando en la laguna, que mandara a sus carpinteros que fueran a cortar la madera. Entonces Moctezuma dijo a Cortés que quería salir e ir a sus templos a cumplir sus devociones. En cuanto a la licencia que le demandaba, Cortés le dijo que mirara que no hiciera cosa con que perdiera la vida, que para aquel efecto enviaba capitanes y soldados, y que no sacrificara ninguna persona, que era gran pecado contra nuestro Dios verdadero. Moctezuma fue en sus ricas andas muy acompañado de grandes caciques, y con él iban para guardarle cuatro de nuestros capitanes, que se decían Juan Velázquez de León, Pedro de Alvarado, Alonso de Ávila y Francisco de Lugo, con ciento cincuenta soldados. Yendo como íbamos al templo, ya tenían sacrificado desde la noche antes cuatro indios, y no podíamos en aquella sazón hacer otra cosa sino disimular. Cuando hubo hecho sus sacrificios, nos volvimos con él a nuestros aposentos, y estaba muy alegre, y a los soldados que con él fuimos luego nos hizo merced de joyas de oro.

Capítulo 99

Cómo echamos los dos bergantines al agua, y cómo el gran Moctezuma dijo que quería ir a caza y fue en los bergantines hasta un peñol, donde había muchos venados y caza, que no entraba en él a cazar persona ninguna con grave pena.

Como los dos bergantines fueron acabados de hacer, y echados al agua, Moctezuma lo supo y dijo a Cortés que quería ir a caza en la laguna a un peñol. Cortés le dijo que fuese mucho en buena hora, que mirase lo que de antes le había dicho cuando fue a sus ídolos, que no era más su vida de revolver alguna cosa, y que en aquellos bergantines iría, que era mejor navegación ir en ellos que en sus canoas. Moctezuma se holgó de ir en el bergantín más velero, y metió consigo muchos señores y principales, y el otro bergantín fue lleno de caciques y un hijo de Moctezuma. Cortés mandó a doscientos soldados que llevaran gran advertencia del cargo que les daba y miraran por el gran Moctezuma. Como en aquella sazón hizo el viento muy fresco, llegó al peñol, que no era muy lejos, y mató toda la caza que quiso de venados, liebres, conejos, y volvió muy contento a la ciudad. Cuando llegábamos cerca de México, mandó a Pedro de Alvarado y Juan Velázquez de León y los demás capitanes que disparasen la artillería, de que se holgó mucho Moctezuma. Dejemos esto aparte y digamos cómo la adversa fortuna vuelve de cuando en cuando su rueda. En este tiempo tenían convocado entre los sobrinos y deudos del gran Moctezuma a otros muchos caciques, y a toda la tierra para darnos guerra, soltar a Moctezuma y alzarse algunos de ellos por reyes de México.

Capítulo 100

Cómo los sobrinos del gran Moctezuma andaban convocando y trayendo a sí las voluntades de otros señores para venir a México, y sacar de la prisión al gran Moctezuma y echarnos de la ciudad.

Como el Cacamatzin, señor de la ciudad de Tezcuco, que después de México era la mayor y más principal ciudad que hay en la Nueva España, entendió que había muchos días que estaba preso su tío Moctezuma, acordó de convocar a todos los señores de Tezcuco sus vasallos, y al señor de Cuyoacán, que era primo y sobrino de Moctezuma, y al señor de Tacuba, y al señor de Iztapalapa, y a otro cacique muy grande, señor de Matalcingo, que era pariente muy cercano de Moctezuma, que para tal día vinieran con todos sus poderes a darnos guerra. Por manera que ya tenía el Cacamatzin apercibidos los pueblos y señores, por mí ya nombrados, y tenía concertado que para tal día viniesen sobre México, y con los señores que dentro estaban de su parte les darían lugar a la entrada. Y andando en estos tratos, lo supo muy bien Moctezuma por la parte de su gran deudo, que no quiso conceder en lo que Cacamatzin quería, y para mejor saberlo envió Moctezuma a llamar todos sus caciques y principales de aquella ciudad. Como Moctezuma era cuerdo y no quería ver su ciudad puesta en armas ni alborotos, se lo dijo a Cortés, según y de la manera que pasaba, por manera que Cortés le envió a decir a Cacamatzin que se quitara de andar revolviendo guerra, y como Cacamatzin era mancebo y halló otros muchos de su parecer, que le acudirían en la guerra, envió a decir a Cortés que ya había entendido sus palabras de halagos, que no las quería oír más. Como envió aquella respuesta, nuestro capitán rogó a Moctezuma que tuviera manera que prendieran a Cacamatzin, o que secretamente le enviara llamar, y que si venía le echara mano. Y Moctezuma le dijo que lo enviaría a llamar luego. Moctezuma envió llamar a su sobrino para hacer las amistades y no para que tomara armas contra nosotros.

Cacamatzin empezó a bravear, ya tenía concertado con sus primos y otros señores la guerra y envió a decir a su tío el gran Moctezuma que había de tener empacho de enviarle a decir que venga a tener amistad con quien tanto mal y deshonra le ha hecho teniéndole preso. Lo que se resumió fue que Moctezuma envió llamar a seis de sus capitanes de mucha cuenta, les mandó que fueran luego a Tezcuco y que mostraran secretamente su sello a ciertos capitanes que estaban muy mal con Cacamatzin, y en sus propios palacios lo prendieron; lo trajeron junto con otros cinco presos. Con gran acato lo llevaron con Moctezuma, y parece ser que estuvo hablando con su tío. Luego se lo envió a nuestro capitán. Más tarde apresaron a los cómplices.

Capítulo 101

*Cómo el gran Moctezuma, con muchos caciques y principales
de la comarca, dieron la obediencia a Su Majestad,
y de otras cosas que sobre ello pasaron*

Como el capitán Cortés vio que ya estaban presos aquellos reyecillos por mí nombrados, y todas las ciudades pacíficas, dijo a Moctezuma que quería dar tributo a Su Majestad, nuestro rey y señor. Y Moctezuma dijo que juntaría sus vasallos. En diez días se juntaron todos los más caciques de aquella comarca, y no vino aquel cacique pariente muy cercano de Moctezuma, que ya hemos dicho que decían que era muy esforzado, en aquella sazón estaba en un pueblo suyo, que se decía Tula; y a este cacique, según decían, le venía el reino de México después de Moctezuma, y como le llamaron envió a decir que no quería venir ni dar tributo. Dicen que cuando Moctezuma lo mandó buscar se metió tanto a sus tierras que no lo pudieron encontrar. Y diré que en la plática que tuvo Moctezuma dicen que les dijo que miraran que de muchos años pasados sabían por muy cierto, por lo que sus antepasados les han dicho, que de donde sale el sol había de venir gente que había de señorear estas tierras, y que se había de acabar en aquella sazón el señorío y reino de los mexicanos, que él tiene entendido que somos nosotros, y dijo: "Demos la obediencia al rey de Castilla, así yo lo mando y ruego, que todos de buena voluntad al presente se la demos y contribuyamos con alguna señal de vasallaje". Desde que oyeron este razonamiento todos dieron por respuesta que harían lo que mandara con muchas lágrimas y suspiros, y Moctezuma muchas más derramó. Después Moctezuma tornó a hablar con sus caciques sobre el caso, estando Cortés delante, y nuestros capitanes.

CAPÍTULO 102

*Cómo nuestro Cortés procuró de saber de las minas del
oro, y de qué calidad eran y asimismo en qué ríos estaban,
qué puertos para navíos, desde lo de Pánuco hasta lo de
Tabasco, especialmente el río grande de Guazacualco,
y lo que sobre ello pasó.*

Estando Cortés y otros capitanes con el gran Moctezuma, le
preguntó que a qué parte eran las minas y en qué ríos, y cómo
y de qué manera recogían el oro que le traían en granos, porque quería enviar a verlo a dos de nuestros soldados. Moctezuma dijo que de tres partes, y que de donde más oro se
solía traer era de una provincia que se dice Zacatula, que es
a la banda del sur, y que ahora al presente se lo traen de otra
provincia, que se dice Tustepeque, cerca de donde desembarcamos, que es en la banda del norte, y que cerca de aquella
provincia hay otras buenas minas en parte que no son sus
sujetos, que se dicen los chinantecas y zapotecas, y que no
le obedecen, y que si quiere enviar sus soldados, que él daría
principales que vayan con ellos. Cortés luego despachó un
piloto que se decía Gonzalo de Umbría, con otros dos
soldados mineros a lo de Zacatula, y por la banda
del norte despachó para ver las minas a un capitán,
que se decía Pizarro, a quien trataba Cortés como a
pariente. Y con cuatro soldados fue para ver las minas. Volvamos a decir cómo le dio el gran Moctezuma a nuestro capitán un paño de henequén, pintados y señalados muy al natural todos los ríos
y ancones que había en la costa del norte, desde
Pánuco. Como ya sabíamos todos los puertos
y ancones que señalaban en el paño, excepto
el río de Guazacualco, que dijeron era muy
poderoso y hondo, Diego de Ordaz dijo al
capitán que él quería ir a ver aquel río.

Capítulo 103

Cómo volvieron los capitanes que nuestro capitán envió
a ver las minas y a hondar el puerto.

El primero que volvió a la ciudad de México a dar razón de a
lo que Cortés los envió fue Gonzalo de Umbría y sus compañeros; según contaba Umbría, los caciques de aquella provincia
recogían el oro. Y decía Umbría que no muy lejos de México
había grandes poblaciones y otra provincia, que se decía Ma-
tacingo, y a lo que sentimos y vimos Umbría y sus compañeros vinieron ricos con mucho oro. El capitán Diego de Ordaz,
que fue a ver el río de Guazacualco, volvió con joyas que le
dieron los pobladores que se ofrecieron por servidores de Su
Majestad. Pizarro y sus compañeros, que fueron a Tustepeque
a buscar oro y ver las minas, dijeron que en la provincia de
Tustepeque y Malinaltepeque, y otros pueblos comarcanos,
fue a los ríos con mucha gente que le dieron, recogieron la
tercia parte del oro que allí traían, y que fueron a las sierras
más arriba a otra provincia, que se dice los chinantecas, que
salieron muchos indios con armas, y cuando los caciques de
Chinanta entendieron a lo que iban, dos caciques de aquella
tierra vinieron a ofrecerse por vasallos de Su Majestad.

Capítulo 104

Cómo Cortés dijo al gran Moctezuma que mandara a todos
los caciques de toda su tierra, que tributaran a Su Majestad,
y lo que sobre ello se hizo.

Pues como el capitán Diego de Ordaz y los soldados por mí ya
nombrados vinieron con muestras de oro y relación que toda
la tierra era rica, Cortés acordó de decir y demandar a Moctezuma que todos los caciques y pueblos de la tierra tributaran a Su Majestad, que él mismo como gran señor, también

tributara y diera de sus tesoros, y respondió que él enviaría a todos los pueblos a demandar oro, y de presto despachó principales a las partes donde había minas, y les mandó que diera cada uno tantos tejuelos de oro fino del tamaño y gordor de otros que le solían tributar. En obra de veinte días vinieron todos los principales que Moctezuma había enviado a cobrar los tributos del oro, y así como vinieron envió a llamar a Cortés diciendo estas palabras formales: "Que su gran rey nos tenga buena voluntad", y entregó el oro que era tanto, tres montones sin la plata y otras riquezas. Y cuando aquello le oyó Cortés, y todos nosotros, estuvimos espantados de la gran bondad y liberalidad del gran Moctezuma, y con mucho acato le quitamos todos las gorras de armas, y le dijimos que se lo teníamos en merced, y con palabras de mucho amor le prometió Cortés que escribiríamos a Su Majestad de la magnificencia y franqueza del oro que nos dio en su real nombre. Y se comenzó a fundir con los plateros indios, y se hicieron unas barras muy anchas de ello, como medida de tres dedos de la mano de anchor de cada una barra. Que fue cosa de admiración ver tanto oro, y las riquezas de otras joyas. Dejemos de decir de penachos y plumas, y otras muchas cosas ricas, que es para nunca acabar de traerlo aquí a la memoria; digamos ahora cómo se marcó todo el oro que dicho tengo con una marca de hierro, que mandó hacer Cortés y los oficiales del rey. Pues para pesar todas estas barras de oro y plata, y las joyas que quedaron por deshacer, no teníamos pesas de marcos ni balanzas, y pareció a Cortés y a los mismos oficiales de la hacienda de Su Majestad que sería bien hacer de hierro unas pesas de hasta una arroba. Y como ya no había que hacer en ello sino sacar el real quinto, y dar a cada capitán y soldado nuestras partes, parece ser que Cortés procuraba no repartirlo tan presto.

Capítulo 105

Cómo se repartió el oro que hubimos, así de lo que dio
el gran Moctezuma como de lo que se recogió de los
pueblos, y de lo que sobre ello acaeció a un soldado.

Lo primero, se sacó el real quinto, y luego Cortés dijo que le sacaran a él otro quinto como a Su Majestad. Luego tras esto dijo que había hecho cierta costa en la isla de Cuba, que gastó en la armada, que lo sacaran del montón, y demás de esto que se apartara del mismo montón la costa que había hecho Diego Velázquez en los navíos, y tras esto para los procuradores que fueron a Castilla. Y demás de esto para los que quedaron en la Villa Rica, para el padre de la Merced, el clérigo Juan Díaz y los capitanes, de manera que quedaba muy poco de parte. Muchos soldados no lo quisieron recibir, y con todo se quedaba Cortés, quien secretamente lo mandó llevar a Tlaxcala para que allí se lo guardasen. Como le decían que había muchos soldados descontentos, dijo que todo lo que tenía era para nosotros, que mirásemos las grandes ciudades que hay, y ricas minas, que todos seríamos señores de ellas, y dijo otras sazones bien dichas, que las sabía bien proponer.

Capítulo 106

Cómo hubieron palabras Juan Velázquez de León y el
tesorero Gonzalo Mejía sobre el oro que faltaba
de los montones, antes que se fundiese, y lo que
Cortés hizo sobre ello.

Como el oro comúnmente todos los hombres lo deseamos, y mientras unos más tienen más quieren, aconteció que faltaban muchas piezas de oro. Juan Velázquez de León en aquel tiempo hacía labrar a los indios de Escapuzalco, que eran todos plateros del gran Moctezuma, grandes cadenas de oro. Y como Gonzalo Mejía, que era tesorero, le dijo secretamente que se las diera, y Juan Velázquez de León, que era muy privado de Cortés, dijo que no le quería dar ninguna cosa, que no lo había tomado de lo que estaba allegado, salvo que Cortés se las había dado antes que se hicieran barras; y Gonzalo Mejía respondió que bastaba lo que Cortés había escondido y tomado a los compañeros, y de palabras en palabras se desmandaron y vinieron a echar mano a las espadas, si de presto no los metiésemos en paz, entrambos acabaran allí sus vidas. Como Cortés lo supo, los mandó echar presos, y parece que el capitán habló secretamente con Juan Velázquez de León, diciéndole que sacaría de prisión a Gonzalo Mejía como tesorero, esto lo hacía para que viésemos que hacía justicia. Y desde allí en adelante Gonzalo Mejía y Cortés no se llevaban bien, porque vean que Cortés, aunque con afán de hacer justicia, todos le temiésemos era con grandes mañas.

CAPÍTULO 107

Cómo el gran Moctezuma dijo a Cortés que le quería dar una hija de las suyas para que se casara con ella, y lo que Cortés le respondió, y todavía la tomó, y la servían y honraban como hija de tal señor.

Como otras veces he dicho, Cortés y todos nosotros gustábamos de agradar a Moctezuma, y un día le dijo Moctezuma a Cortés: "Quiero darle una hija muy hermosa, para que se case usted con ella, y la tenga por su legítima mujer". El capitán se quitó la gorra y dijo que era gran merced la que le hacía, mas era casado, que entre nosotros no podíamos tener más de una mujer, y que él la tenía en aquel grado que hija de tan gran señor merece, que primero quiere se vuelva cristiana. Moctezuma lo tuvo por bien. De un día en otro no cesaba Moctezuma sus sacrificios, y Cortés se lo retraía, hasta que tomó consejo con nuestros capitanes, pues quería ir a derrocar los ídolos del alto *cu* de Huichilobos, donde quería poner un crucifijo y una imagen de Nuestra Señora. Fue Cortés adonde estaba preso Moctezuma, y le dijo: "Le hago, señor, saber que todos mis compañeros le vienen a pedir por merced que nos dé licencia para poner a Nuestra Señora Santa María y una cruz". Cuando Moctezuma oyó esas palabras y vio ir a los capitanes algo alterados, dijo: "Cómo nos quieren echar a perder a toda esta ciudad, porque estarán muy enojados nuestros dioses contra nosotros". Con suspiros y semblante muy triste dijo que lo trataría con los *papas*. Y en fin de muchas palabras que sobre ello hubo, se puso nuestro altar apartado de sus malditos ídolos.

Capítulo 108

Cómo el gran Moctezuma dijo a nuestro capitán Cortés que se saliera de México con todos los soldados, porque se querían levantar todos los caciques y papas y darnos guerra hasta matarnos, porque así estaba acordado y dado consejo por sus ídolos, y lo que Cortés sobre ello hizo

Como habíamos puesto en el gran *cu*, en el altar que hicimos, la imagen de Nuestra Señora y la cruz, y se dijo el Santo Evangelio, parece ser que los Huichilobos y el Tezcatepuca hablaron con los *papas,* les dijeron que se querían ir de su provincia, pues tan mal tratados eran de los *teules*, y que adonde están aquellas figuras y cruz que no quieren estar, y que miraran que nos íbamos señoreando de la tierra, que teníamos presos a cinco grandes caciques, y les dijeron otras maldades para atraerlos a darnos guerra. Para que Cortés y todos nosotros lo supiéramos, el gran Moctezuma le envió llamar, dijo que antes que comiencen la guerra salgan de la ciudad, y no quede ninguno de ustedes aquí. Cortés y nuestros capitanes sintieron pesar. Cortés dijo que al presente dos cosas le pesaban; no tener navíos en qué irse, que mandó quebrar los que trajo, y la otra, que por fuerza había de ir Moctezuma con nosotros. Pidió por merced que le diera tiempo para hacer tres navíos en el arenal. Moctezuma estuvo mucho más triste que antes, y dijo que él mandaría a los *papas* y a sus capitanes que no curasen de alborotar la ciudad. Con esta tan alborotada plática se despidió Cortés de Moctezuma. Estábamos todos con grande congoja, esperando cuándo habían de comenzar la guerra.

Luego Cortés mandó llamar a Martín López, a Andrés Núñez, y con los indios carpinteros que le dio el gran Moctezuma, y después de platicado el porte que se podría labrar los tres navíos, le mandó que luego pusiese por la obra de hacerlos y poner a punto, pues que en la Villa Rica había todo aparejo de hierro, herreros, jarcia, estopa, calafates y brea; y así fueron y cortaron la madera en la costa de la Villa Rica.

Dejemos esto y digamos lo pensativos que andábamos en la ciudad, temiendo que de una hora a otra nos habían de dar guerra. Digo de nosotros estar a punto no había necesidad de decirlo tantas veces, porque de día ni de noche no se nos quitaban las armas. Y dirán ahora dónde dormíamos, de qué eran nuestras camas, sino un poco de paja y una estera, y no por jactarme de ello, pero me quedé tan acostumbrado de andar armado y dormir de la manera que he dicho, que después de conquistada la Nueva España tenía por costumbre de acostarme vestido, sin cama, y dormía mejor que en colchones. Y otra cosa digo: que no puedo dormir sino un rato de la noche, que me tengo de levantar a ver el cielo y estrellas, y me he de pasear un rato al sereno, y esto sin poner en la cabeza el bonete, ni paño, ni cosa ninguna, y gracias a Dios no me hace mal, por la costumbre que tenía; y esto he dicho, porque sepan de qué arte andábamos los verdaderos conquistadores.

Capítulo 109

Cómo Diego Velázquez, gobernador de Cuba, dio muy gran prisa en enviar su armada contra nosotros, y en ella por capitán general a Pánfilo de Narváez, y cómo vino en su compañía el licenciado Lucas Vázquez de Ayllón, oidor de la Real Audiencia de Santo Domingo, y lo que sobre ello se hizo.

Diego Velázquez, gobernador de Cuba, supo que habíamos enviado nuestros procuradores a Su Majestad con todo el oro que habíamos habido, y muchas diversidades de joyas y otras muchas cosas de gran valor, y que no le acudíamos con ninguna cosa. Diego Velázquez hizo una armada de diecinueve navíos, con mil cuatrocientos soldados que traían sobre veinte tiros, mucha pólvora, caballos, ballesteros y escopeteros. Venían con Pánfilo de Narváez con la orden de llevar preso a Cortés y a todos nosotros sus capitanes y soldados. Andando de esta manera, antes que saliera su armada pareció ser que lo alcanzaron a saber la Real Audiencia de Santo Domingo y los frailes jerónimos, que estaban por gobernadores, y como tenían memoria de nuestros buenos y nobles servicios que hacíamos a Dios y a Su Majestad, y habíamos enviado nuestros procuradores con grandes presentes a nuestro rey y señor, y que Diego Velázquez no tenía razón ni justicia para venir con armada a tomar venganza de nosotros, y que si venía con la armada era gran estorbo para nuestra conquista, acordaron enviar a Lucas Vázquez de Ayllón, que era oidor de la misma Real Audiencia, para que estorbara la armada a Diego Velázquez y no la dejase pasar, y que sobre ello pusiese grandes penas; y vino a Cuba el mismo oidor, y hizo sus diligencias y protestaciones, como le era mandado por la Real Audiencia, para que no saliese con su intención Velázquez, y por más penas y requerimientos que le hizo y puso, no aprovechó cosa ninguna, porque como Diego Velázquez era tan favorecido del obispo de Burgos y había gastado cuanto tenía en hacer aquella gente de guerra contra nosotros, no tuvo todos aquellos requerimientos que hicieron en una castañeta, antes se mostró muy bravoso.

CAPÍTULO 110

Cómo Pánfilo de Narváez llegó al puerto de San Juan de Ulúa, que se dice la Vera Cruz, con toda su armada, y lo que sucedió.

Viniendo Pánfilo de Narváez con toda su flota tuvo un viento norte y de noche se le perdió un navío de poco porte. Con el resto de la flota vino a San Juan de Ulúa; tuvieron noticia de ella los soldados que había enviado Cortés a buscar las minas, dicen que alzaron las manos a Dios que los libró del poder de Cortés, y como comían con Narváez se decían los unos a los otros delante del mismo general: "Oh, Narváez, Narváez, qué bien aventurado eres y a qué tiempo has venido, que tiene ese traidor de Cortés allegados más de setecientos mil pesos de oro". Por manera que aquellos soldados que se nos huyeron, eran ruines y soeces, y decían a Narváez mucho más de lo que quería saber. Lo alcanzó a saber el gran Moctezuma y envió sus principales en secreto a los navíos que estaban allí para dar comida y oro a los capitanes y soldados. Narváez envió decir a Moctezuma muchas malas palabras contra Cortés, y de todos nosotros que éramos unas personas malas, ladrones que veníamos huyendo de Castilla, sin licencia de nuestro rey y señor, y que como tuvo noticia el rey nuestro señor que estábamos en estas tierras, y de los males y robos que hacíamos, y teníamos preso a Moctezuma, que le mandó viniese con todas aquellas naos para que le suelten de las prisiones. Y demás de estas pláticas, le envió Narváez ciertas cosas de Castilla. Y cuando Moctezuma lo supo tuvo gran contento con aquellas nuevas, porque como le decían que tenía tantos navíos, caballos, tiros, escopetas y ballesteros, y eran mil trescientos soldados, creyó que nos prendería. Y además de esto, como sus principales vieron a nuestros tres soldados (que traidores bellacos se pueden llamar) con Narváez, y veían que decían mucho mal de Cortés, tuvo por cierto todo lo que Narváez le envió a decir. Ya había tres días que lo sabía Moctezuma, y Cortés no sabía cosa ninguna. Y un día yéndole a ver nuestro capitán, y a tenerle palacio, después de las cortesías que entre ellos se tenían pareció al capitán Cortés que estaba Moctezuma muy alegre y de buen semblante, y para que no le tuviese por sospechoso le dijo: "Señor Malinche, ahora en este punto me han llegado mensajeros de cómo en el puerto donde desembarcasteis han venido diez y ocho navíos, mucha gente y caballos. Creí que me venías a dar nuevas de ello, y porque no me lo decías, por una parte tenía enojo de vos de tenérmelo encubierto; y por otra me holgaba, porque vienen vuestros hermanos". Cuando Cortés oyó lo de los navíos estuvo muy pensativo, porque bien sabía que aquella armada la había enviado el gobernador Velázquez contra él y contra todos nosotros.

Capítulo 111

Cómo Pánfilo de Narváez envió con cinco personas
a requerir a Gonzalo de Sandoval, que estaba por capitán
en la Villa Rica, que se diese luego con todos los vecinos,
y lo que sobre ello pasó.

Como aquellos soldados nuestros que se pasaron con Narváez le daban aviso de todas las cosas, le avisaron que el capitán Gonzalo de Sandoval estaba ocho o nueve leguas de allí, que se decía la Villa Rica de la Vera Cruz, acordó de enviar a un clérigo, que se decía Guevara, y a otro hombre de mucha cuenta, que notificaran a Gonzalo de Sandoval que traían unos traslados de las provisiones, y dicen que ya Gonzalo de Sandoval sabía de los navíos por nuevas de indios, y como era muy varón en sus cosas siempre estaba muy apercibido. Como el clérigo y los demás que traía en su compañía entraron en la Villa, se fueron a la iglesia a hacer oración, y luego se fueron a la casa de Sandoval; allí comenzó un razonamiento diciendo que el señor Diego Velázquez había gastado mucho dinero en la armada, que Cortés y todos los demás que había traído en su compañía le habían sido traidores, y como Sandoval oyó esas palabras, le dijo: "Señor padre, muy mal hace en decir esas palabras de traidores, aquí somos mejores servidores de Su Majestad, ande con Dios a México que allá está Cortés, aquí no tiene más que hablar". Luego mandó a sus soldados que los llevaran presos a México. Cuando llegaron a México Cortés los salió a recibir. Estaban admirados, y a cabo de dos días que estuvieron con nosotros Cortés les habló de tal manera con prometimientos y halagos. Así comenzaron a convocar todo el real de Narváez.

CAPÍTULO 112

Cómo Cortés, después de bien informado de quién era capitán y cuántos venían en la armada, escribió al capitán y a otros sus amigos, especialmente a Andrés de Duero, secretario del Diego Velázquez; y también supo cómo Moctezuma enviaba oro y ropa a Narváez.

Como Cortés en todo tenía cuidado y advertencia, acordó escribir en posta con indios que llevaran las cartas a Narváez antes que llegara el clérigo Guevara con muchos ofrecimiento. Este ofrecimiento fue por causa que los de Cortés éramos pocos soldados en comparación de los que Narváez traía. También debajo de estas buenas palabras no dejamos de buscar amigos entre los capitanes de Narváez, porque el padre Guevara dijo a Cortés que Narváez no venía bien con sus capitanes. Cortés les escribió que se había holgado en gran manera, él y todos nosotros sus compañeros con su llegada a aquel puerto, pues son amigos de tiempos pasados, que le pide por merced que no dé causa a que Moctezuma, que está preso, se suelte y la ciudad se levante; que esto lo dice porque Moctezuma está muy alterado y la ciudad muy revuelta. Cortés envió ciertas joyas de oro, y así como llegó la primera carta, que hemos dicho, la andaba mostrando Narváez a sus capitanes, haciendo burla de ella. En ese instante llegó el clérigo Guevara con sus compañeros, y le dijo del gran poder de México y de las muchas ciudades que vieron por donde pasaron, que será bien por paz y sin ruido ir a ver la parte que quiera de toda la Nueva España, pues hay tierras hasta donde se puede albergar. Como esto oyó Narváez, dicen que se enojó de tal manera con el padre Guevara, que no los quería después ver.

CAPÍTULO 113

Cómo hubieron palabras el capitán Pánfilo de Narváez
y el oidor Lucas Vázquez de Ayllón, y Narváez lo
mandó prender y le envió en un navío preso a Cuba o
a Castilla y lo que sobre ello avino.

Parece ser que como el oidor Lucas Vázquez de Ayllón venía a favorecer las cosas de Cortés y de todos nosotros, porque así se lo había mandado la Real Audiencia de Santo Domingo y los frailes jerónimos que estaban por gobernadores, como sabían los muchos, buenos y leales servicios que hacíamos a Dios primeramente y a nuestro rey y señor, y del gran presente que enviamos a Castilla con nuestros procuradores, y cómo el oidor vio las cartas de Cortés, y con ellas tejuelos de oro, si antes decía que aquella armada que enviaban era injusta, de allí adelante lo decía muy clara y abiertamente, y decía tanto bien de Cortés, de todos los que con él estábamos, que en el real de Narváez no se hablaba de otra cosa. Tuvo tan gran atrevimiento Narváez, que prendió al oidor del rey, a él, a su escribano y ciertos criados, y lo hizo embarcar en un navío, presos a Castilla o a la isla de Cuba. También mandó echar presos a otros dos soldados de los que traía en su navío, que sabía que hablaban bien de Cortés. Tornemos a decir del oidor que llevaban preso a Castilla, que con palabras buenas y con temores que puso al capitán del navío y al maestre y al piloto que le llevaban a cargo, les dijo que llegados a Castilla, que en lugar de paga de lo que hacen, Su Majestad les mandaría ahorcar; y como aquellas palabras oyeron, le dijeron que les pagase su trabajo y le llevarían a Santo Domingo; así mudaron la derrota que Narváez les había mandado que fuesen. Y llegado a la isla de Santo Domingo, y desembarcado, como la Audiencia Real que allí residía y los frailes jerónimos que estaban por Gobernadores oyeron al licenciado Lucas Vázquez, y vieron tan grande desacato y atrevimiento, lo sintieron mucho y con tanto enojo que luego lo escribieron a Castilla al Real Consejo de Su Majestad. Les hizo harto daño en los pleitos y demandas que después le pusieron a Cortés y a todos nosotros. Pues ciertos soldados acordaron de irse desde los arenales huyendo a la villa donde estaba el capitán Sandoval, y cuando llegaron a besarle las manos supo por ellos todo lo aquí dicho.

Capítulo 114

Cómo Narváez con todo su ejército se vino a un pueblo,
que se dice Cempoal, y lo que en el concierto se hizo,
y lo que nosotros hicimos estando en la ciudad de México,
y cómo acordamos de ir sobre Narváez.

Pues como Narváez hubo preso al oidor de la Audiencia Real de Santo Domingo, luego se vino con todo su fardaje y pertrechos de guerra a asentar su real en un pueblo que se dice Cempoal, y la primera cosa que hizo, tomó por fuerza al cacique gordo. El cacique dijo muchas veces a Narváez que no le tomara cosa ninguna de las que Cortés dejó en su poder, y como aquellas palabras le oía Narváez hacía burla de él. Y diré cómo Narváez envió a requerir a nuestro capitán y a todos nosotros, con unas provisiones que decían que eran traslados de los originales que traía para ser capitán, por Diego Velázquez, y la voluntad que tenía porque decía que muy de hecho había de venir en nuestra busca a México para prendernos. Pasemos adelante, y diré que Cortés tomó luego consejo con nuestros capitanes y todos nosotros, y por todos fue acordado que brevemente, sin más aguardar cartas ni otras razones, fuésemos sobre Narváez, y que Pedro de Alvarado quedara en México en guarda de Moctezuma.

CAPÍTULO 115

Cómo el gran Moctezuma preguntó a Cortés que cómo quería ir sobre Narváez, siendo que traía más soldados que nosotros, que le pesaría mucho si nos viniese algún mal.

Como estaba platicando Cortés con el gran Moctezuma, como lo tenían de costumbre, dijo Moctezuma a Cortés: "Señor, a todos sus capitanes y compañeros los veo andar desasosegados, y Orteguilla el paje me dice que quieren ir de guerra sobre esos sus hermanos que vienen en los navíos. También, señor Malinche, no quería que os viniese algún desmán, porque vos tenéis muy pocos *teules*". Cortés le respondió con un semblante muy alegre que si no le ha venido a dar relación de ello es como le quiere mucho, por no darle pesar con nuestra partida, que no tuviera pesar porque volveríamos con victoria, y lo que ahora le pide por merced, que mire que queda con él su hermano Tonatio, que así llamaban a Pedro de Alvarado, que después que salgamos de aquella ciudad no haya algún alboroto, ni consienta a sus capitanes y *papas* hagan cosas que sean mal hechas. Allí le ofreció que haría todo lo que Cortés le encargaba, y aun prometió que enviaría en nuestra ayuda cinco mil hombres de guerra. Cortés le dio gracias por ello, después habló a Pedro de Alvarado y a todos los soldados que con él quedaban, y les encargó que guardaran a Moctezuma, les prometió que mediante Dios a todos les había de hacer ricos, y allí quedó con ellos el clérigo Juan Díaz, que no fue con nosotros, y otros soldados sospechosos, que aquí no declaro por sus nombres, y allí nos abrazamos los unos a los otros.

Tiramos por nuestras jornadas por la ciudad de Cholula, en el camino envió Cortés a Tlaxcala a rogar a nuestros amigos Xicotenga y Masse Escaci y a todos los más caciques que nos enviasen de presto cuatro mil hombres de guerra, y enviaron a decir que si fueran para pelear con indios, como ellos, que sí hicieran, y aun muchos más de los que nos demandaban, y que para contra *teules,* como nosotros, y contra bombardas y caballos, que les perdonen, que no los quieren dar. Luego Cortés escribió en posta a Sandoval que se juntase con todos sus soldados muy prestamente con nosotros, que íbamos a un pueblo cerca de Cempoal. Pues yendo nuestros corredores del campo descubriendo, vieron venir a un Alonso de Mata, el que decían que era escribano, que venía a notificar los papeles o traslados de las provisiones; nos dimos prisa y los alcanzamos (porque venía con cuatro testigos). Como Alonso de Mata quería notificar los despachos que traía, Cortés le dijo que si era escribano del rey, y dijo que sí; y le mandó que luego exhibiese el título, y que si le traía que leyese los recados, y que haría lo que viese que era servicio de Dios y de Su Majestad; y si no le traía, que no leyese aquellos papeles, que también había de ver los originales de Su Majestad. Por manera que Mata, medio medroso, porque no era escribano de Su Majestad, no sabía qué decir.

Cortés les mandó dar de comer, y porque comiesen reparamos allí y les dijo Cortés que íbamos a unos pueblos cerca del real del señor Narváez, que se decían Tampanequita, y que allí podía enviar a notificar lo que su capitán mandase. Cortés nunca dijo nada malo de Narváez, apartadamente habló con ellos y les untó las manos con tejuelos de oro; luego se volvieron a Narváez diciendo bien de Cortés.

Llegamos a Panguaniquita, y otro día llegó el capitán Sandoval con los soldados que tenía, que serían hasta sesenta, porque los demás viejos y dolientes los dejó en unos pueblos de indios nuestros amigos. También vinieron con él los cinco soldados, parientes y amigos del licenciado Lucas Vázquez de Ayllón, que se habían venido huyendo del real de Narváez, y venían a besar las manos a Cortés, a los cuales con mucha alegría recibió muy bien, y allí estuvo contando Sandoval a Cortés de lo que les acaeció con el clérigo furioso Guevara y con Vergara. También dijo cómo desde la Villa Rica envió dos soldados, como indios, puestos mantillas o mantas, y eran como indios propios al real de Narváez, y como eran morenos dijo Sandoval que no parecían sino propios indios, y cada uno llevó una carguilla de ciruelas a vender, que en aquella sazón era tiempo de ellas, cuando estaba Narváez en los arenales, y tenían ojo y sentido en lo que decían ciertos soldados de Narváez, que alcanzaron a oír a Salvatierra que decía: "Oh, a qué tiempo hemos venido, que tiene allegado este traidor de Cortés más de setecientos mil pesos de oro y todos seremos ricos".

Capítulo 116

Cómo acordó Cortés con todos nuestros capitanes y soldados que tornásemos a enviar al Real de Narváez al fraile de la Merced, que era muy sagaz y de buenos medios, y que se hiciese muy servidor de Narváez y que se mostrase favorable a su parte.

Como ya estábamos en el pueblo todos juntos, acordamos que se escribiera otra carta a Narváez, que decía así: Después de puesto su acato con gran cortesía, nos habíamos holgado de su venida y creíamos que con su generosa persona haríamos gran servicio a Dios Nuestro Señor y a Su Majestad, y que no nos ha querido responder cosa ninguna, antes nos llama traidores, que le envió Cortés a pedir por merced que escogiera la provincia en cualquier parte que él quisiera quedar con la gente que tiene, o fuese adelante, y que nosotros iríamos a otras tierras y haríamos lo que a buenos servidores de Su Majestad somos obligados, y que si trae provisiones de Su Majestad que envíe los originales para ver y entender si vienen con la real firma, y ver lo que en ellas se contiene, para que luego que lo veamos pongamos los pechos por tierra para obedecerla, y que no ha querido hacer lo uno ni lo otro, sino tratarnos mal de palabra, que para aquel efecto nos hemos venido a aquel pueblo de Panguenezquita, por estar más cerca de su real, y que si otra cosa hace que iremos contra él a prenderle y enviarlo preso a nuestro rey y señor, pues sin su real licencia nos viene a dar guerra y desasosegar todas las ciudades, y que todos los males, muertes, fuegos y menoscabos que sobre esto acaecieren, que sea a su cargo y no al nuestro. Y después de puesta su cortesía, y firmada de Cortés y de nuestros capitanes y algunos soldados, iba allí mi firma, entonces se fue con el mismo padre fray Bartolomé de Olmedo un soldado que se decía Bartolomé de Usagre.

CAPÍTULO 117

Cómo el padre fray Bartolomé de Olmedo de la orden de nuestra Señora de la Merced fue a Cempoal adonde estaba Narváez y todos sus capitanes, y lo que pasó con ellos, y les dio la carta.

Como el padre fray Bartolomé de Olmedo de la orden de la Merced llegó al real de Narváez, hizo lo que Cortés le mandó, que fue convocar a ciertos caballeros de los de Narváez y repartió todo el oro que Cortés le dio. Andando en estos pasos tuvieron gran sospecha en lo que andaba nuestro fraile y aconsejaban a Narváez que luego le prendiera. Como lo supo Andrés de Duero, que era secretario de Diego Velázquez, fue con Narváez y le dijo que quería prender al padre fray Bartolomé de Olmedo, ya que había sospecha que el fraile hablaba algunas cosas en favor de Cortés. Luego Narváez envió llamar a fray Bartolomé de Olmedo, y como vino el fraile le dijo: "Bien entendido tengo que su merced me quería mandar prender, pues le hago saber, señor, que no tiene mejor ni mayor servidor en su real que yo". Y luego el padre fray Bartolomé de Olmedo vino con la carta; se la dio a Narváez, y dijo: "No se maraville su merced con ella, que ya Cortés anda desvariando, y sé cierto que si su merced le habla con amor, que luego se le dará él y todos los que consigo trae". Dijeron a Narváez los soldados y capitanes que leyera la carta; cuando la oyeron, dicen que hacía bramuras Narváez y los demás se reían.

Capítulo 118

Cómo en nuestro real hicimos alarde de los soldados que éramos, y cómo trajeron doscientas y cincuenta picas muy largas.

Así como Cortés tuvo noticia de la armada que traía Narváez, luego despachó un soldado que había estado en Italia, bien diestro de todas armas, y le envió a una provincia que se dice los chinantecas, junto adonde estaban nuestros soldados, los que fueron a buscar minas, porque aquellos de esa provincia eran muy enemigos de los mexicanos, y pocos días había que tomaron nuestra amistad y usaban por armas muy grandes lanzas mayores que las nuestras de Castilla, con dos brazas de pedernal y navajas; y les envió a rogar que luego le trajesen a dondequiera que estuvieran trescientas de ellas, y llevó el soldado la manera como habían de ser los hierros; y como llegó, de presto buscaron las lanzas, e hicieron los hierros más perfectamente que se los enviamos a mandar y también mandó a nuestro soldado que les demandara dos mil hombres de guerra. Pues venido nuestro soldado Tovilla con las lanzas, eran muy extremadas de buenas, y ya teníamos hecho nuestro alarde.

CAPÍTULO 119

Cómo vino Andrés de Duero a nuestro real y el soldado Usagre, y dos indios de Cuba.

De esta manera que tengo de volver atrás a recitar lo pasado: cuando estábamos en Santiago de Cuba, Cortés con Andrés de Duero y con un contador del rey, que se decía Amador de Lares, que eran grandes amigos de Diego Velázquez, acordaron que le hicieran a Cortés capitán general para venir en aquella armada, y que partiría con ellos todo el oro de su parte, y como Andrés de Duero vio en aquel instante a Cortés su compañero tan rico y poderoso, y so color que venía a poner paces y favorecer a Narváez, en lo que entendió era demandar la parte de la compañía, porque ya el otro, su compañero Amador de Lares, era fallecido; y como Cortés era sagaz y manso, no solamente le prometió de darle gran tesoro, sino que también le daría mando en toda la armada, y que después de conquistada la Nueva España le daría otros tantos pueblos como a él, para que en todo caso fueran a desviar a Narváez para que no saliera con vida, y como Narváez tuviera muerto o preso, y deshecha su armada, que ellos quedarían como señores. Estuvo Andrés de Duero en nuestro real el día que llegó, comió con Cortés y estuvo hablando con él en secreto un buen rato. Luego se fue y llegado a su real dizque dijo a Narváez que Cortés y todos los que estábamos con él estábamos de buena voluntad para pasarnos con el mismo Narváez. Y volvamos a decir lo que en nuestro real pasó; comenzamos a marchar luego a paso largo camino de Cempoal, y yendo por nuestro camino se mataron dos puercos de la tierra. Dijimos muchos soldados que era señal de victoria.

Capítulo 120

Cómo llegó Juan Velázquez de León, y el mozo de espuelas que se decía Juan del Río al real de Narváez.

Cortés envió a Juan Velázquez de León y al mozo de espuelas para que le acompañara a Cempoal a ver lo que Narváez quería. Como de repente supo Narváez su venida, le salió a recibir a la calle. Juan Velázquez dijo que no venía sino para ver si podía dar concierto que su merced y Cortés tuvieran paz y amistad. Entonces Narváez apartó a Juan Velázquez y le comenzó a decir airado que cómo había de tener amistad ni paz con un traidor. Juan Velázquez respondió que mayor traición haría él en dejar al capitán que tiene jurado en la guerra, y desampararlo. Pareció ser que en aquel instante ciertos capitanes de Narváez aconsejaron que luego prendiera a Cortés. Lo supo Agustín Bermúdez, Andrés de Duero, el padre fray Bartolomé de Olmedo y un clérigo que se decía Juan de León, y otras personas que se habían dado por amigos de Cortés, y dicen a Narváez que será mejor que le torne a hablar a Juan Velázquez con mucha cortesía, por manera que a Narváez le pareció buen consejo; luego le tornó a hablar con palabras muy amorosas para que fuera tercero en que Cortés se le diera con todos nosotros, y Juan Velázquez respondió que él haría lo que pudiera en aquel caso, más que tenía a Cortés por muy porfiado y cabezudo en aquel negocio, que sería mejor que partieran las provincias y que escogiera la tierra que más su merced quisiera. Narváez respondió muy enojado que se fuera y que más le hubiese valido no venir.

Capítulo 121

De lo que se hizo en el real de Narváez después que
de allí salieron nuestros embajadores.

Pareció ser que como se vinieron Juan Velázquez, el fraile y
Juan del Río, dijeron a Narváez sus capitanes que en su real
sentían que Cortés había enviado muchas joyas de oro, y que
tenía de su parte amigos en el mismo real, que sería bien estar
muy apercibido y avisar a todos sus soldados que estuvieran
con sus armas y caballos prestos. Además de esto, el cacique
gordo temía mucho a Cortés, y como supo que ya llegábamos
cerca de Cempoal le dijo a Narváez: "¿Qué hacen, que están
muy descuidados? ¿Piensan que Malinche y los *teules* que
trae consigo son así como ustedes? Pues yo les digo que cuando menos lo piensen estarán aquí y os matará". Narváez mandó sacar toda su artillería, y como llovió mucho aquel día estaban los de Narváez hartos de estar aguardándonos al agua.
Por manera que así como dicho tengo, se volvió Narváez a su
real y después de vuelto públicamente prometió que quien
matara a Cortés o a Gonzalo de Sandoval que daría dos mil
pesos. Y demás de este concierto que tenían hecho, mandó
Narváez que en su aposento durmieran muchos soldados.

Capítulo 122

Del concierto y orden que se dio en nuestro real para
ir contra Narváez.

Nuestro capitán Cortés, a caballo, nos envió a llamar, y cuando nos vio juntos dijo: "Bien saben que Diego Velázquez, gobernador de Cuba, me eligió por capitán general, y saben lo
que pasamos, y demás de esto me hicieron su capitán general,
hasta que Su Majestad otra cosa sea servido mandar. Digamos
ahora, señores, cómo viene Pánfilo de Narváez contra noso-

tros con mucha rabia, y nos llama traidores y malos, que por sólo este delito es digno de ser castigado". Después de haber dicho esto Cortés, comenzó a sublimar nuestras personas, y que entonces peleábamos por salvar nuestras vidas, que ahora hemos de pelear con todo vigor por vida y honra. Entonces respondimos que tuviera por cierto que mediante Dios habíamos de vencer o morir sobre ello. Como vio nuestras voluntades, se holgó mucho y dijo que con aquella confianza venía, y allí hizo muchas ofertas y prometimientos. Hecho esto, tornó a decir que la primera cosa que hiciésemos fuera tomarles la artillería; mandó que fuera Pizarro y le señaló sesenta soldados mancebos, y entre ellos me nombraron a mí. Mandó que después de tomada la artillería acudiésemos todos a los aposentos de Narváez para prenderlo, y para este fin señaló al capitán Gonzalo de Sandoval. Luego nombró a Juan Velázquez de León para que prendiera a Diego Velázquez. Y comenzamos a marchar, llegamos al río donde estaban los espías de Narváez, y estaban descuidados que no tuvieron tiempo sus artilleros de poner fuego sino a cuatro tiros. En aquel instante llegó el capitán Sandoval y por mucha resistencia que le ponía Narváez fuimos muchos de nosotros y el capitán Pizarro a ayudar a Sandoval, y con nuestra llegada estuvimos buen rato peleando. Entonces prendimos a Narváez. Vino Cortés acompañado de nuestros capitanes adonde teníamos a Narváez, y tornó a decir: "Que so pena de muerte, que todos los de Narváez luego en aquel punto se vengan a someter debajo de la bandera de Su Majestad y en su real nombre de Hernando Cortés, su capitán general".

Capítulo 123

Cómo después de desbaratado Narváez vinieron los indios
de Chinanta, y de otras cosas que pasaron.

Ya he dicho, en el capítulo que de ello habla, que Cortés envió a decir a los pueblos de Chinanta, donde trajeron las lanzas y picas, que viniesen dos mil indios de ellos con sus lanzas, que son muy más largas que las nuestras, para ayudarnos, y vinieron aquel mismo día, ya algo tarde, después de preso Narváez, y venían por capitanes los caciques de los mismos pueblos. Entraron en Cempoal con gran ordenanza, de dos en dos, y como traían las lanzas muy grandes, de buen grosor, y con sus banderas tendidas y con muchos plumajes y a tambores y trompetillas, decían: "¡Viva el rey! ¡Viva el rey nuestro señor, y Hernando Cortés en su real nombre!" Y entraron muy bravosos, los de Narváez los vieron admirados. Cortés habló a los indios, agradeciéndoles su venida.

Capítulo 124

Cómo Cortés envió al puerto al capitán Francisco de Lugo,
y en su compañía dos soldados que habían sido
maestres de hacer navíos.

Pues acabado de desbaratar a Pánfilo de Narváez, presos él, sus capitanes y a todos los demás tomadas las armas, mandó Cortés al capitán Francisco de Lugo que fuese al puerto adonde estaba la flota de Narváez, y mandase venir allí a Cempoal a todos los pilotos y maestres de los navíos, y que les sacasen velas, timones y agujas porque no fuesen a dar mandado a Cuba a Diego Velázquez, y que si no le quisiesen obedecer que les echase presos. Los maestres y pilotos luego vinieron a besar las manos al capitán Cortés, a los cuales tomó juramento que no saldrían de su mandado y que le obedecerían en todo lo que les mandase. Volvamos ahora a Narváez, que traía un negro lleno de viruelas, y que fue la causa que se pegase e hinchase toda la tierra de ellas. En el instante ya que queríamos partir, vinieron cuatro grandes principales que envió el gran Moctezuma ante Cortés a quejarse de Pedro de Alvarado, y lo que dijeron con muchas lágrimas de sus ojos, que Pedro de Alvarado salió de su aposento con todos los soldados que le dejó Cortés, y sin causa ninguna dio en sus principales y caciques que estaban bailando y haciendo fiesta a sus ídolos Huichilobos y Tezcatepuca. Y cuando aquella tan mala nueva oímos, Cortés les respondió que él iría a México y pondría remedio en todo. Luego le escribió a Pedro de Alvarado que mirase que Moctezuma no se soltase.

Capítulo 125

Cómo fuimos grandes jornadas, así Cortés con todos sus capitanes y los de Narváez.

Cortés habló a los de Narváez, que sintió que no irían con nosotros de buena voluntad a hacer aquel socorro, y les rogó que dejasen atrás enemistades pasadas por lo de Narváez, ofreciéndoles de hacerlos ricos y darles cargos. Y tantas palabras les dijo, que todos a una le ofrecieron que irían con nosotros. Caminamos a muy grandes jornadas, hasta llegar a Tlaxcala, donde nos dieron los caciques dos mil indios de guerra. Llegamos a México día de Señor San Juan de junio de mil quinientos veinte, y el gran Moctezuma salió al patio para hablar a Cortés. Y Cortés, como venía victorioso, no le quiso oír, y el Moctezuma se entró en su aposento muy triste y pensativo. Cortés procuró saber qué fue la causa de levantarse, y lo que contaba Pedro de Alvarado era que habían llegado muchos indios a quitar la santa imagen del altar donde la pusimos, y que no pudieron, y que los indios lo tuvieron a gran milagro y que se lo dijeron al Moctezuma, y que les mandó que la dejasen en el mismo lugar. Y le tornó a decir Cortés que a qué causa les fue a dar guerra estando bailando y haciendo sus fiestas. Y respondió que sabía muy ciertamente que en acabando las fiestas y bailes y sacrificios le habían de venir a dar guerra, que lo supo de un *papa*. Y Cortés le dijo: "Pues me han dicho que le demandaron licencia para hacer el baile". Dijo que era verdad, que fue por tomarles descuidados, y porque temiesen y no viniesen a darle guerra, que por esto se adelantó a dar en ellos. Y desde que aquello Cortés le oyó, le dijo muy enojado que era muy mal hecho y gran desatino. También dijo el mismo Pedro de Alvarado que como venían muchos escuadrones de indios a quemar sus aposentos, que salió a pelear con ellos. Otros soldados dijeron que Pedro de Alvarado atacó por codicia de haber mucho oro. Y también supimos de mucha verdad que tal guerra nunca Moctezuma mandó dar, y que cuando combatían Pedro de Alvarado, que Moctezuma les mandaba a los suyos que no lo hiciesen, y que le respondían que ya no era cosa de sufrir tenerle preso y que le habían de sacar de allí.

CAPÍTULO 126

Cómo nos dieron guerra en México, y los combates que nos daban

Como Cortés vio que en Tezcuco no nos habían hecho ningún recibimiento, y venido a México lo mismo, y oyó a Pedro de Alvarado de la manera con que les fue a dar guerra; y parece ser había dicho Cortés en el camino a los capitanes de Narváez, alabándose de sí mismo, el gran acato y mando que tenía, y que por los caminos le saldrían a recibir y hacer fiestas, y le darían oro, y viendo que todo estaba muy al contrario de sus pensamientos, estaba muy airado y soberbio. Y en este instante envió el gran Moctezuma dos de sus principales a rogar a nuestro Cortés que le fuese a ver, y les dijo: "Vaya

para perro, que ni de comer no nos manda dar". Y entonces
Juan Velázquez de León, Cristóbal de Olid, Alonso de Ávila
y Francisco de Lugo dijeron: "Señor, temple su ira y mire
cuánto bien y honra nos ha hecho este rey, que es tan bueno
que si por el no fuese ya fuéramos muertos y nos habrían
comido, y mire que hasta las hijas le ha dado". Cortés dijo:
"¿Qué cumplimiento he yo de tener con un perro que se hacía con Narváez secretamente, y ahora ven que de comer no
nos dan?". Y habló a los principales que dijesen a su señor
Moctezuma que luego mande hacer tianguis, y los principales
bien entendieron las palabras injuriosas que Cortés dijo de su
señor, y aun también la reprehensión que nuestros capitanes
le hicieron a él; y de enojo, o porque ya estaba concertado
que nos diesen guerra, no tardó un cuarto de hora que vino
un soldado a gran prisa y dijo que estaba toda la ciudad llena
de gente de guerra. Cortés mandó a Diego de Ordaz que fuese
con cuatrocientos soldados, y que si viese que sin guerra y
ruido se pudiese apaciguar, lo pacificase. Aun no hubo bien
llegado a media calle, cuando le salen tantos escuadrones
mexicanos de guerra, y le dieron tan grandes combates que le
mataron a ocho soldados; y en aquel instante muchos escuadrones vinieron a nuestros aposentos, y nos hirieron sobre
cuarenta y seis de los nuestros, y doce murieron de las heridas. Y estaban tantos guerreros sobre nosotros, y no perdían
punto de su buen pelear, ni les podíamos apartar de nosotros.
Y duraron estos combates todo el día. Pues desde que amaneció acordó nuestro capitán que con todos los nuestros y
los de Narváez saliésemos a pelear. Aquel día mataron otros
diez o doce soldados, y todos volvimos bien heridos. Fuimos hasta el gran *cu* de sus ídolos, y luego de repente suben
en él más de cuatro mil mexicanos y se ponen en defensa y
nos resistieron la subida un buen rato; y luego les subimos
arriba y pusimos fuego a sus ídolos. Y al otro día, desde que
amaneció, vienen más escuadrones de guerreros y nos cercan por todas partes. Y viendo todo esto acordó Cortés que
el gran Moctezuma les hablase desde una azotea y les dijese

que cesasen las guerras, y que nos queríamos ir de su ciudad. Y cuando al gran Moctezuma se lo fueron a decir de parte de Cortés, dicen que dijo con gran dolor: "¿Qué quiere ya de mi Malinche, que yo no deseo vivir ni oírle, pues en tal estado por su causa mi ventura me ha traído?" Y aun dicen que dijo que ya no le querían ver, ni oír, ni a él ni a sus falsas palabras. Y fue el padre de la Merced y Cristóbal de Olid, y le hablaron con mucho acato. Y Moctezuma se puso a un petril de una azotea con muchos de nuestros soldados que le guardaban, y les comenzó a hablar con palabras muy amorosas que dejasen la guerra y que nos iríamos de México, y muchos principales y capitanes mexicanos bien le conocieron, y luego mandaron que callasen su gente y no tirasen varas ni piedras ni flechas; y cuatro de ellos se llegaron en parte que Moctezuma les podía hablar, y ellos a él, y llorando le dijeron: "iOh, señor y nuestro gran señor, y cómo nos pesa de todo vuestro mal y daño y de vuestros hijos y parientes! Hacemos saber que ya hemos levantado a un vuestro pariente por señor". Y allí le nombró cómo se llamaba, que se decía Coadlavaca, señor de Iztapalapa. Y más dijeron que la guerra que la habían de acabar, y que tenían prometido a sus ídolos de no dejarla hasta que todos nosotros muriésemos, y que rogaban cada día a su Huichilobos y a Tezcatepuca que le guardase libre y sano de nuestro poder; y como saliese como deseaban, que no le dejarían de tener por señor, y que les perdonase. Y no hubieron acabado el razonamiento cuando tiran tanta piedra y vara, que le dieron tres pedradas, una en la cabeza otra en un brazo y otra en una pierna. Y vinieron a decir que estaba muerto, y Cortés lloró por él y nuestros capitanes. Había diecisiete años que reinaba, y fue el mejor rey que en México había habido.

Capítulo 127

Desde que fue muerto el gran Moctezuma, acordó Cortés
de hacerlo saber a sus capitanes.

Pues como vimos a Moctezuma que se había muerto, ya he dicho la tristeza que en todos nosotros hubo por ello, mandó Cortés a un *papa* y a un principal de los que estaban presos, que soltamos para que fuese a decir al cacique que alzaron por señor, Coadlavaca, y a sus capitanes cómo el gran Moctezuma era muerto, y de la manera que murió y heridas que le dieron los suyos, y que le enterrasen como a gran rey que era, y que alzasen a su primo Moctezuma, que con nosotros estaba, por rey, y que tratasen paces para salirnos de México, que si no lo hacían ahora saldríamos a darles guerra y a quemarles todas las casas. Y cuando así lo vieron muerto, vimos que hicieron muy gran llanto, y diré aquí que ya tenían elegido buen rey, que no era de corazón tan flaco, que se le pudiese engañar con palabras, como fue al buen Moctezuma. Como aquello vio Cortés, y todos nosotros, acordamos que para otro día saliésemos.

Capítulo 128

Cómo acordamos de irnos huyendo de México,
y lo que sobre ello se hizo.

Como vimos que cada día menguaban nuestras fuerzas y las de los mexicanos crecían, y veíamos muchos de nuestros muertos, pues aunque peleábamos muy como varones no les podíamos hacer tirar, fue acordado por Cortés y por todos nuestros capitanes y soldados que de noche nos fuésemos, cuando viésemos que los escuadrones guerreros estaban más descuidados. Se dio orden que se hiciese de maderos y tablas muy recias un puente, señalaron cuatrocientos indios tlaxcaltecas y cincuenta soldados para llevar la artillería; para que fuesen en la delantera peleando señalaron a Gonzalo de Sandoval, a Diego de Ordaz, a Francisco de Saucedo y a Francisco de Lugo, y para que llevasen a cargo los prisioneros señalaron trescientos tlaxcaltecas y treinta soldados. Mandó Cortés a su camarero que todo el oro, joyas y plata lo sacasen con muchos indios de Tlaxcala, y dijo a los oficiales del rey que pusiesen cobro en el oro de Su Majestad, y les dio siete caballos heridos y más de ochenta tlaxcaltecas, y cargaron de ello a bulto lo que más pudieron llevar, y quedaba mucho oro en la sala, entonces Cortés llamó a su secretario y a otros escribanos, y dijo: "Dame por testimonio que no puedo más hacer sobre este oro". Desde que aquello oyeron muchos soldados de los de Narváez y algunos de los nuestros, cargaron de ello. Yo digo que no tuve codicia sino procurar de salvar la vida, mas no dejé de apañar de unas cazuelas que allí estaban unos cuatro *chalchuis,* que son piedras muy apreciadas. Antes de medianoche se comenzó a caminar. Y estando en esto suenan las voces y silbos de los mexicanos, y vimos tantos escuadrones de guerreros sobre nosotros que no nos podíamos valer. Y estando de esta manera cargan tanta multitud de mexicanos a quitar el puente y a herir y matar a los nuestros. Cortés y los capitanes y soldados que pasaron primero a caballo aguijaron por la calzada adelante; también salieron en salvo los caballos con el oro y los tlaxcaltecas. Ya que íbamos por nuestra calzada adelante, cabe el pueblo de Tacuba, adonde ya estaba Cortés con todos los capitanes, decían a voces: "Señor capitán, aguárdenos, que dicen que vamos huyendo y los dejamos morir; tornémonos a amparar". La respuesta de Cortés fue que los que habíamos salido era milagro. Como Cortés vio que no venían más soldados, se le saltaron las lágrimas de los ojos. Lo peor de todo era que no sabíamos la voluntad que habíamos de hallar en nuestros amigos los de Tlaxcala. Todos dimos muchas gracias a Dios que escapamos de tan gran multitud de gente. Digo que en obra de cinco días fueron muertos y sacrificados sobre ochocientos y setenta soldados, con setenta y dos que mataron en un pueblo, que se dice Tustepeque, y a cinco mujeres de Castilla, y estos que mataron en Tustepeque eran de los de Narváez, y mataron sobre mil y doscientos Tlaxcaltecas. Y de esta manera fuimos a la cabeza de Tlaxcala, con todos los caciques, y a Cortés aposentaron en las casas de Masse Escaci.

CAPÍTULO 129

Cómo fuimos a la cabecera, y mayor pueblo de Tlaxcala.

Después que fuimos a la cabeza y pueblo mayor de Tlaxcala, nos aposentaron como dicho tengo. Parece ser que Cortés preguntó por el oro que habían traído allí, que eran cuarenta mil pesos, el cual fueron las partes de los vecinos que quedaban en la Villa Rica, y dijo Masse Escaci y Xicotenga *el Viejo*, y un soldado de los nuestros, que se había allí quedado doliente, que habían venido de la Villa Rica un Juan de Alcántara y otros dos vecinos y que lo llevaron todo porque traían cartas de Cortés para que se lo diesen; y preguntando cómo y cuándo y en qué tiempo lo llevó, y sabido que fue por la cuenta de los días entendimos cómo en el camino habían muerto y tomado el oro. Cortés hizo sentimiento de ello. Y como supo que salimos huyendo de México, Xicotenga *el Mozo* andaba convocando a todos sus parientes para que nos matasen. Lo cual alcanzó a saber el viejo Xicotenga, su padre, y se lo riñó; y tomaron al Xicotenga *el Mozo* por los cabezones y de las mantas, y se las rompieron, y a empujones con palabras injuriosas que le dijeron le echaron de las gradas abajo donde estaba. Los soldados que sobrevivieron de Narváez no veían la hora de volverse a la isla de Cuba.

Capítulo 130

*Cómo fuimos a la provincia de Tepeaca, y lo que
en ella hicimos.*

Cortés había pedido a los caciques de Tlaxcala cinco mil
hombres de guerra para ir a correr y castigar a los pueblos
donde habían muerto españoles, que era Tepeaca, Cachula
y Tecamachalco, de muy entera voluntad tenían aparejados
hasta cuatro mil indios. Pues ya que todos estábamos a punto, comenzamos a caminar y en aquella jornada no llevamos
artillería, ni escopetas. Y fue acordado que se hiciese un auto
por escribano que diese fe de todo lo pasado y que se diesen por esclavos a todos los aliados de México que hubiesen
muerto españoles. Al otro día tuvimos en un llano una buena
batalla con los mexicanos y tepeaqueños, y presto fueron desbaratados por los de caballo. Los de Tepeaca acordaron, sin
decirles cosa ninguna, venir adonde estábamos, y los recibimos de paz, y echaron los mexicanos de sus casas. En Tepeaca se fundó una villa que se nombró Segura de la Frontera.
Allí se hizo el hierro con que se habían de herrar los que se
tomaban por esclavos. Y en aquella sazón habían alzado en
México otro señor, porque el señor que nos echó
era fallecido de viruelas, y al señor que hicieron
era un sobrino o pariente muy cercano de Moctezuma, que se decía Guatemuz, mancebo de hasta
veinte y cinco años, bien gentil hombre para ser
indio y muy esforzado, y se hizo temer de tal
manera que todos los suyos temblaban de él,
y estaba casado con una hija de Moctezuma,
bien hermosa mujer para ser india. Como este
Guatemuz supo cómo habíamos desbaratado
los escuadrones mexicanos que estaban en
Tepeaca, envió a sus mensajeros por todos los pueblos para que estuviesen muy
alerta con todas sus armas.

Capítulo 131

Cómo vino un navío de Cuba, que enviaba Diego Velázquez
y venía en él por capitán Pedro Barba.

Pues como andábamos en aquella provincia de Tepeaca castigando a los que fueron en la muerte de nuestros compañeros, y todos daban la obediencia a Su Majestad, vinieron cartas de la Villa Rica cómo había venido un navío al puerto, y vino en él por capitán Pedro Barba, que era muy amigo de Cortés; y este Pedro Barba había estado por teniente de Diego Velázquez en la Habana, y traía trece soldados, un caballo y una yegua, porque el navío que traía era muy chico. En cuanto llegó al puerto le fue a visitar y dar la bienvenida al almirante de la mar que puso Cortés, el cual se decía Pedro Caballero o Juan Caballero, y de plática en plática le dicen a Pedro Barba que allí junto está un pueblo, que desembarque y que se vayan a dormir y estar en él, que les traerán comida y lo que hubiere menester. Y desde que los vieron fuera del navío, ya tenía copia de marineros juntos con el almirante, Pedro Caballero, y dijeron a Pedro Barba: "Sed preso por el señor capitán Hernando Cortés, mi señor". Y Cortés hacía mucha honra a Pedro Barba, y le hizo capitán de ballesteros. Gracias a Dios ya nos íbamos fortaleciendo con soldados y ballestas.

Capítulo 132

Cómo los indios de Guacachula vinieron a demandar favor a
Cortés sobre que los ejércitos mexicanos los trataban
mal y los robaban.

Ya he dicho que Guatemuz, señor que nuevamente era alzado por rey de México, enviaba grandes guarniciones a sus fronteras, en especial envió una muy poderosa y de mucha copia de guerreros a Guacachula y otra a Ozucar, que estaba dos o tres leguas de Guacachula, porque bien temió que allí le habíamos de correr las tierras y pueblos sujetos a México; y parece ser que como envió tanta multitud de guerreros, y como tenían nuevo señor, hacían muchos robos. A esta causa vinieron cuatro principales muy secretamente de aquel pueblo, y dicen a Cortés que envíe *teules* y caballos, porque otros comarcanos ayudarán para que matemos a los escuadrones mexicanos. Y desde que Cortés lo oyó, luego propuso que fuese por capitán Cristóbal de Olid. Y pareció ser que estaban todos los campos y casas llenas de gente de guerra de mexicanos, y que estaba allí con ellos Guatemuz señor de México; y tantas cosas dizque les dijeron, que atemorizaron a los de Narváez, y querían volverse a su isla de Cuba. Y desde que Cortés lo supo hubo mucho enojo y envió otros dos ballesteros a Cristóbal de Olid. Encontró en Ozucar grandes guarniciones de mexicanos que de presto las venció. Y desde que todo fue pacífico se fue con todos sus soldados a nuestra Villa de la Frontera.

CAPÍTULO 133

Cómo aportó al peñol y puerto que está junto a la Villa Rica
un navío de los de Francisco Garay, que había enviado
a poblar el río de Pánuco.

Estando que estábamos en Segura de la Frontera, de la manera en que mi relación habrán oído, vinieron cartas a Cortés cómo había aportado un navío de los que Francisco de Garay había enviado a poblar a Pánuco, y que venía por capitán uno que se decía Fulano Camargo, y traía ya sobre sesenta soldados, y todos dolientes y muy amarillos e hinchadas las barrigas. Cuando Cortés los vio tan hinchados y amarillos, que no eran para pelear, harto teníamos que curar en ellos; a Camargo hizo mucha honra, y a todos los soldados, y tengo que Camargo murió luego, que no me acuerdo bien qué se hizo, y también se murieron muchos soldados. Vino luego un

Miguel Díaz de Auz, aragonés, y desembarcó sus soldados, que eran más de cincuenta y más siete caballos, éste fue el mejor socorro que recibimos. A pocos días que Miguel Díaz había venido a aquel puerto, de la manera que dicho tengo, aportó luego otro navío que enviaba el mismo Garay en ayuda y socorro de su armada. Francisco de Garay no hacía sino echar unos navíos tras de otros al perdido, y todo era favorecer y enviar socorro a Cortés.

Capítulo 134

Cómo envió Cortés a Gonzalo de Sandoval a pacificar los pueblos de Xalacingo y Zacatami.

Como ya Cortés tenía copia de soldados, caballos, ballestas y se iba fortaleciendo con los dos navichuelos que envió Diego Velázquez, y luego vinieron los de Garay; y tuvo noticia que en unos pueblos que se dicen Zacatami y Xalacingo habían muerto muchos soldados, envió a Gonzalo de Sandoval, que era alguacil mayor, y llevó consigo doscientos soldados. Sandoval ordenó muy bien sus escuadrones y ballesteros, puesto que peleaban muy bien los mexicanos, y los desbarató. Acordó estar allí tres días, y vinieron los caciques de aquellos pueblos a demandar perdón, y Sandoval les dijo que diesen el oro que habían robado a los españoles que mataron, y que luego les perdonaría. Y respondieron que el oro los mexicanos lo hubieron y que lo enviaron al señor de México. Y en aquella sazón también tuvo noticia Cortés que en un pueblo que se decía Cozotlán habían muerto nueve españoles, y envió a Gonzalo de Sandoval para que los castigase. Y respondieron que señor tenían, que era Guatemuz, y que no habían menester venir ni ir a llamado de otro señor. Y desde que aquello oyó Sandoval comenzó a caminar hacia el pueblo, y sálenle al encuentro dos escuadrones de guerreros y los venció y mató hasta siete indios. Sandoval les dijo que si daban lo que robaron de los que mataron, que los perdonaría; respondieron que no tenían ninguna cosa. Como Gonzalo de Sandoval vio que no se podía hacer más, les perdonó, y allí se ofrecieron de servir bien en lo que les mandasen.

CAPÍTULO 135

Cómo se recogieron todas las mujeres y esclavos de todo nuestro real, que habíamos habido en aquello de Tepeaca y Cachula, Tecamachalco, y en Castilblanco, y en sus tierras para que se herrasen con el hierro en nombre de Su Majestad.

Como Gonzalo de Sandoval hubo llegado a la villa de Segura de la Frontera, acordó Cortés, con los oficiales del rey, que se herrasen las piezas y esclavos que se habían habido para sacar su quinto después que se hubiese primero sacado el de Su Majestad. Pues ya juntas las piezas, cuando no nos catamos apartan el real quinto, luego sacan otro quinto para Cortés, y además de esto la noche antes habían ya escondido y tomado las mejores indias. Y sobre esto hubo grandes murmuraciones contra Cortés, y de tal manera se lo dijeron al mismo Cortés soldados de los de Narváez, que juraron a Dios que no había tal acaecido haber dos reyes en la tierra de nuestro rey y señor y sacar dos quintos, y que lo harán saber en Castilla a Su Majestad. Y ya he dicho en el capítulo 128, cuando la noche triste salimos huyendo de México, cómo quedaban en la sala donde posaba Cortés muchas barras de oro perdido que no lo podían sacar más de lo que cargaron en la yegua y caballos, y Cortés dijo delante de un escribano del rey que cualquiera que quisiese sacar oro de lo que allí quedaba que se lo llevase por suyo, y muchos soldados cargaron de ello, y por sacarlo perdieron muchos de ellos las vidas, y los que escaparon con la presa que traían habían estado en gran riesgo de morir, y salieron llenos de heridas. Y Cortés mandó que trajeran a manifestar el oro que sacaron, y que les daba la tercia parte de ello, y si no lo traen que se lo tomaba todo. Muchos soldados de los que los tenían no lo quisieron dar.

CAPÍTULO 136

Cómo demandaron licencia a Cortés los capitanes
y personas más principales de los que Narváez había
traído en su compañía, para volverse a la isla de Cuba,
y Cortés se la dio.

Como vieron los capitanes de Narváez que ya teníamos socorros, le suplicaron a Cortés que les diese licencia para volverse a la isla de Cuba. Y Cortés se la dio y aun les prometió que si volvía a ganar la Nueva España y ciudad de México que a Andrés de Duero, su compañero, que le daría mucho más oro que antes, y así hizo ofertas a los demás capitanes. Y escribió a su mujer, doña Catalina Juárez, *la Marcaida,* y a Juan Juárez, su cuñado, que en aquella sazón vivía en la isla de Cuba, y les envió ciertas barras y joyas de oro, haciéndoles saber todas las desgracias que nos habían acaecido. Y cuando Cortés les dio la licencia, dijimos que para qué se la daba, pues que éramos pocos los que quedábamos, y respondió que valía más estar solo que mal acompañado. También envió a Castilla a Diego de Ordaz y Alonso de Mendoza con ciertos recaudos; a Francisco Álvarez Chico lo mandó a Santo Domingo, a hacer relación de todo lo acaecido a la real Audiencia, que les suplicaba que hiciesen relación de ello en Castilla a nuestro gran emperador, y tuviesen en la memoria los grandes servicios que le hacíamos; y también envió otro navío a la isla de Jamaica por caballos y yeguas. Bien sé que dirán algunos curiosos lectores que sin dineros que cómo enviaba a Diego de Ordaz a negocios a Castilla, pues está claro que para Castilla y para otras partes son menester dineros. A esto digo que al salir de México huyendo se cargaron de oro más de ochenta indios tlaxcaltecas por mandado de Cortés, y fueron los primeros que salieron. Y Cortés con algunos de nuestros capitanes lo procuraron de haber de los tlaxcaltecas que lo sacaron, y tuvimos sospecha que los cuarenta mil pesos de las partes de los de la Villa Rica, que también lo hubo, y echó fama que lo habían robado, y con ello envió a Castilla a los negocios de su persona, y a comprar caballos. Digamos ahora que cuando llegamos a Tlaxcala ya era fallecido de viruelas nuestro gran amigo y leal vasallo de Su Majestad Masse Escaci, Cortés procuró que Xicotenga se volviese cristiano, y él de buena voluntad aceptó; le bautizó el padre de la Merced y le puso nombre don Lorenzo de Vargas. Luego acordó Cortés que fuésemos con todos nuestros soldados a Tezcuco, y sobre ello hubo grandes y muchos acuerdos: desde allí haríamos entradas en las tierras comarcanas de México.

Capítulo 137

Cómo caminamos con todo nuestro ejército camino de la ciudad de Tezcuco, y lo que en el camino nos avino.

Como Cortés vio de todos nosotros el deseo que teníamos de estar ya sobre la gran ciudad de México, acordó de hablar a los caciques de Tlaxcala para que le diesen diez mil indios de guerra que fuesen con nosotros hasta Tezcuco, que es una de las mayores ciudades que hay en toda la Nueva España, después de México. Y como se lo demandó y les hizo buen parlamento, Xicotenga *el Viejo* dijo que no solamente diez mil hombres, sino muchos más si los quería llevar. Y un día después de Navidad del año de mil quinientos veinte, comenzamos a caminar. Cuando vimos la laguna de México, dimos muchas gracias a Dios que nos la tornó a dejar ver. Según después supimos, los mexicanos no se atrevieron a darnos guerra porque entre los mexicanos y los de Tezcuco tenían diferencias y bandos, y también porque aún no estaban muy sanos de las viruelas, que fue dolencia que en toda la tierra dio y cundió. Y desde que amaneció comenzamos a caminar hacia Tezcuco, y se acercaron siete indios principales, naturales de Tezcuco, y traían una bandera de oro y una lanza larga, y antes que llegasen abajaron su bandera y se humillaron, que es señal de paz, y cuando llegaron ante Cortés estando doña Marina, y Jerónimo de Aguilar delante, dijeron: "Malinche, Cocoyoacin, nuestro señor, y señor de Tezcuco, te envía a rogar que le quieras recibir a tu amistad, y te está esperando de paz en su ciudad de Tezcuco". Y más dijeron, que los escuadrones que estaban en las barrancas no eran de Tezcuco, sino mexicanos, que los enviaba Guatemuz. Y cuando Cortés oyó aquellas paces, holgó mucho del ellas. Luego tomó consejo con nuestros capitanes, a todos les pareció que aquel pedir de paz era fingido, porque si fueran verdaderas no vinieran tan arrebatadamente. Y con todo esto recibió la bandera, y dijo que ruega a su señor Cuacayutzin y a todos los más caciques y capitanes de Tezcuco que le den el oro y ropa. Otro día de mañana fuimos a la ciudad de Tezcuco, y en todas las calles y casas no veíamos mujeres, ni muchachos, ni niños, sino todos los indios como asombrados y como gente que estaba de guerra. Fuimos a aposentar a unos grandes aposentos y salas. Cortés nos dijo que estuviésemos muy apercibidos y mandó a Pedro de Alvarado, Cristóbal de Olid y a otros soldados, a mí con ellos, que subiésemos a un gran *cu* y mirásemos la ciudad; y vimos que todos los moradores de aquellas poblaciones se iban a unos montes. Como Cortés lo supo quiso prender al señor de Tezcuco que envió la bandera de oro, y cuando lo fueron a llamar se fue huyendo a México, y fueron con él otros muchos principales. Otro día muy de mañana mandó Cortés llamar a todos los más principales indios que había en Tezcuco, y dijeron que Cuacoyozin por codicia de reinar había muerto malamente a su hermano mayor, que se decía Cuxcuxca, y que allí habían otros señores a quien venía el reino de Tezcuco mas justamente, que era un mancebo que luego se volvió cristiano, y se llama don Hernando Cortés, que era hijo legítimo del señor y rey de Tezcuco, que se decía su padre Nezabalpinzintle; y luego, sin más dilaciones y con gran fiesta y regocijo de todo Tezcuco, le alzaron por rey y señor natural. Y en aquella sazón, como teníamos en nuestra compañía sobre siete mil tlaxcaltecas y estaban deseosos de ganar honra y de guerrear contra mexicanos, acordó Cortés, pues que tan fieles compañeros teníamos, que fuésemos a entrar y dar una vista a un pueblo, que se dice Iztapalapa.

Capítulo 138

Cómo fuimos a Iztapalapa con Cortés, y llevó
en su compañía a Cristóbal de Olid y a Pedro de Alvarado,
y quedó Gonzalo de Sandoval por guarda de Tezcuco.

Pues como había doce días que estábamos en Tezcuco, fuimos camino de Iztapalapa con mucho concierto, y como los mexicanos siempre tenían velas, les enviaron a los de Iztapalapa sobre ocho mil mexicanos de socorro. Y pelearon un buen rato muy valerosamente con nosotros, mas los de a caballo rompieron con ellos y de presto dejaron el campo y se metieron en su pueblo; y esto fue sobre cosa pensada, fue de esta manera que hicieron que huyeron, y se metieron en canoas y en las casas, y otros en unos carrizales, y como ya era noche dejan aposentar en tierra firme sin hacer ruido ni muestras de guerra. Estando de aquella manera, cuando no nos catamos vino tanta agua por todo el pueblo, que si los principales de Tezcuco no nos avisaran que saliésemos presto de las casas todos quedáramos ahogados, porque soltaron las acequias de agua dulce y salada y abrieron una calzada con que de presto se hinchó todo de agua. Y estaban esperando en tierra y en la laguna muchos batallones de guerreros, y desde que amaneció nos dan tanta guerra, y poco a poco aflojaron en la guerra y nos volvimos a Tezcuco medio afrentados de la burla.

CAPÍTULO 139

Cómo vinieron tres pueblos comarcanos a Tezcuco
a demandar paces y perdón de las guerras pasadas
y muertes de españoles, y los descargos que daban sobre
ello, y cómo fue Gonzalo de Sandoval a Chalco
y Tamalanco en su socorro contra mexicanos.

Habiendo dos días que estábamos en Tezcuco de vuelta de la entrada de Iztapalapa, vinieron a Cortés tres pueblos de paz a demandar perdón de las guerras pasadas, y de muertes de españoles que mataron, los descargos que daban era que el señor de México, que alzaron después de la muerte del gran Moctezuma, el cual se decía Coadlavaca, que por su mandado salieron a dar guerra con los demás sus vasallos, se decían Tepezcuco y Otumba, y el otro pueblo no me acuerdo. Cortés, viendo que no estaba en tiempo de hacer otra cosa, les perdonó y se obligaron con palabras de muchos ofrecimientos de siempre ser contra mexicanos y de ser vasallos de Su Majestad. Otro día tuvimos nueva cómo querían venir de paz los de Chalco y Tamanalco. Y demás de esto vienen del pueblo de Venezuela, que se decía Mezquique, a decir a Cortés que los mexicanos les iban a dar guerra porque han tornado nuestra amistad. Y Cortés acordó enviar a Gonzalo de Sandoval y a Francisco de Lugo con quince de a caballo y doscientos soldados, con escopeteros y ballesteros y nuestros amigos los de Tlaxcala, Chalco y Tamanalco. Los mexicanos tenían aparejados muchos escuadrones de guerreros, y Gonzalo de Sandoval los desbarató, luego se fue con todo su ejército a Tezcuco.

Capítulo 140

*Cómo fue Gonzalo de Sandoval a Tlaxcala por la madera
de los bergantines, y lo que más en el camino hizo
en un pueblo, que le pusimos por nombre el pueblo Morisco.*

Como siempre estábamos con gran deseo de tener a los bergantines acabados y vernos ya en el cerco de México, y no perder ningún tiempo en balde, mandó nuestro capitán Cortés que luego fuese Gonzalo de Sandoval por la madera y que llevase consigo doscientos soldados y veinte escopeteros y ballesteros, y quince de a caballo con buena copia de tlaxcaltecas y veinte principales de Tezcuco. Y también mandó Cortés a Gonzalo de Sandoval que cuando tuviesen puestos en su tierra los de Chalco, que fuesen a un pueblo que allí cerca estaba en el camino, que en nuestra lengua le pusimos por nombre al pueblo Morisco, porque en aquel pueblo habían muerto cuarenta y tantos soldados de los de Narváez. Y Cortés le encargó a Sandoval que no dejase aquel pueblo sin buen castigo. Y desde allí adelante tanta prisa se daban en hacer trece bergantines.

Capítulo 141

*Cómo nuestro Capitán Cortés fue a una entrada
al pueblo de Xaltocan, que está de la ciudad de México
obra de seis leguas.*

Como habían venido allí a Tezcuco sobre quince mil tlaxcaltecas con la madera de los bergantines, y había cinco días que estaban en aquella ciudad, sin hacer cosa que de contar sea, y no tenían mantenimientos, y como el capitán de los tlaxcaltecas, Chichimecatecle, era muy orgulloso, dijo a Cortés que quería ir a hacer algún servicio a nuestro gran emperador, y batallar contra mexicanos, así por mostrar sus fuerzas y buena voluntad para con nosotros. Cortés le dijo que le tenía en mucho su buen deseo, que otro día quería ir a un pueblo que se dice Xaltocan, el cual había enviado a llamar de paz, y no quiso venir, y la respuesta que dieron fue que si allá íbamos que no tenían menos fuerzas y fortaleza que México. Y a esta causa Cortés se apercibió para ir él en persona a aquella entrada, y mandó a doscientos cincuenta soldados que fuesen en su compañía y treinta de a caballo. Yendo su camino, no muy lejos de Xaltocan, encontró con unos grandes escuadrones de mexicanos que le estaban aguardando, y después de haber disparado las escopetas y ballestas rompieron por ellos. Y otro día fueron camino de un gran pueblo, que se dice Gualtitlán, y yendo por el camino los de aquellas poblaciones y otros muchos mexicanos que con ellos se juntaban, les daban muy grande grita y voces. Desde aquel pueblo fue a otro que se dice Tacuba, en este pueblo fue donde reparamos la noche triste cuando salimos de México desbaratados, y en él nos mataron ciertos soldados; y desde allí dio la vuelta para Tezcuco.

Capítulo 142

Cómo el capitán Gonzalo de Sandoval fue a Chalco
y a Tamanalco con todo su ejército.

Como grandes capitanías de escuadrones mexicanos estaban juntos para venir a dar guerra, los pueblos de Chalco y Tamanalco vinieron a decírselo a Cortés, y tantas lástimas le dijeron que mandó a Gonzalo de Sandoval que fuese allá con doscientos soldados y veinte de a caballo. Y otro día llegó por la mañana a Tamanalco, y los caciques y capitanes le dijeron que luego fuese hacia un gran pueblo que se dijo Guaxtepeque, porque hallarían allí juntos todos los poderes de México. Y yendo por su camino vio venir por tres partes repartidos los escuadrones de mexicanos, y se vinieron como los leones bravos a encontrar con los nuestros. Y de aquel tropel fueron algunos de los escuadrones mexicanos medio desbaratados; les hicieron ir retrayendo hasta que se encerraron en el pueblo. Y creyendo que no volverían a pelear en aquel día, mandó Sandoval reposar su gente, y estando comiendo vinieron los de a caballo y otros dos soldados diciendo: "Al arma, al arma, que vienen muchos escuadrones de mexicanos". Allí hubo una buena batalla, y después que estuvieron buen rato haciendo cara en unos mamparos, desde allí hirieron algunos de los nuestros, y tal prisa les dio Gonzalo de Sandoval con los de a caballo, y con las escopetas y ballestas y cuchilladas los soldados, que les hicieron huir del pueblo por otras barrancas. Como el señor de México, que se decía Guatemuz, supo el desbarate de sus ejércitos, mostró mucho sentimiento de ello, y más de que los de Chalco tenían tanto atrevimiento. Y estando tan enojado acordó de enviar veinte mil mexicanos a Chalco para hacerles todo el mal que pudiesen; y fue de tal arte y tan presto, que aun no hubo bien llegado Sandoval a Tezcuco, ni hablado a Cortés, cuando estaban otra vez mensajeros de Chalco demandando favor a Cortés. Y cuando Cortés lo oyó y Sandoval, que en aquel instante llegaba a hablarle y a darle cuenta de lo que había hecho en la entrada donde venía, Cortés no le quiso escuchar de enojo, creyendo que no había remediado lo otro.

Capítulo 143

Cómo se herraron los esclavos en Tezcuco y cómo vino nueva que había venido al puerto de la Villa Rica un navío.

Como hubo llegado Gonzalo de Sandoval con gran presa de esclavos, y otros muchos que se habían habido en las entradas pasadas, fue acordado que luego se herrasen, y desde que se hubo pregonado que se llevasen a herrar todos llevamos las piezas que habíamos habido para echar el hierro de Su

Majestad, y creyendo que se nos habían de volver después de pagado el real quinto; y no fue así, que después que sacaban el real quinto, era otro quinto para Cortés, y otras partes para los capitanes, y en la noche antes, cuando las tenían juntas, nos desaparecían las mejores indias. Ya Cortés nos había prometido que las buenas piezas se habían de vender en la almoneda por lo que valiesen, pero si mal se hizo una vez, esta vez peor, y desde allí en adelante muchos soldados que tomamos algunas buenas indias, porque no nos las tomasen, como las pasadas, las escondíamos y no las llevábamos a herrar, y decíamos que se habían huido. Dejemos esto, y digamos que vino un navío de Castilla, en el cual vino por tesorero de Su Majestad un Julián de Alderete y un fraile de San Francisco que se decía fray Pedro Melgarejo de Urrea. En aquella sazón volvieron otra vez de Chalco a decir que los mexicanos venían sobre ellos, y Cortés les envió a decir que él quería ir en persona a sus pueblos y tierras y no volverse hasta que a todos los contrarios echase de aquellas comarcas. Y mandó apercibir trescientos soldados y treinta de a caballo.

Capítulo 144

Cómo nuestro Capitán Cortés fue a una entrada,
y se rodeó la laguna y todas las ciudades y grandes
pueblos que alrededor hallamos.

Como Cortés había dicho a los de Chalco que les había de ir a socorrer porque los mexicanos no viniesen y les diesen guerra, porque harto teníamos cada semana de ir y venir a favorecerles, mandó apercibir trescientos soldados y treinta de a caballo, veinte ballesteros y quince escopeteros. Y una mañana fuimos a dormir a Tamanalco, y allí vinieron más de veinte mil amigos, que en todas las entradas que yo había ido nunca tanta gente de guerra de nuestros amigos fueron en nuestra compañía. Y fuimos caminando adonde estaba un gran peñol.

Y como comenzamos a subir por el peñol arriba, echan los indios guerreros que en él estaban tantas piedras muy grandes y peñascos, que fue cosa espantosa cómo se venían despeñando y saltando. Y entonces el alférez Corral dio voces que no se podía subir más arriba y que el retraer también era peligroso. Y desde que Cortés lo entendió, nos mandó retraer. Estaban muchas capitanías de mexicanos aguardando en partes que no les podíamos ver ni saber de ellos, esperando para socorrer y ayudar a los del peñol. Y cuando Cortés lo supo, nos mandó que fuésemos a encontrar con ellos. Así en esta fuerza como en la primera no ganamos mucha reputación, antes los mexicanos y sus confederados tenían la victoria. Se acordó que para otro día fuesen todos los ballesteros y escopeteros, y así los comenzamos a entrar, y quiso Nuestro Señor Dios que acordaron de dar paz, y fue por causa que no tenían agua ninguna. Mandó Cortés al alférez Corral y a otros dos capitanes, que fue Juan Jaramillo y Pedro de Ircio y a mí, que subiésemos al peñol y viésemos la fortaleza qué tal era, y dijo: "Miren señores, no les tomen ni un grano de maíz", y según yo entendí, quisiera que nos aprovecháramos. Y ya que estábamos arriba, vi tantas cargas de ropa y supe que eran del tributo, comencé a cargar cuatro tlaxcaltecas, y también eché a cuestas de otros cuatro indios de los que lo guardaban otros cuatro fardos. Y como Pedro de Ircio lo vio, dijo que no lo llevase, y yo porfiaba que sí, y como era capitán se hizo lo que mandó. Y bajamos a dar cuenta a Cortés de lo que habíamos visto y a lo que nos envió. Dijo Pedro de Ircio a Cortés que no se les tomó cosa ninguna, aunque ya había cargado Bernal Díaz del Castillo de ropa ocho indios, "y si no se lo estorbara yo, ya los traía cargados". Entonces dijo Cortés, medio enojado: "Pues por qué no lo trajo". Como no había agua en aquel paraje, nos fuimos camino de un buen pueblo que se dice Guaztepeque, donde estaba la huerta que he dicho, que es la mejor que había visto en toda mi vida. Y digamos cómo en aquella noche nos aposentamos todos en ella: y los caciques de aquel pueblo vinieron de paz a hablar y servir a

Cortés, porque Gonzalo de Sandoval los había recibido ya de paz cuando entró en aquel pueblo.

CAPÍTULO 145

De la gran sed que hubo en este camino, y del peligro
en que nos vimos en Xochimilco, con muchas batallas
y reencuentros que con los mexicanos y con los
naturales de aquella ciudad tuvimos.

Pues como caminamos para Xochimilco, que es una gran ciudad, y toda la más de ella están fundadas las casas en la laguna de agua dulce, y estará de México obra de dos leguas y media, fuimos por unos pinares, y no había agua en todo el camino; y era ya tarde y hacía gran sol, aquejábamos mucho la sed. Y Cortés mandó a seis de a caballo que fuesen adelante y que viesen qué tanto de allí había población o estancias. Y pasando obra de media legua adelante había muchas estancias. Entonces los de a caballo se apartaron para buscar agua en los pozos, y la hallaron. Al día siguiente nos vinieron a cercar todos los escuadrones mexicanos en el patio donde estábamos, y como nunca nos hallamos descuidados, rompimos por ellos. Pero no se acabó en esta refriega, que los de a caballo se encuentran con los diez mil guerreros que Guatemuz enviaba en ayuda y socorro de los que de antes había enviado, y arremetimos de manera que rompimos, y tuvimos lugar de juntarnos con ellos pie con pie, y a buenas estocadas nos dejaron aquella vez el campo. Y estando de aquella manera pareció ser que, como en aquella ciudad eran ricos y tenían unas casas muy grandes llenas de mantas y ropa, había en ellas oro y otras muchas cosas y plumajes. Vino en aquel instante una gran flota de canoas de guerreros de México, e hirieron muchos soldados y apañaron cuatro soldados vivos. Caminamos a Cuyoacán, que estaba despoblada, y otro día muy de mañana comenzamos a caminar con el mismo concierto que solíamos llevar camino de Tacuba. Comenzamos a caminar, y pasamos por Escapuzalco y hallámosle despoblado; y luego fuimos a Tenayuca. Y otro día llegamos a un pueblo que se dice Aculman, sujeto de Tezcuco, y como supieron en Tezcuco cómo íbamos, salieron a recibir a Cortés, y vinieron muchos españoles que habían venido entonces de Castilla. También vino a recibirnos el capitán Gonzalo de Sandoval con muchos soldados.

Capítulo 146

Cómo desde que llegamos con Cortés a Tezcuco tenían concertado ciertas personas de Narváez matar a Cortés y todos los que fuésemos en su defensa.

Ya he dicho que como veníamos tan destrozados y heridos de la entrada por mí nombrada, pareció ser que un gran amigo del gobernador de Cuba, que se decía Antonio de Villafaña, se concertó con otros soldados de los de Narváez, que así como viniese Cortés le matasen a puñaladas, a él y a sus capitanes y soldados. Pues quiso Nuestro Señor que un soldado lo descubriera a Cortés que luego pusiese remedio en ello. Y como Cortés lo supo, secretamente lo hace saber a todos nuestros capitanes, y así como lo supimos nos apercibimos y sin más tardar fuimos con Cortés a la posada de Antonio de Villafaña, de presto le echamos mano con cuatro alguaciles que Cortés llevaba. Y luego hizo proceso contra él, y le ahorcaron de una ventana del aposento donde posaba. Y luego acordó Cortés de tener guarda para su persona.

Capítulo 147

Cómo Cortés mandó a todos los pueblos nuestros amigos
que estaban cercanos de Tezcuco que hiciesen almacén
de saetas y casquillos de cobre.

Como se hubo hecho justicia de Antonio de Villafaña y estaban ya pacíficos los que con él eran conjurados de matar a Cortés, y a Pedro de Alvarado y a Sandoval, y a los que fuésemos en su defensa, y viendo Cortés que ya los bergantines estaban hechos, envió a decir a todos los pueblos nuestros amigos que estaban cerca de Tezcuco, que en cada pueblo hiciesen ocho mil casquillos de cobre, y que le labrasen y desbastasen otras ocho mil saetas. Y luego mandó Cortés a Pedro Barba que los repartiese. Y también mandó a los de caballo que tuviesen sus caballos herrados y las lanzas puestas a punto, y que cada día cabalgasen y corriesen. Y hecho esto envió cartas a Xicotenga *el Viejo,* a su hijo Xicotenga *el Mozo,* y a sus hermanos, y a Chichimecatecle, haciéndoles saber que pasando el día de Corpus Christi habíamos de partir de aquella ciudad para ir sobre México a ponerle cerco, y que le enviasen veinte mil guerreros de los suyos. También apercibió a los de Chalco y Tamanalco, y a todos los pueblos nuestros amigos.

Capítulo 148

Cómo se hizo alarde en la ciudad de Tezcuco en los patios
mayores de aquella ciudad, y los de a caballo, ballesteros
y escopeteros y soldados que se hallaron

Después que se dio la orden, se enviaron mensajeros y cartas a nuestros amigos, y acordó Cortés con nuestros capitanes y soldados que para el segundo día de Pascua del Espíritu Santo, del año de mil quinientos veintiuno, se hiciese alarde en los patios mayores de Tezcuco, y se hallaron ochenta y cuatro de a caballo y seiscientos cincuenta soldados de espada y rodela, y muchos de lanzas, ciento noventa y cuatro ballesteros y escopeteros, y además de esto también se sacaron otros doce remeros para cada bergantín a seis por banda. Esto hecho, mandó pregonar las ordenanzas que todos habíamos de guardar, que ninguna persona blasfeme de Nuestro Señor Jesucristo, ni de nuestra Señora; que ningún soldado tratase mal a nuestros amigos; que ningún soldado fuese osado de salir de día ni de noche de nuestro real para ir a ningún pueblo de nuestros amigos ni a otra parte a traer de comer ni otra cualquier cosa; que todos los soldados llevasen muy buenas armas; que ninguna persona jugase caballo, ni armas por vía ninguna, con gran pena que se les puso; que ningún soldado, ni hombre de a caballo, ni ballestero, ni escopetero, duerma sin estar con todas sus armas vestidas.

Capítulo 149

Cómo Cortés buscó a los marineros que eran menester
para remar en los bergantines, y se les señaló capitanes
que habían de ir en ellos.

Después de hecho el alarde, ya otras veces dicho, como vio Cortés que para remar los bergantines no hallaba tantos hombres de la mar que supiesen remar, hizo pesquisa para saber los que eran marineros, y habían visto que iban a pescar; les mandó so graves penas que entrasen a los bergantines. De esta manera encontró ciento cincuenta hombres para remar. Nombró por capitanes para cada uno de ellos a los que ahora aquí diré. A Garci-Holguín, Pedro Barba, Juan de Limpias, Carvajal *el Sordo*, Juan Jaramillo, Jerónimo Ruiz de la Mota, Carvajal su compañero; a un Portillo, a Zamora, a un colmenero, a un Lema, a Ginés Nortes, a Briones, natural de Salamanca; el otro capitán no me acuerdo, y a Miguel Díaz de Auz. Acabado de poner en concierto todo lo que he dicho, le vinieron a decir a Cortés que venían los capitanes de Tlaxcala con gran copia de guerreros, y venía en ellos por capitán general Xicotenga *el Mozo*. Les hizo Cortés mucho acato, y les abrazó, y tardaron tres horas en entrar a Tezcuco.

Capítulo 150

Cómo Cortés mandó que fuesen tres guarniciones de soldados y de a caballo y ballesteros y escopeteros por tierra a poner cerco a la gran ciudad de México.

Mandó que Pedro de Alvarado fuese por capitán de ciento cincuenta soldados de espadas y rodela, de treinta de a caballo, dieciocho escopeteros y ballesteros, y nombró que fuesen juntamente con él a Jorge de Alvarado, su hermano, y a Gutiérrez de Badajoz y Andrés de Monjaraz, y éstos mandó fuesen capitanes de cincuenta soldados, y que repartiesen entre todos tres los escopeteros y ballesteros, tanto una capitanía como otra, y que Pedro de Alvarado fuese capitán de los de a caballo y general de las tres capitanías, y le dio ocho mil tlaxcaltecas con sus capitanes, y a mí me señaló y mandó que fuese con Pedro de Alvarado, y que fuésemos a poner sitio en la ciudad de Tacuba. Dio a Cristóbal de Olid, que era maestre de campo, otros treinta de a caballo y ciento setenta y cinco soldados, veinte escopeteros y ballesteros, y le nombró otros tres capitanes, que fue Andrés de Tapia, Francisco Verdugo y Francisco de Lugo, y le dio otros ocho mil tlaxcaltecas, y le mandó que fuese a sentar su real en la ciudad de Cuyoacán. De otra guarnición de soldados hizo capitán a Gonzalo de Sandoval, y le dio veinticuatro de a caballo, catorce escopeteros y ballesteros, y ciento cincuenta soldados de espada, rodela y lanza, y más de ocho mil indios de Chalco y Guaxocingo, y le dio por compañeros y capitanes a Luis Marín y a Pedro de Ircio, y que se asentase su real junto a Iztapalapa. Y luego mandó Cortés a Gonzalo de Sandoval que dejase aquello de Iztapalapa y fuese por tierra a poner cerco a otra calzada que va desde México a un pueblo que se dice Tepeaquilla, a donde ahora llaman Nuestra Señora de Guadalupe, donde hace y ha hecho muchos santos milagros.

Capítulo 151

Cómo Cortés mandó repartir los doce bergantines,
y mandó que se sacase la gente del más pequeño.

Como Cortés y todos nuestros capitanes y soldados entendimos que sin los bergantines no podríamos entrar por las calzadas para combatir a México, envió cuatro de ellos a Pedro de Alvarado, y en su real, que era el de Cristóbal de Olid, dejó seis bergantines, y a Gonzalo de Sandoval, en la calzada de Tepeaquilla, le envió dos bergantines, y mandó que el bergantín más pequeño que no anduviese más en la laguna porque no le trastornasen las canoas. Pues desde que nos vimos en nuestro real de Tacuba con aquella ayuda, mandó Pedro de Alvarado que los dos de ellos anduviesen por una parte de la calzada y los otros dos de la otra parte; comenzamos a pelear muy de hecho, porque las canoas que nos solían dar guerra desde el agua los bergantines las desbarataban. Y cuando con ellos estábamos peleando era tanta la piedra con ondas, vara y flecha, que en todo el día harto tenía que curar. En el real de Cortés y en el de Gonzalo de Sandoval siempre tenían muy grandes combates, y muy mayores en el de Cortés, porque mandaba derrocar y quemar casas y cegar puentes. Y como vieron los pueblos que estaban en la laguna poblados que cada día teníamos victoria, así por el agua como por tierra, parece que se juntaron todos y acordaron de venir de paz ante Cortés, y con mucha humildad le demandaron perdón si en algo nos habían enojado. Los pueblos que vinieron fueron: Iztapalapa, Vichilobusco, Culuacán y Mezquique, y todos los

de la laguna y agua dulce; y les dijo Cortés que no habíamos de alzar real hasta que los mexicanos viniesen de paz o
por guerra los acabase, y mandó que en todo nos ayudasen y
trajesen comida. Bien tengo entendido que los curiosos lectores se hartarán ya de ver cada día combates, y no se puede
hacer menos, porque noventa y tres días estuvimos sobre esta
tan fuerte ciudad; de aquí adelante no me quiero detener en
contar tantas batallas, lo diré lo más breve que pueda.

CAPÍTULO 152

*Cómo desbarataron los indios mexicanos a Cortés, y le
llevaron vivos para sacrificar sesenta y dos soldados,
y le hirieron en una pierna.*

Como Cortés vio que no se podían cegar todas las aberturas
de agua que ganábamos cada día, porque de noche las tor-
naban abrir los mexicanos, y que era gran trabajo pelear y
cegar puentes y velar todos juntos, acordó poner
en pláticas con los capitanes y soldados que tenía en su real si nos parecía que fuésemos
entrando en la ciudad muy de golpe, hasta
llegar a Tatelulco, que es la plaza mayor de
México. Y el parecer de todos fue que para
otro día saliésemos con toda la mayor pujanza, y que les fuésemos ganando hasta la
plaza mayor. Un domingo en la mañana,
después de haber oído misa, salimos de
nuestro real con Pedro de Alvarado, y
también salió Cortés del suyo, y Sandoval
con sus capitanías, y con gran pujanza iba
cada capitanía ganando puentes y albarra-
das, y los contrarios peleaban como fuertes guerreros. En una calzadilla hirieron
a Cortés en la pierna, y le llevaron vivos

sobre sesenta y tantos soldados, y le mataron seis caballos y yeguas; en aquel instante llegó allí un muy esforzado soldado, que se decía Cristóbal de Olea, natural de Castilla la Vieja; peleó luego tan bravosamente que mató a estocadas cuatro de los capitanes que tenían engarrafado a Cortés, y también le ayudó otro muy valiente soldado. Y todavía los mexicanos iban siguiendo a Cortés, y a todos sus soldados, hasta que llegaron a su real. Nos retrajimos y no sabíamos de Cortés, ni de Sandoval, ni de sus ejércitos, si les habían muerto o desbaratado como los mexicanos nos decían cuando nos arrojaron las cinco cabezas que traían asidas por los cabellos, y decían que ya habían muerto a Malinche y a Sandoval. Volvamos a decir de Cortés, pues se iban los escuadrones mexicanos hasta su real a darle guerra, y aun le echaron otras cuatro cabezas, y les decían que eran de Tonatio, que es Pedro de Alvarado, y de Gonzalo de Sandoval, y de otros *teules*. Dejemos de hablar en esto, y volvamos a Gonzalo de Sandoval y a sus soldados; mandó Sandoval a Andrés de Tapia, que con tres de a caballo viniese a Tacuba por tierra, que mirase qué había sido de nosotros; ellos andaban victoriosos en la parte y calles de su conquista, y cuando los mexicanos hubieron desbaratado a Cortés cargaron sobre él y le dieron muy fuerte combate. Esforzó su gente y capitanes, tomó consigo otros de a caballo, y por tierra fue muy por la posta al real de Cortés. Estando los capitanes contando lo que había acaecido, tornó a sonar el tambor de Huichilobos, y miramos arriba al alto *cu*, donde los tañían y vimos que llevaban por fuerza a nuestros compañeros; decíamos entre nosotros: "Oh, gracias a Dios que no me llevaron a mí hoy a sacrificar".

Capítulo 153

De la manera que peleábamos, y de cómo se nos fueron todos los amigos a sus pueblos.

La manera que teníamos en los tres reales de pelear es ésta que velábamos cada noche todos los soldados juntos en las calzadas, y nuestros bergantines a los lados, y los de a caballo rondando la mitad de ellos en lo de Tacuba, donde nos hacían pan y teníamos nuestro fardaje, y la otra mitad en los puentes y calzada, y muy de mañana aparejábamos los puños para batallar con los contrarios que nos venían a entrar en nuestro real y procuraban desbaratarnos, y otro tanto hacían en el real de Cortés y en el de Sandoval. Los mexicanos, cada noche, hacían grandes sacrificios y fiestas en el *cu* mayor del Tatelulco, y tañían su maldito tambor, y entonces sacrificaban de nuestros compañeros a sus malditos ídolos Huichilobos y Tezcatepuca, y hablaban con ellos; según ellos decían, en la mañana o en aquella misma noche nos habían de matar. Como nuestros amigos lo oían, lo tenían por muy cierto, y digamos que los de Tlaxcala, Cholula, Guaxocingo, y aun los de Tezcuco, Chalco y Tamanalco acordaron de irse a sus tierras, sin hacérselo saber a Cortés, Pedro de Alvarado ni Sandoval; no quedó en el real de Cortés, sino este Suchel, que después que se bautizó se llamó don Carlos, y quedaron con él otros sus parientes y amigos, que serían hasta cuarenta; en el real de Sandoval quedó otro cacique de Guaxocingo, con obra de cincuenta hombres, y en nuestro real quedaron dos hijos de nuestro amigo don Lorenzo de Vargas, y el esforzado de Chichimecatecle, con obra de ochenta tlaxcaltecas. Y cómo en todos tres reales les íbamos entrando en su ciudad, Cortés por la suya, Sandoval también por su parte, y Pedro de Alvarado por la nuestra, llegamos adonde tenían la fuente que bebían agua salobre; la cual quebramos y deshicimos. Estaban guardándola algunos mexicanos y tuvimos buena refriega de vara, piedra y flecha.

CAPÍTULO 154

Cómo Cortés envió a Guatemuz a rogarle que tengamos paz.

Después que Cortés vio que íbamos ganando en la ciudad muchos puentes y calzadas y como tenía presos tres principales, que eran capitanes de México, les mandó que fuesen a hablar a Guatemuz para que tuviese paces con nosotros; y los principales dijeron que no osaban ir con tal mensaje porque su señor Guatemuz les mandaría matar. En fin de pláticas, tanto se lo rogó Cortés, y con promesas que les hizo, que fueron; lo que les mandó que dijesen: que tenemos de nuestra parte todas las ciudades y pueblos de toda aquella comarca, y que también agua no la tenían. Y cuando los tres mensajeros parecieron ante su señor Guatemuz, con grandes lágrimas, tenía voluntad de hacer paces, y para platicarlo mandó juntar todos sus capitanes, principales y *papas*. Y según pareció, le dijeron: "Las paces que dices buenas son; mas mira y piensa en ello, que cuando estos *teules* entraron en estas tierras, y en esta ciudad, cual nos ha ido de mal en peor". Y allí todos prometieron de pelear noche y día, y morir en defensa de su ciudad. Estando de esta manera tuvimos otro combate, y se juntaban de tres provincias, que se dicen Mataltzingo y Malinalco y otro pueblo que se dice Tulapa.

CAPÍTULO 155

Cómo fue Gonzalo de Sandoval contra las provincias que venían a ayudar a Guatemuz.

Y para que esto se entienda bien, es menester volver algo atrás a decir desde que a Cortés desbarataron, y se llevaron a sacrificar tantos soldados, Guatemuz envió las cabezas de los caballos y caras que habían desollado, y pies y manos de nuestros soldados que habían sacrificado a muchos pueblos, Mataltzingo y Malinalco, y les envió a hacer saber que ya había muerto la mitad de nuestra gente, y que les rogaba que para que nos acabasen de matar que le viniesen a ayudar. Además de esto, en Mataltzingo tenía Guatemuz muchos parientes por parte de la madre, y como vieron las caras y cabezas que dicho tengo, y lo que se les envió a decir, luego pusieron por la obra de juntarse con todos sus poderes que tenían y de venir en socorro de México. Por el camino por donde pasaron estaban tres pueblos, y les comenzaron a dar guerra y robar niños para sacrificar; los cuales pueblos enviaron a hacérselo saber a Cortés, para que les enviase ayuda. De presto mandó a Andrés de Tapia, con veinte de a caballo, cien soldados y muchos amigos; les socorrió muy bien y se volvió al real. En aquel instante vinieron mensajeros de los pueblos de Cuernavaca a demandar socorro, que los mismos de Mataltzingo, de Malinalco y otras provincias venían sobre ellos, y para ello envió a Gonzalo de Sandoval con veinte de a caballo y ochenta soldados, los más sanos que había en todos tres reales. Salieron los mexicanos por tres partes con la mayor furia que hasta allí habíamos visto, y se vienen a nosotros, y en todos tres reales nos dieron muy recia guerra. Cortés acordó con todos los demás capitanes y soldados que les entrásemos cuanto mas pudiésemos hasta llegarles al Tatelulco. Las diez capitanías de Pedro de Alvarado llegamos a Tatelulco, y todavía les pusimos fuego y se quemaron los ídolos. Y en aquellos días que allí estuvimos en el Tatelulco envió Cortés a Guatemuz rogándole que se diese y no hubiese miedo, y le prometió que mandaría a México y todas sus tierras y ciudades como solía. Y el Guatemuz entró en consejo con sus capitanes, pues como estábamos aguardando a Guatemuz y no venía vimos la malicia, y en aquel instante salen tantos batallones de mexicanos con sus devisas y dan a Cortés tanta guerra que no se podía valer. Y desde que esto vio Cortés, mandó que entrásemos en su ciudad. Como vieron que les íbamos ganando toda la ciudad, envió Guatemuz dos principales a decir a Cortés que quería hablar con él desde una abertura de agua, y fue Cortés para hablar con él, y no quiso venir Guatemuz al puesto, sino envió principales y dijeron que su señor no osaba venir por temor que cuando estuviesen hablando le tirasen escopetas y ballestas, y entonces Cortés les prometió con juramento que no le enojaría en cosa ninguna; no le creyeron. Dejemos esto y digamos que como vio que el trabuco era cosa de burla, acordó que con los bergantines fuese Gonzalo Sandoval por capitán general y entrase en el rincón de la ciudad, donde se había retraído Guatemuz.

Capítulo 156

Cómo se prendió Guatemuz.

Pues como Cortés vio que el trabuco no aprovechó cosa ninguna, mandó a Gonzalo de Sandoval que entrase con los bergantines en el sitio y rincón de la ciudad, donde estaban retraídos Guatemuz con toda la flor de sus capitanes y personas más nobles que en México había. Y Sandoval luego tuvo noticia que Guatemuz con toda la gente principal se iba huyendo, mandó a los bergantines que dejasen de derrocar casas y siguiesen las canoas. Como un Garci-Holguín, que era capitán de un bergantín, amigo de Sandoval, era muy gran velero, quiso Dios Nuestro Señor que alcanzó a las canoas y grandes piraguas en que iba Guatemuz, y dijo: "No me tire, que yo soy el rey de México y de esta tierra, y lo que te ruego es que no me llegues a cosas mías ni a mi mujer ni parientes ni a ninguna cosa de lo que aquí traigo, sino que me tomes a mí y me lleves a Malinche". Prendióse Guatemuz y sus capitanes el trece de agosto a hora de vísperas, día de señor San Hipólito, año de mil quinientos veintiuno. Digamos cómo Guatemuz era de muy gentil disposición, así de cuerpo como de facciones, y la cara algo larga y alegre, y los ojos más parecían que cuando miraba que eran con gravedad y halagüeños, y no había falta en ellos, y era de edad de veinte y tres o veinte y cuatro años, y el color tiraba más a blanco que al color y matiz de esos otros indios morenos; y decían que su mujer era sobrina de Moctezuma su tío, muy hermosa mujer y moza. Cortés dijo que haría relación de ello a Su Majestad. Digo que en tres días con sus noches iban todas tres calzadas llenas de indios e indias, y muchachos llenos de bote en bote, que nunca dejaban de salir, y tan flacos, sucios, amarillos y hediondos que era lástima de verlos. Y no se ha hallado generación en el mundo que tanto sufriese el hambre y sed, y continuas guerras como ésta. Después que se ganó esta grande y populosa ciudad, Cortés mandó hacer un banquete en Cuyoacan, en señal de alegría de haberla ganado. Digamos lo que Cortés hizo después de ganado México.

CAPÍTULO 157

Cómo mandó Cortés adobar los caños de Chalputepeque,
y otras muchas cosas.

La primera cosa que mandó Cortés a Guatemuz que adobasen los caños de agua de Chapultepeque, según y de la manera que solían estar, y que luego fuese el agua por sus caños a entrar en la ciudad de México, y que limpiasen todas las calles de los cuerpos y cabezas de muertos, que los enterrasen, para que quedasen limpias y sin hedor ninguno la ciudad, y que los palacios y casas las hiciesen nuevamente, y que de antes de dos meses se volviesen a vivir en ellas, y les señaló en qué habían de poblar y qué parte habían de dejar desembarazada para que poblásemos nosotros. Guatemuz y sus capitanes dijeron a Cortés que muchos soldados y capitanes les habíamos tomado muchas hijas y mujeres de principales, que le pedían por merced que se las hiciesen volver, y Cortés les respondió que las buscasen y trajesen ante él, y vería si eran cristianas o se querían volver a sus casas con sus padres y maridos, y les dio licencia para que las buscasen. Y andaban muchos principales en busca de ellas de casa en casa, y eran tan solícitos, que las hallaron, y había muchas mujeres que no se querían ir con sus padres, ni madres, ni maridos, sino estarse con los soldados con quien estaban, y otras se escondían, aun algunas de ellas estaban ya preñadas, y de esta manera no llevaron sino tres, que Cortés expresamente mandó que las diesen.

Hubo fama que todo el oro, la plata y las joyas lo había echado Guatemuz en la laguna cuatro días antes que se prendiese, y que además de esto lo habían robado los tlaxcaltecas y todos nuestros amigos que estaban en la guerra, y que los *teules* que andaban en los bergantines robaron su parte; por manera que los oficiales de la hacienda del rey decían y publicaban que Guatemuz lo tenía escondido y que Cortés holgaba de ello porque no lo diese y haberlo todo para sí, y por estas causas acordaron los oficiales de la Real Hacienda de dar tormento a Guatemuz y al señor de Tacuba, que era su primo y gran privado, y ciertamente mucho le pesó a Cortés que a un señor como Guatemuz le atormentasen por codicia del oro. Como los conquistadores que no estaban bien con Cortés vieron tan poco oro, tenían sospecha que por quedarse con él Cortés no quería que prendiesen a Guatemuz, ni diesen tormentos, y porque no le achacasen algo a Cortés sobre ello, y no lo pudo excusar, le atormentaron, le quemaron los pies con aceite, y al señor de Tacuba, y que confesaron que cuatro días antes lo echaron en la laguna, y fueron adonde señaló Guatemuz que lo habían echado, y no hallaron cosa ninguna, y lo que yo vi que fuimos con Guatemuz a las casas en que solía vivir, y estaba una como alberca de agua, y de aquella alberca sacamos un sol de oro como el que nos dio Moctezuma, y muchas joyas y piezas de poco valor que eran del mismo Guatemuz, y el señor de Tacuba dijo que él tenía en unas casas suyas ciertas cosas de oro, y que le llevasen allá y diría adónde estaba enterrado. Pedro de Alvarado, seis soldados y yo fuimos en su compañía, y cuando allá llegamos dijo el cacique que por morirse en el camino había dicho aquello, que le matasen, que no tenía oro ni joyas. Y como todos los capitanes y soldados estábamos algo pensativos desde que vimos el poco oro y las partes tan pobres y malas, y el fraile de la Merced, Pedro de Alvarado y Cristóbal de Olid dijeron a Cortés que pues había poco oro, que lo repartiesen a los que quedaron mancos y cojos y ciegos y tuertos y sordos; y esto que le dijeron a Cortés fue porque había muchas sospechas que lo tenía escondido. Viendo que no era justo que el oro anduviese de aquella manera, se envió a hacer saber a Su Majestad para que se quitase y no anduviese en la Nueva España. Como Cortés vio que muchos soldados se le desvergonzaban y le pedían más partes, acordó de quitar de sobre sí aquel dominio y de enviar a poblar a todas las provincias.

Capítulo 158

Cómo llegó al puerto de la Villa Rica un Cristóbal de Tapia, que venía para ser gobernador.

Puesto que Cortés hubo despachado los capitanes y soldados a pacificar y poblar provincias, en aquella sazón vino un Cristóbal de Tapia, veedor de la isla de Santo Domingo, con provisiones de Su Majestad, guiadas y encaminadas por don Juan Rodríguez de Fonseca, obispo de Burgos, para que le admitiesen a la gobernación de la Nueva España, y además de las provisiones traía muchas cartas del mismo obispo para Cortés y para otros muchos conquistadores y capitanes para que favoreciesen a Cristóbal de Tapia, y además de las cartas que venían cerradas y selladas por el obispo traía otras muchas en blanco para que Tapia escribiese en ellas todo lo que quisiese y nombrase a los soldados y capitanes que le pareciese que convenía, y en todas ellas traía muchos prometimientos del obispo que nos hacía grandes mercedes si dábamos la gobernación a Tapia, y si no se la entregamos muchas amenazas, y decía que Su Majestad nos enviaba a castigar. Y presentadas las provisiones delante de Jerónimo de Alvarado, y Gonzalo de Alvarado las obedeció y puso sobre su cabeza como provisiones y mandado de nuestro rey y señor, y que en cuanto al cumplimiento dijo que se juntarían los alcaldes y regidores de aquella villa y que platicarían y verían cómo y de qué manera eran habidas aquellas provisiones. Como Cortés era muy avisado, si muy buenas cartas le escribió Tapia, muy mejores respuestas y más halagüeñas le envió.

Capítulo 159

Cómo Cortés y todos los oficiales del rey acordaron de enviar a Su Majestad todo el oro que le había cabido de su real quinto de los despojos de México.

Como Cortés tenía a Alonso de Ávila por hombre atrevido y no estaba muy bien con él, siempre le quería tener muy lejos de sí, porque verdaderamente si cuando vino Cristóbal de Tapia con las provisiones, Alonso de Ávila se hallara en México, porque entonces estaba en la isla de Santo Domingo, fuera gran contradictor, a esta causa al volver le envió a Castilla, y llevaron dos navíos, y en ellos ochenta y ocho mil castellanos en barras de oro, y llevaron la recámara que era de Moctezuma, y con estos procuradores escribió el cabildo de México a Su Majestad, y asimismo todos los conquistadores escribimos los muchos y buenos servicios que Cortés y todos nosotros habíamos hecho. Y suplicamos a Su Majestad que nos enviase obispo, y religiosos de todas órdenes, que fuesen de buena vida y doctrina, para que nos ayudasen a plantar más por entero en estas partes nuestra santa fe católica, y le suplicamos todos a una que la gobernación de esta Nueva España que le hiciese merced de ella a Cortés. Dejemos de las cartas, y digamos de su buen viaje que llevaron nuestros procuradores después que partieron del puerto de la Vera Cruz, y ya que iban camino de España, no muy lejos de aquella isla topa con ellos Juan Florín, francés corsario, y toma el oro y navíos, y prende a Alonso de Ávila. Y entonces el rey de Francia tornó a mandar a Juan Florín que volviese con otra armada, y de aquel viaje que volvió, ya que llevaba gran presa de todas ropas entre Castilla y las islas de Canarias, dio con tres o cuatro navíos recios y de armada, vizcaínos, y los unos por una parte y los otros por otra envisten con Juan Florín y rompen y desbaratan. Y el obispo de Burgos dijo que se holgó que se hubiese perdido y robado todo el oro.

CAPÍTULO 160

Cómo Gonzalo de Sandoval llegó con su ejército
a un pueblo que se dice Tustepeque, y lo que allí hizo,
y después pasó a Guazacualco.

Llegado Gonzalo de Sandoval a un pueblo que se dice Tustepeque, toda la provincia vino de paz, excepto unos capitanes mexicanos, que fueron en la muerte de sesenta españoles y mujeres de Castilla, que se habían quedado malos en aquel pueblo cuando vino Narváez, y era el tiempo que en México nos desbarataron, entonces los mataron. Procuró Sandoval de prender a los capitanes mexicanos que les dieron la guerra y les mataron. Cuando fue hecho, envió a llamar de paz unos pueblos zapotecas. Estando Sandoval entendiendo en la población y llamando otras provincias de paz, le vinieron cartas cómo había entrado un navío en el río de Ayagualulco, y en él venían de la isla de Cuba la señora doña Catalina Juárez, *la Marcaida*, mujer que fue de Cortés, y la traía su hermano Juan Juárez, y venía otra señora, su hermana, y otras muchas señoras casadas, y también vino un Antonio Diosdado, y otros muchos. Y como Gonzalo de Sandoval lo alcanzó a saber, él en persona con todos los más capitanes y soldados fuimos por aquellas señoras. Y lo hizo saber Sandoval muy en posta a Cortés de su venida, y las llevó luego camino de México. Y desde que Cortés lo supo dijeron que le había pesado mucho su venida; y de obra de tres meses que hubo llegado oímos decir que esta señora murió de asma. Y dejemos de contar más cosas, que había bien que decir, como siempre que en aquella villa estuvimos, nunca faltaron trabajos y conquistas de las provincias que se habían levantado.

Capítulo 161

Cómo Pedro de Alvarado fue a Tututepeque a poblar una villa y lo que en la pacificación de aquella provincia y poblar la villa le acaeció.

Es menester que volvamos algo atrás para dar relación de esta ida que fue Pedro de Alvarado a poblar a Tututepeque: como se ganó la ciudad de México y se supo en todas las comarcas y provincias que una ciudad tan fuerte estaba por el suelo, enviaban a dar el parabién a Cortés de la victoria y a ofrecerse por vasallos de Su Majestad, y entre muchos grandes pueblos que en aquel tiempo vinieron fue uno que se dice Teguantepeque y Zapotecas, y trajeron un presente de oro a Cortés y le dijeron que estaban otros pueblos algo apartados de su provincia, que se decían Tututepeque, muy enemigos suyos, y que les venían a dar guerra porque habían enviado los de Teguantepeque a dar la obediencia a Su Majestad, y le demandaron a Cortés con mucha importunación les diese hombres para ir contra sus enemigos. Cortés les habló muy amorosamente y les dijo que quería enviar con ellos a Tonatio, que así llamaban a Pedro de Alvarado. Y como esto estuvo hecho, y tenía ya llegado buena suma de pesos de oro, se lo llevaba a México para dar a Cortés. Y también le dijeron que Cortés le escribió que todo el oro que pudiese haber, que lo trajese consigo para enviar a Su Majestad, por causa que habían robado los franceses lo que habían enviado con Alonso de Ávila.

Capítulo 162

Cómo vino Francisco de Garay de Jamaica con grande armada para Pánuco, y lo que le aconteció.

Como he dicho en otro capítulo que habla de Francisco de Garay, como era gobernador en la isla de Jamaica y rico, y tuvo nueva que habíamos descubierto muy ricas tierras, y habíamos llevado a la isla de Cuba veinte mil pesos de oro, y los hubo Diego Velázquez, gobernador que era de aquella isla, y que venía en aquel instante Hernando Cortés con otra armada, le tomó gran codicia de conquistar algunas tierras, pues tenía mejor aparejo que otros ningunos, y tuvo nueva y plática de un Antón de Alaminos; y acordó enviar a un su mayordomo, que se decía Juan Torralba, a la corte con cartas y dineros a suplicar que le hiciesen merced de la gobernación del río de Pánuco con todo lo demás que descubriese y estuviese por poblar. Y envió provisiones, tres navíos con hasta doscientos y cuarenta soldados, muchos caballos y escopeteros y ballesteros, por capitán de ellos a un Alonso de Álvarez Pineda o Pinedo. Pues como hubo enviado aquella armada, los indios de Pánuco se la desbarataron y mataron al capitán Pineda y a todos los caballos y soldados que tenía, excepto obra de sesenta soldados que vinieron al puerto de la Villa Rica con un navío, y por capitán de ellos a un Camargo, que se acogieron a nosotros. Y tras aquellos tres navíos, viendo Garay que no tenía nueva de ellos, envió otros dos navíos con muchos soldados y caballos y bastimentos, los cuales se vinieron también a nuestro puerto. Pues viendo Garay que ya había gastado muchos pesos de oro, y oyó decir de la buena ventura de Cortés y de las grandes ciudades que había descubierto, y del mucho oro y joyas que había en la tierra, tuvo más envidia y codicia, y levantó más la voluntad de venir él en persona y traer la mayor armada que pudiese; buscó once navíos y dos bergantines. Y salió de Jamaica con toda su armada y vino a la isla de Cuba, y allí alcanzó a saber que Cortés tenía pacificada toda la provincia de Pánuco y poblada una villa, y que había enviado a Su Majestad a suplicar le hiciese merced de la gobernación de la juntamente con la Nueva España, temió la fortuna de Cortés. Cuando llegó al Pánuco se le amotinaron sus soldados, y aun así envió a un capitán, que se decía Ocampo, a la villa de Santisteban a saber qué voluntad tenía el teniente que estaba por Cortés, que se decía Pedro de Vallejo. Vallejo les dijo que Cortés holgara de tener tan buen vecino por gobernador, mas que le había costado muy caro la conquista de aquella tierra y Su Majestad le había hecho merced de la gobernación. Tras esto, escribió Vallejo a Cortés, y aun le envió la carta de Garay. Y desde que Cortés vio la carta, envió a llamar a Pedro de Alvarado y a Gonzalo de Sandoval, y envió con ellos los recaudos que tenía de Su Majestad, cómo le había mandado que todo lo que conquistase tuviese en sí. A Francisco de Garay le pareció buena respuesta y se vino con todo su ejército a subjetar. En aquella sazón fue a posar Garay en casa de un Alonso de Villanueva, porque Cortés hacía sus casas y palacio muy grandes, y una noche de Navidad del año mil quinientos veintitrés le dio dolor de costado con grandes calenturas, y desde que hubo comulgado hizo su testamento, y dejó por albaceas a Cortés y a fray Bartolomé de Olmedo.

CAPÍTULO 163

Cómo el licenciado Alonso de Zuazo venía en una carabela a la Nueva España y dio en unas isletas que llaman Las Víboras, y lo que más le aconteció.

Como ya he dicho en el capítulo pasado, cuando Francisco de Garay llegó a la isla de Cuba, antes de venir al Pánuco, había importunado al licenciado Zuazo que fuese con él en su armada, para ser medianero entre Cortés y Alonso de Zuazo le prometió que así lo haría dando cuenta de la residencia del cargo que tuvo de justicia en aquella isla de Cuba donde al presente vivía, y hallándose desembarcado luego procuró de dar residencia y hacerse a la vela e ir a la Nueva España adonde había prometido, y se embarcó en un navío chico, y yendo por su viaje y salidos de la punta que llaman de Sant Antón, descayó con las corrientes, fue a dar en unas isletas que llaman Las Víboras, y lo que le dio la vida fue ser su navío de poco porte. Y esta relación que doy es por una carta que nos escribió Cortés a la villa de Guazacualco, donde declaraba lo por mí aquí dicho, y porque dentro en dos meses vino al puerto de aquella villa el mismo barco en que vinieron los marineros a dar aviso de Zuazo, y allí hicieron un barco del descargo de la misma barca, y de los mismos marineros.

Capítulo 164

Cómo Cortés envió a Pedro de Alvarado a la provincia de Guatemala para que poblase una villa y los atrajese de paz.

Pues como Cortés siempre tuvo los pensamientos muy altos y de señorear, quiso en todo remedar a Alejandro Macedonio, y con los buenos capitanes y extremados soldados que siempre tuvo, después que se hubo poblado la gran ciudad de México, y Guaxaca, Zacatula, Colima, la Vera Cruz, Pánuco, y Guazacualco, y tuvo noticia que en la provincia de Guatemala había recios pueblos de mucha gente, y que había minas, acordó de enviar a conquistarla y poblarla a Pedro de Alvarado, y aun el mismo Cortés había enviado a rogar a aquella provincia que viniesen de paz, y no quisieron venir. Fray Bartolomé de Olmedo, que era amigo grande de Alvarado, le demandó licencia a Cortés para irse con él y predicar la fe de Jesucristo a los de Guatemala; mas Cortés, que tenía con el fraile siempre harta comunicación, decía que no, y que iría con Alvarado un buen clérigo que había venido de España con Garay. Y cuando Alvarado llegó a otras poblaciones que se dicen Zapotitlán, halló muchos escuadrones de guerreros que le estaban esperando para no dejarle pasar, y tuvo una batalla con ellos en que le mataron un caballo e hirieron muchos soldados. Quiso Nuestro Señor que los venció y le vinieron de paz; Zapotitlán va camino de un recio pueblo que se dice Quetzaltenango, y ellos le hirieron varios soldados. Pedro de Alvarado y todos sus soldados pelearon con ellos con grande ánimo, y concertaron toda aquella comarca de enviarle a demandar paces. Después de hecha su cortesía a su usanza le demandaron perdón por las guerras pasadas. Luego se fue a la ciudad de Guatemala, y fue bien recibido y hospedado.

Capítulo 165

Cómo Cortés envió una armada para que pacificase
y conquistase aquellas provincias de Higueras y
Honduras, y envió por capitán de ella a Cristóbal de Olid.

Como Cortés tuvo nueva que había ricas tierras y buenas minas en lo de Higueras y Honduras, y aun le hicieron creer unos pilotos que habían estado en aquel paraje o bien cerca de él, que habían hallado unos indios pescando en la mar y que les tomaron las redes y que las plomadas que en ellas traían para pescar, que eran de oro revuelto con cobre, acordó de enviar por capitán para aquella jornada a Cristóbal de Olid. Algunos soldados aconsejaron a Cristóbal de Olid que se alzase desde luego a Cortés y que no le conociese desde allí por superior ni le acudiese con cosa ninguna. Y Diego Velázquez vino a donde estaba la armada, y lo que se concertó fue que entre él y Cristóbal de Olid tuviesen aquella tierra de Higueras y Honduras por Su Majestad y en su real nombre

Cristóbal de Olid, y que Diego Velázquez lo proveería de lo que hubiese menester y haría saber de ello en Castilla a Su Majestad para que le diesen la gobernación. Pues ya hecho este concierto con Diego Velázquez, fue a desembarcar y con buen tiempo adelante de Puerto de Caballos, e hizo nombramiento de alcaldes y regidores a los que Cortés le había mandado cuando estaba en México que nombrase y diese cargos, y tomó la posesión de aquellas tierras por Su Majestad y de Hernando Cortés en su real nombre; y todo esto que hacía era porque los amigos de Cortés no entendiesen que iba alzado. Dejémosle ya poblado el triunfo de la cruz, que Cortés nunca supo cosa ninguna hasta más de ocho meses.

CAPÍTULO 166

Cómo los que quedamos poblados en Guazacualco
siempre andábamos pacificando las provincias que
se nos alzaban, y cómo Cortés mandó al capitán Luis
Marín que fuese a conquistar y a pacificar la
provincia de Chiapa, y me mandó que fuese con él.

Pues como estábamos poblados en aquella villa de Guazacualco muchos conquistadores viejos y personas de calidad, y teníamos grandes términos repartidos entre nosotros, muchas de las provincias se alzaban cuando les pedían tributos y aun mataban a sus encomenderos, y a esta causa siempre andábamos de pueblo en pueblo con un capitán atrayéndolos de paz, y como los de un poblado nombrado Zimatán no querían venir a la villa ni obedecer mandamientos que les enviaban, acordó el capitán Luis Marín que fuésemos cuatro vecinos a traerlos de paz. Y digamos que Nuestro Señor Jesucristo fue servido escaparnos de morir allí. Viendo el capitán Luis Marín que no podíamos pacificar aquellas provincias, antes mataban muchos de nuestros españoles, acordó de ir a México a demandar a Cortés más soldados. Cortés entonces le mandó que volviese a Guazacualco, y envió con él obra de treinta soldados, y le mandó que con todos los vecinos que estábamos en la villa fuésemos a la provincia de Chiapa, que estaba de guerra, que la pacificásemos y poblásemos una villa. Y fuimos abriendo caminos nuevos, y todos los rededores que estaban poblados habían gran miedo a los chiapanecas, porque eran en aquel tiempo los mayores guerreros en toda la Nueva España. Y esto digo porque jamás México los pudo señorear. Y ya que llegamos cerca de sus poblaciones, les salimos al encuentro antes que llegasen al pueblo, y tuvimos una gran batalla. Por no ser yo más largo sobre este caso, por todos nosotros fue acordado que volviésemos a nuestra villa de Guazacualco.

Capítulo 167

Cómo estando en Castilla nuestros procuradores recusaron al obispo de Burgos, y lo que más pasó.

Ya he dicho en los capítulos pasados que don Juan Rodríguez de Fonseca, obispo de Burgos, arzobispo de Rosano, que así se nombraba, hacía mucho por las cosas de Diego Velázquez y era contrario a las de Cortés y a todas las nuestras, y quiso Nuestro Señor Jesucristo que en el año de mil quinientos veintiuno fue elegido en Roma por Sumo Pontífice nuestro muy Santo Padre el Papa Adriano de Lobayna, y nuestros procuradores fueron a besar sus santos pies, y un gran señor alemán, que era de la cámara de Su Majestad, que se decía mosior de Lasao, le vino a dar el parabién del pontificado por parte del emperador nuestro señor; ya Su Santidad y el mosior de Lasao tenían noticia de los heroicos hechos y grandes hazañas que Cortés y todos nosotros habíamos hecho en la conquista de esta Nueva España, y parece ser que aquel caballero alemán suplicó al Santo Padre Adriano que fuese servido en entender muy de hecho entre las cosas de Cortés y el obispo de Burgos, y Su Santidad lo tomó también muy a pecho porque allende de las quejas que nuestros procuradores propusieron ante nuestro Santo Padre, le habían ido otras muchas personas de calidad a quejarse del mismo obispo, de muchos agravios y injusticias que decían que hacía.

Capítulo 168

Cómo fueron ante Su Majestad Pánfilo de Narváez y Cristóbal de Tapia, y un piloto que se decía Gonzalo de Umbría, y otro soldado que se llamaba Cárdenas, con favor del obispo de Burgos.

Ya he dicho en el capítulo pasado cómo Su Santidad vio y entendió los grandes servicios que Cortés y todos nosotros los conquistadores que en su compañía militábamos habíamos hecho a Dios Nuestro Señor, y a Su Majestad; y en aquella sazón se quitó el cargo de presidente de Indias al obispo de Burgos, y se fue a vivir a la ciudad de Toro, y en este instante llegó a Castilla Pánfilo de Narváez, el cual había sido capitán de la armada que envió Diego Velázquez contra nosotros, y también Cristóbal de Tapia, y trajeron en su compañía a un Gonzalo de Umbría y otro soldado que se decía Cárdenas, y todos juntos se fueron a Toro a demandar favor al obispo de Burgos para irse a quejar de Cortés delante de Su Majestad. Los capítulos que contra él pusieron fue que Diego Velázquez envió a descubrir y poblar la Nueva España tres veces, y que gastó gran suma de pesos de oro en navíos y armas, y que envió en la armada a Hernando Cortés por capitán de ella, y se alzó; que proveyó el mismo obispo de Burgos para que fuese Cristóbal de Tapia a tomar la gobernación de aquellas tierras en nombre de Su Majestad, y que no le quiso obedecer, y que por fuerza le hizo volver a embarcar; le acusaban que había demandado a los indios de todas las ciudades de la Nueva España mucho oro en nombre de Su Majestad y se lo tomaba e encubría; le acusaban de quemar los pies a Guatemuz y otros caciques para que diesen oro, y también le pusieron por delante la muerte de Catalina Juárez *la Marcaida;* le acusaban de darle ponzoña a Francisco de Garay para tomarle su gente y armada, y le pudieron otras muchas quejas. Su Majestad estaba enojado de oír tantas injusticias, creyendo que era verdad. Entonces la respuesta que dio el emperador fue que haría justicia sobre ello, y luego mandó juntar personas de quien Su Majestad tuvo confianza que harían recta justicia, Mercurino Catirinario, gran canciller italiano, mosior de Lasao, y el doctor de la Rocha, flamencos; y Hernando de Vega, señor de Grajales y comendador mayor de Castilla. Y mandaron parecer a Narváez, Cristóbal de Tapia, al piloto Umbría, Cárdenas, Manuel de Rojas, Benito Martín, y a un Velázquez, que eran procuradores de Diego Velázquez, y parecieron por la parte de Cortés su padre, Martín Cortés, el licenciado Francisco Núñez, Diego de Ordaz; y mandaron a los procuradores de Diego Velázquez que propusiesen todas sus quejas y demandas contra Cortés, y dan las mismas quejas que dieron ante Su Majestad. A esto respondieron por Cortés sus procuradores, que a Grijalva no le mandó Diego Velázquez a poblar, sino a rescatar, y todo lo más que gastó en la armada pusieron los capitanes que traían cargo en los navíos y no Diego Velázquez; que rescataron veinte mil pesos y que se quedó con todo lo más de Diego Velázquez, y que no dio parte de ello a Su Majestad sino lo que quiso, y que le dio indios al mismo obispo en la isla de Cuba, que le sacaban oro, y que a Su Majestad no le dio ningún pueblo; que si envió a Hernando Cortés con otra armada fue en ventura del emperador, y si otro capitán enviara que le desbarataran, y que cuando le envió Diego Velázquez no le enviaba a poblar, sino a rescatar, y que si quedó a poblar fue por los requerimientos que los compañeros le hicieron, y que de ello se hizo relación a Su Majestad y se le envió todo el oro que se pudo haber. Y para todo esto que he dicho mostraron traslados de las cartas que hubimos escrito a Su Majestad y otras grandes probanzas, y la parte de Diego

Velázquez no contradijo en cosa ninguna, porque no había en qué. Los caballeros que estaban por jueces dijeron que mandasen castigar a Diego Velázquez. Luego mandaron poner silencio a Diego Velázquez del pleito de la gobernación de la Nueva España, y luego declararon por sentencia que Cortés fuese gobernador de la Nueva España, y le dieron poder para repartir la tierra desde allí adelante. En lo de Garay, que lo reservaban para el tiempo andando; lo que Narváez pedía que le tomaron sus provisiones del seno y que fue Alonso de Ávila, que estaba en aquella sazón preso en Francia, que lo fuese a pedir a Francia; y a los dos pilotos, Umbría y Cárdenas, les mandaron dar cédulas reales para que en la Nueva España les den indios que renten a cada uno mil pesos de oro, y mandaron que todos los conquistadores fuésemos antepuestos y nos diesen buenas encomiendas de indios, y que nos pudiésemos sentar en los más preeminentes lugares, así en las santas iglesias como en otras partes. Pues ya dada y pronunciada esta sentencia por aquellos caballeros, que Su Majestad puso por jueces, la llevaron a firmar a Valladolid.

CAPÍTULO 169

En lo que Cortés entendió después que le vino
la gobernación de la Nueva España y cómo y de qué
manera repartió los pueblos de indios.

Ya que le vino la gobernación de la Nueva España a Cortés, paréceme a mí y a otros conquistadores de los antiguos que lo que había de mirar Cortés era acordarse desde el día que salió de la isla de Cuba, y tener atención en todos los trabajos que se vio cuando desembarcamos, que personas fueron en favorecerle para que fuese capitán general y justicia mayor de la Nueva España; y lo otro, quienes fueron los que se hallaron siempre a su lado en todas las guerras. Ahora quiero decir lo que hizo Cortés y a quién dio los pueblos: a todos cuantos vinieron de Medellín y otros criados de grandes señores, que le contaban cuentos de cosas que le agradaban, les dio lo mejor de la Nueva España. No digo yo que era malo el dar a todos, pues había de qué, mas que había de anteponer primero lo que Su Majestad le mandaba; para ir a entradas y guerras, y a cosas que le convenían, bien se acordaba dónde estábamos, y nos enviaba a llamar para las batallas y guerras, como adelante diré. Digamos que en aquella sazón, a pocos días antes vinieron de Castilla los oficiales de la Hacienda Real de Su Majestad, que fue Alonso de Estrada tesorero, y era natural de Ciudad Real, y vino el factor Gonzalo de Salazar, y vino Rodrigo de Albornoz por contador. Y quiero decir que en este instante rogó un Rodrigo Rangel a Cortés que le hiciese merced de darle una capitanía, para ir a conquistar a los pueblos de los zapotecas. Y desde allí a dos años, o poco tiempo más, volvimos de hecho a los zapotecas, y a las demás provincias, y las conquistamos y trajimos de paz.

Capítulo 170

*Cómo el Capitán Hernando Cortés envió a Castilla
a Su Majestad ochenta mil pesos en oro y plata, y
también envió a su padre Martín Cortés sobre
cinco mil pesos de oro.*

Pues como Cortés había recogido y allegado obra de ochenta mil pesos de oro, y la culebrina que se decía *El Fénix* ya era acabada de forjar, y salió muy extremada pieza para presentar a un tan alto emperador como era nuestro gran César, y decía en un letrero que tenía escrito en la misma culebrina: "Esta ave nació sin par, yo en serviros sin segundo, y vos sin igual en el mundo". Todo lo envió a Su Majestad con Diego de Soto, y no me acuerdo bien si fue en aquella sazón un Juan de Ribera, que era tuerto de un ojo, y llegado a Castilla se alzó con los pesos de oro que le dio Cortés para su padre, Martín Cortés, y porque se lo pidió Martín Cortés dijo tantos males que le daban crédito. Digamos en qué paró el pleito de Martín Cortés con la Ribera sobre los tantos mil pesos que enviaba Cortés, y es que andando en el pleito y pasando Ribera por la villa del Cadahalso comió o almorzó unos torreznos, y así como los comió murió súbitamente y sin confesión.

CAPÍTULO 171

Cómo vinieron al puerto de la Veracruz doce frailes franciscanos de muy santa vida, y venía por su vicario y guardián fray Martín de Valencia, y era tan buen religioso que hubo fama que hacía milagros.

Como ya he dicho en los capítulos pasados que sobre ello hablan, habíamos escrito a Su Majestad suplicándole nos enviase religiosos franciscanos de buena y santa vida, para que nos ayudasen a la conversión y santa doctrina de los natales de esta tierra. Y don fray Francisco de los Ángeles, que era general de los franciscos, nos envió doce religiosos, y entonces vino con ellos fray Toribio Motolinía, y le pusieron este nombre los caciques y señores de México, que quiere decir en su lengua el fraile pobre, porque cuanto le daban por Dios lo daba a los indios y se quedaba algunas veces sin comer, y traía unos hábitos muy rotos y andaba descalzo, y siempre les predicaba, y los indios le querían mucho porque era una santa persona. Y viniendo por su camino, ya que llegaban cerca de México, el mismo Cortés, acompañado de nuestros valerosos y esforzados soldados, los salimos a recibir; juntamente fueron con nosotros Guatemuz, el señor de México, con todos los más principales mexicanos que había y otros muchos caciques de otras ciudades, y ya que nos encontramos con los reverendos religiosos les hicimos grandes reverencias.

Capítulo 172

Cómo Cortés escribió a Su Majestad y le envió treinta
mil pesos de oro, y cómo estaban entendiendo en la
conversión de los naturales y reedificación de México,
y de cómo había enviado un capitán que se decía
Cristóbal de Olid a pacificar las provincias de Honduras.

Teniendo ya Cortés en sí la gobernación de la Nueva España
por mandado de Su Majestad, le pareció sería bien hacerle sabedor cómo estaba entendiendo en la santa conversión de los
naturales, y la reedificación de la gran ciudad de Tenochtitlan,
México, y también le dio relación cómo había enviado un capitán que se decía Cristóbal de Olid a poblar unas provincias
que se nombran Honduras, y que le dio cinco navíos bien
abastecidos, y gran copia de soldados y bastimentos, y muchos caballos y todo género de armas, y que gastó muchos millares de pesos de oro en hacer la armada, y Cristóbal de Olid
se alzó con todo ello por consejo de Diego Velázquez, y que si
Su Majestad era servido, que tenía determinado de enviar con
brevedad otro capitán para que le tome la misma armada y le
traiga preso, o ir él en persona, porque si quedaba sin castigo
se atreverían otros capitanes a levantarse con otras armadas;
y también se envió a quejar de Diego Velázquez, no solamente
de lo del capitán Cristóbal de Olid, sino por las conjuraciones
y escándalos, y por sus cartas que enviaba desde la isla de
Cuba para que matasen a Cortés; también dio noticia como
un Rodrigo de Albornoz, que estaba por contador en México,
que secretamente andaba murmurando en México de Cortés
porque no le dio tan buenos indios como él quisiera. Deje-
monos de las cartas de Cortés, y diré que de este navío donde iba el pliego que dicho tengo de Cortés envió el contador
Albornoz, ya por mí memorado, otras cartas a Su Majestad,
y al obispo de Burgos, y Real Consejo de Indias, y lo que en
ellas decía por capítulos hizo saber todas las causas y cosas
que de antes había sido acusado Cortés, y como en aquella sa-

zón estaban en la corte Pánfilo de Narváez y Cristóbal de Tapia, y todos los procuradores de Diego Velázquez, les avisó el obispo para que nuevamente se quejasen ante Su Majestad de Cortés. Pues viendo Su Majestad las cartas, mandó que despachasen al almirante de Santo Domingo que viniese a costa de Cortés con doscientos soldados, y si le hallase culpado le cortase la cabeza. Lo alcanzaron a saber los procuradores de Cortés y su padre, Martín Cortés, y un fraile que se decía fray Pedro Melgarejo de Urrea, y como tenían las cartas que les envió Cortés duplicadas y entendieron por ellas que había trato doble en el contador Albornoz, todos juntos se fueron luego al duque de Béjar y le dan relación de todo, y le mostraron las cartas de Cortés. Y el duque, sin más dilación fue delante de Su Majestad acompañado con ciertos condes deudos suyos, y con ellos iba el viejo Martín Cortés, y fray Pedro Melgarejo de Urrea, y le mostraron las cartas que Cortés enviaba a su padre. Y viendo Su Majestad la justicia clara que Cortés y todos nosotros teníamos, mandó proveer que le viniese a tomar residencia persona que fuese caballero, y mandó llamar a Luis Ponce, le mandó que fuese luego a la Nueva España y le tomase residencia a Cortés, y que si en algo fuese culpable que con rigor de justicia le castigase.

Capítulo 173

Cómo sabiendo Cortés que Cristóbal de Olid se había alzado, envió contra él a un capitán que se llamaba Francisco de las Casas.

He menester volver muy atrás de nuestra relación para que bien se entienda. Ya he dicho en el capítulo que de ello habla cómo Cortés envió a Cristóbal de Olid con una armada a las Higueras y Honduras, y se alzó con ella, y como Cortés supo acordó de enviar a Francisco de las Casas contra Cristóbal de Olid con cinco navíos bien artillados y abastecidos, entre ellos iban Pedro Moreno Medrano, Juan Núñez de Mercado y Juan Bello, que se murieron en el camino. Y desde que Cristóbal de Olid vio aquellos navíos, mandó apercibir dos carabelas muy artilladas con muchos soldados y defendió el puerto para no les dejar saltar en tierra. Y tuvieron en la mar buena pelea. Y como Cristóbal de Olid no tenía allí todos sus soldados, porque los había enviado a prender otro capitán que estaba conquistando en aquella provincia, acordó de demandar partido de paz a Francisco de las Casas. Pues estando con este acuerdo, fue la ventura tal de Cristóbal de Olid, y desdicha del de las Casas, que hubo aquella noche un viento norte muy recio que dio con los navíos de Francisco de las Casas, de manera que se perdió cuanto traía y se ahogaron treinta soldados, y todos los demás fueron presos. Y Cristóbal de Olid les hizo jurar que serían contra Cortés si viniese aquella tierra en persona, y como hubieron jurado los soltó de las prisiones; solamente tuvo preso a Francisco de las Casas. Antes luego no osaron defender a Cristóbal de Olid, le prendieron y se hizo proceso contra él, y por sentencia le degollaron en la plaza de Naco, y así murió por haberse alzado por malos consejeros.

Capítulo 174

Cómo Hernando Cortés salió de México para ir camino de las Higueras en busca de Cristóbal de Olid y de Francisco de las Casas.

Como el capitán Hernando Cortés hacía pocos meses que había enviado a Francisco de las Casas contra Cristóbal de Olid, le pareció que por ventura no habría buen suceso la armada que había enviado, y también porque le decían que aquella tierra era rica de minas de oro; a esta causa estaba muy codicioso. Y acordó de ir, y dejó en México por gobernadores al tesorero Alonso de Estrada y al contador Albornoz. Y porque quedase más pacífico, trajo consigo al mayor señor de México, que se decía Guatemuz, y también al señor de Tacuba, y a un Juan Velázquez, capitán del mismo Guatemuz, y a otros muchos principales. Ya que estaban de partida para venir su viaje, viendo el factor Gonzalo de Salazar y el veedor Chirinos, que quedaban en México, que no les dejaba Cortés cargo ninguno, le dijeron que le querían venir a servir y acompañarle hasta Guazacualco. Y decían tantas cosas melosas que le convencieron para que fuesen gobernadores.

Capítulo 175

De lo que Cortés ordenó después que se volvió
el factor y veedor a México.

Después de despedidos el factor y veedor a México, lo primero que mandó Cortés fue escribir a la Villa Rica a su mayordomo, que se decía Simón de Cuenca, que cargasen dos navíos que fuesen de poco porte de biscocho de maíz, porque en aquella sazón no se cogía pan de trigo en México, y seis pipas de vino, aceite, vinagre, tocinos, y herraje, y otras cosas de bastimento. Y luego mandó que todos los vecinos de Guazacualco fuésemos con él, que no quedaron sino los dolientes. Cuando llegamos a Tepetitán, le hallamos despoblado y quemadas las casas. Y desde allí fuimos a otro pueblo que se dice lztapa, y de miedo se fueron los indios. Y estuvimos en este pueblo tres días, porque había buena yerba para los caballos y mucho maíz. En este pueblo de lztapa se informó Cortés de los caciques y mercaderes de los naturales del mismo pueblo el camino que habíamos de llevar, y le dijeron que todo lo demás de nuestro camino había muchos ríos y esteros, y para llegar a otro pueblo que se dice Temaztepeque había otros tres ríos y un gran estero, y que habíamos de estar en el camino tres jornadas. Y por echarnos de sus casas dijeron que no había más jornada, y había siete jornadas, y no teníamos que comer sino yerbas y unas raíces, con las cuales se nos abrasaron las lenguas y bocas. Diré que siempre por los pueblos y caminos por donde pasábamos dejábamos puestas cruces.

Capítulo 176

Cómo desde que hubimos llegado al pueblo de Ciguatepeca envió Cortés por capitán a Francisco de Medina para que tomando a Simón de Cuenca viniesen con los dos navíos.

Pues como hubimos llegado a este pueblo que dicho tengo, Cortés halagó mucho a los caciques y principales y les dio buenos *chalchihuis* de México, y se informaron a qué parte salía un río muy caudaloso; le dijeron que iba a dar en unos esteros donde había una población que se dice Gueyatasta, y que junto a él estaba otro gran pueblo que se dice Xicalango. Le pareció a Cortés que sería bien luego enviar a dos españoles en canoas, para que saliesen a la costa del norte, y supiesen del capitán Simón de Cuenca, y sus dos navíos, que había mandado cargar de vituallas para el camino. Fue por el río abajo que lo encontraron, estaba esperando nuevas de Cortés, y después de dadas las cartas de Cortés presentó sus provisiones para ser capitán, y sobre el mandar tuvieron palabras entrambos capitanes, de manera que vinieron a las armas y de la parte del uno y del otro murieron todos los españoles que iban en el navío, que no quedaron sino seis o siete. Y desde que vieron los indios de Xicalango y Gueyatasta aquella revuelta, dan en ellos y los acabaron de matar a todos y queman los navíos, que nunca supimos cosa ninguna de ellos hasta de ahí a dos años y medio.

Capítulo 177

De lo que Cortés entendió después de llegado a Acala,
y cómo en otro pueblo más adelante, sujeto al mismo
Acala, mandó ahorcar a Guatemuz.

Desde que Cortés hubo llegado a Gueyacala, que así se llamaba, y los caciques de aquel pueblo le vinieron de paz, se informó de ellos del camino que habíamos de llevar, y les preguntó que si sabían de otros hombres como nosotros con barbas y caballos. Dijeron que ocho jornadas de allí había muchos hombres con barbas, y mujeres de Castilla. Digamos cómo Guatemuz, gran cacique de México, y otros principales mexicanos que iban con nosotros, habían puesto en plática, o lo ordenaban, de matarnos a todos, y volverse a México, y llegados a su ciudad juntar sus grandes poderes y dar guerra a los que en México quedaban, y tornarse a levantar; y quien lo descubrió a Cortés fueron dos grandes caciques mexicanos que se decían Tapia y Juan Velázquez. Cortés mandó ahorcar a Guatemuz y al señor de Tacuba, que era su primo, quien dijo que daba por bien empleada su muerte por morir junto con su señor Guatemuz: y antes que los ahorcasen, los fue confesando fray Juan el Mercenario. Y fue esta muerte que les dieron muy injustamente dada, y pareció mal a todos los que íbamos aquella jornada. Otro día muy de mañana proseguimos a caminar con nuestras guías, y sin acontecer cosa que de constar sea. Otro día fuimos por nuestro camino, y a hora de misa mayor llegamos a un pueblo nuevo, y en aquel día se había despoblado y metido en unas ciénagas; vinieron hasta quince indios, que salieron de las ciénagas, que eran principales de aquel pueblo, y pusieron las manos en el suelo y besaron la tierra, y dicen a Cortés medio llorando que le piden por merced que aquel pueblo ni cosa alguna no se la quemen, porque son nuevamente venidos allí a hacerse fuertes, por causa de sus enemigos, que me parece que dijeron que se decían lacandones.

Capítulo 178

Cómo seguimos nuestro viaje, y lo que en ello nos avino.

Cómo salimos del Pueblo Cercado, que así le llamábamos desde allí adelante, entramos en un bueno y llano camino, y había tantos venados y corrían tan poco, que luego los alcanzábamos a caballo, por poco que corríamos con los caballos tras ellos, y se mataron sobre veinte. Y yendo por nuestras jornadas, como Cortés siempre enviaba adelante corredores del campo a caballo y sueltos peones, alcanzaron dos indios naturales de otro pueblo que estaba adelante, que venían de caza y cargados un gran león y muchas iguanas, que son hechura de sierpes chicas, que en estas partes así las llaman, que son muy buenas de comer; y les preguntaron que si estaba cerca su pueblo, y dijeron que sí, y que ellos guiarían hasta el pueblo. Y hallamos en él un gran lago de agua dulce y tan lleno de pescados grandes que parecían como sábalos, muy desabridos. Y llegado a las casas, le dieron de comer y le dijeron que había españoles así como nosotros en dos pueblos, que el uno que se decía Nito, y el Naco, en la tierra adentro. Y Cortés nos dijo que por ventura Cristóbal de Olid habría repartido su gente en dos villas, que entonces no sabíamos de los de Gil González de Ávila, que pobló a San Gil de Buena Vista.

Capítulo 179

Cómo Cortés entró en la villa donde estaban poblados
los de Gil González de Ávila, y de la gran alegría que
todos los vecinos hubieron.

Después que Cortés hubo pasado el gran río del Golfo Dulce de la manera que dicho tengo, fue a la villa adonde estaban poblados los españoles de Gil González de Ávila, y cuando vieron entre sus casas hombres a caballo, y otros seis a pie, se espantaron en gran manera, y como supieron que era Cortés, que tan nombrado era, no sabían qué hacer de placer. Cortés les habló muy amorosamente y mandó al teniente, que se decía Nieto, fuese donde daban carena al navío y trajesen dos bateles que tenían. Y mandó que se buscase todo el pan cazabe que allí tenían y lo llevasen al capitán Sandoval, que otro pan de maíz no había, para que comiese y repartiese entre todos nosotros los de su ejército. Quiero decir de la grande hambre que allí en el pasar del río hubo, y aun del murmurar de Cortés, y de su venida, y aun de todos nosotros que le seguíamos, pues cuando hubimos llegado al pueblo no había bocado de cazabe que comer.

Capítulo 180

Cómo otro día fuimos con el capitán Luis Marín hasta ochenta soldados todos a pie a buscar maíz, y a descubrir la tierra.

Ya he dicho que como llegamos a aquella villa que Gil González de Ávila tenía poblada no tenían qué comer, y eran hasta cuarenta hombres y cuatro mujeres de Castilla y dos mulatas, y todos dolientes con los colores muy amarillos. Y como no teníamos que comer nosotros ni ellos, no veíamos la hora que irlo a buscar. Cortés mandó que saliese el capitán Luis Marín y buscásemos maíz. Y fuimos con él sobre ochenta soldados, a pie, hasta ver si había caminos para caballos. Y llevábamos con nosotros un indio de Cuba que nos fuese guiando a unas estancias y pueblos que estaban de allí ocho leguas, donde hallamos mucho maíz e infinitos cacahuatales y frijoles, y otras legumbres, donde tuvimos bien qué comer.

Capítulo 181

Cómo Cortés se embarcó con todos los soldados que
había traído en su compañía, y los que había en
San Gil de Buenavista, y fue a poblar adonde ahora
llaman Puerto de Caballos.

Pues como Cortés vio que en aquel asiento que halló pobladas
a los de Gil González de Ávila no era bueno, acordó de embarcarse en los dos navíos y bergantín con todos cuantos en
aquella villa estaban, que no quedó ninguno, y en ocho días
de navegación fue a desembarcar adonde ahora llaman Puerto de Caballos, y como vio aquella bahía buena para puerto y
supo de indios que había cerca poblaciones, acordó de poblar
una villa, que la nombró Natividad, y puso por su teniente a
un Diego de Godoy, y desde allí hizo dos entradas en la tierra
adentro a unos pueblos cercanos que ahora están despoblados, y tomó lengua de ellos cómo había cerca otros pueblos,
y abasteció la villa de maíz; estaba cerca el pueblo de Naco.
Mandó que Sandoval con sus soldados pacificasen aquellas
tierras, y fuimos adonde Sandoval estaba. Luego Sandoval
acordó que fuésemos a otros pueblos, que ahora están cerca
de unas minas que descubrieron hacía tres años; y desde allí
fuimos a otro pueblo que se dice Quimistán, y otro día a hora
de misa fuimos a Naco.

Capítulo 182

Cómo el capitán Gonzalo de Sandoval comenzó a
pacificar aquella provincia de Naco.

Llegamos al pueblo de Naco y recogimos maíz, frijoles y ají,
y con tres principales de aquel pueblo que allí en los maizales prendimos, los cuales Sandoval halagó y dio cuentas de
Castilla y les rogó que fuesen a llamar a los demás caciques,

y fueron así como se lo mandó; mas no pudo con ellos que se poblase el pueblo, salvo traer de cuando en cuando poca comida, ni nos hicieron bien ni mal, ni nosotros a ellos. Y así estuvimos los primeros días. Y Cortés había escrito a Sandoval que le enviase a Puerto de Caballos diez soldados de los de Guazacualco, entre ellos era yo uno, y en aquella sazón estaba algo malo y dije a Sandoval que me excusase, así quedé. Y envió ocho soldados, y aun fueron de tan mala voluntad, que renegaban de Cortés y aun de su viaje. Cortés se quería embarcar para ir a Trujillo, y dejó en aquella villa del Puerto de Caballos a un Diego de Godoy por su capitán. Y dejarlo he aquí en este estado, y volveré a Naco. Que como Sandoval había visto que no querían venir a poblar el pueblo los indios vecinos y naturales de Naco, y aunque los enviaba a llamar muchas veces no venían ni hacían cuenta de nosotros, acordó de ir en persona.

Capítulo 183

Cómo Cortés desembarcó en el puerto que llaman de Trujillo, y cómo todos los vecinos de aquella villa le salieron a recibir.

Como Cortés hubo embarcado en el Puerto de Caballos, y llevó en su compañía muchos soldados de los que trajo de México, y los que le envió Gonzalo de Sandoval, y con buen tiempo, en seis días llego al puerto de Trujillo. Y desde que los vecinos que allí vivían, que dejó poblados Francisco de las Casas, supieron que era Cortés, todos fueron a recibirlo y besarle las manos, porque muchos de ellos eran bandoleros y fueron a dar consejo a Cristóbal de Olid para que se alzase, y como se hallaban culpables suplicaron a Cortés que les perdonase. Y Cortés les perdonó, y le dieron cuenta de todo lo acaecido de Francisco de las Casas y de Gil González de Ávila, y por qué causa degollaron a Cristóbal de Olid. Y desde que Cortés bien lo hubo entendido a todos les honró de palabra y con dejarles los cargos según y de la manera que los tenían, excepto que hizo capitán general de aquellas provincias a su primo Saavedra, que así se llamaba, lo cual tuvieron por bien, y luego envió a llamar a todos los pueblos comarcanos. Y como tuvieron nueva que era el capitán Malinche, que así le llamaban, y sabían que había conquistado a México, le trajeron presentes de bastimentos.

Capítulo 184

Cómo el capitán Gonzalo de Sandoval, que estaba
en Naco, prendió a cuarenta soldados
españoles y a su capitán.

Estando Sandoval en el pueblo de Naco atrayendo de paz todos los más pueblos de aquella comarca, vinieron ante él cuatro caciques de dos pueblos que se decían Quequéspan y Taichinachapa, y dijeron que estaban en sus pueblos muchos españoles, de la manera de los que con él estábamos, con armas y caballos, y que les tomaban sus haciendas, hijas y mujeres, y que las echaban en cadenas de hierro, de lo cual se enojó Sandoval. Y fuimos con él sesenta hombres, y llegados a los pueblos donde estaban los soldados les hallamos muy de reposo, y desde que nos vieron ir de aquella manera se alborotaron y echaron mano a las armas, y de presto prendimos al capitán y a otros muchos de ellos sin que hubiese sangre de una parte ni de otra. Y nos fuimos a Trujillo todo a pie, y antes de entrar en él vimos a unos cinco de a caballo, y era Cortés y otros caballeros; cuando nos conoció Cortés se apeó del caballo y con las lágrimas en los ojos nos vino abrazar, y nosotros a él, y nos dijo: "¡Oh, hermanos y compañeros míos, qué deseo tenía de veros y saber qué tales estaban!" Y estaba tan flaco que hubimos lástima de verle, porque según supimos había estado a punto de morir de calenturas, y luego a pie se fue con todos nosotros a la villa, y nos aposentó, y cenamos con él, tenía tanta pobreza que de cazabe no nos hartamos. Pues estando que estábamos con Cortés, dando cuenta de nuestro trabajoso camino, vieron venir en alta mar un navío a la vela.

Capítulo 185

Cómo el licenciado Zuazo envió una carta desde la Habana a Cortés, y lo que en ella se contiene.

Pues como hubo tomado puerto el navío que dicho tengo, un hidalgo que venía por capitán de él, cuando saltó en tierra, luego fue a besar las manos a Cortés, y le dio una carta del licenciado Zuazo, y después que Cortés la hubo leído tomó tanta tristeza que luego comenzó al parecer a sollozar en su aposento; no salió hasta otro día por la mañana y mandó que se dijesen misas. Después nos rogó que lo escuchásemos, y sabríamos nuevas de la Nueva España, como echaron fama que todos éramos muertos, y como nos habían tomado nuestras haciendas, las habían vendido en almoneda y quitado nuestros indios; leyó las nuevas que vinieron de Castilla de su padre, Martín Cortés, y Ordaz, y cómo el contador Albornoz le había sido contrario en las cartas que escribió a Su Majestad y al obispo de Burgos y a la Audiencia Real, y lo que Su Majestad sobre ello había mandado; y cómo el duque de Béjar quedó por fiador, y otras cosas que ya las he memorado en el capítulo que de ello habla; y cómo al capitán Narváez le dieron una conquista del río de Palmas, y que a un Nuño de Guzmán le dieron la gobernación de Pánuco, y que como Cortés hubo dado en Guazacualco los poderes y provisiones al factor

Gonzalo de Salazar y a Pedro Almíndez Chirinos para ser gobernadores de México, así como llegaron a México echaron presos a los contrarios, y cada día había revueltas. Y desde que Cortés hubo leído la carta, estábamos tan tristes y enojados así de Cortés que nos trajo con tantos trabajos, como del factor, y echábamos dos mil maldiciones. Pues Cortés no pudo tener las lágrimas, que con la misma carta se fue luego a encerrar a su aposento, y no quiso que le viésemos hasta más de mediodía. Y todos nosotros a una le dijimos y rogamos que luego se embarcase en tres navíos que allí estaban y que nos fuésemos a la Nueva España. Y él nos respondió que se embarcaría solamente con cuatro o cinco de nosotros para ir en secreto; y que los demás nos juntáramos con Sandoval y nos fuéramos camino de México. Y muy alegres en saber que habíamos de caminar la vía de México.

Capítulo 186

Cómo fueron por la posta desde Nicaragua ciertos amigos de Pedro Arias de Ávila a hacerle saber cómo Francisco Hernández, que envió por capitán a Nicaragua, se carteaba con Cortés y se le había alzado con las provincias de Nicaragua.

Como un soldado que se decía fulano Garabito, y un compañero, y otro que se decía Zamorano eran íntimos amigos de Pedro Arias de Ávila, gobernador de Tierra Firme, vieron que Cortés había enviado presentes a Francisco Hernández y habían entendido que Pedro de Garro y otros soldados hablaban secretamente con Francisco Hernández, tuvieron sospecha que quería dar aquellas provincias y tierras a Cortés, y además de esto el Garabito era enemigo de Cortés, porque siendo mancebos en la isla de Santo Domingo Cortés le había acuchillado sobre amores de una mujer; y como Pedro Arias de Ávila lo alcanzó a saber por cartas y mensajeros, viene más que de paso con gran copia de soldados a pie y a caballo y prende a Francisco Hernández, y Pedro de Garro como alcanzó a saber que Pedro Arias venía muy enojado contra él, de presto se huyó y se vino con nosotros, y si Francisco Hernández quisiera venir, tiempo tuvo para hacer lo mismo, y no quiso, creyendo que Pedro Arias lo hiciera de otra manera con él, porque habían sido grandes amigos. Y después que Pedro Arias hubo hecho proceso contra Francisco Hernández y halló que se alzaba, por sentencia le degolló en la misma villa donde estaba poblado. Y en esto paró la venida de Garro y los presentes de Cortés, que volvió al puerto de Trujillo.

Capítulo 187

Cómo yendo Cortés por la mar la derrota de México tuvo tormenta y dos veces tornó a arribar al puerto de Trujillo.

Pues como dicho tengo en el capítulo pasado, que Cortés se embarcó en Trujillo para ir a México, pareció ser que tuvo tormentas en la mar unas veces con tiempo contrario, y otra vez se le quebró el mástil del trinquete, y mandó arribar a Trujillo. Mandó a fray Juan, que se había embarcado con Cortés, que dijese misas al Espíritu Santo, y pareció ser que el Espíritu Santo le alumbró de no ir por entonces aquel viaje, sino que conquistase y poblase aquellas tierras, y luego sin más dilación envió en posta a matacaballo tres mensajeros tras nosotros que íbamos camino de México. Y como aquello vio Sandoval, muy afectuosamente y con grandes ruegos nos importunó que guardásemos algunos días, que él en persona iría a embarcar a Cortés. Nos fuimos luego a unos pueblos que se dicen Maniani, y desde allí a otro pueblo que en aquella sazón era de muchas casas, que se decía Acalteca, y que allí esperásemos la respuesta de Cortés, y en pocos días llegó Sandoval a Trujillo, y por más palabras nunca se quiso embarcar Cortés.

CAPÍTULO 188

Cómo Cortés envió un navío a la Nueva España y por capitán de él a un criado suyo que se decía Martín de Orantes, con cartas y poderes para que gobernasen Francisco de las Casas y Pedro de Alvarado, si ahí estuviesen.

Pues como Gonzalo de Sandoval no pudo acabar que Cortés se embarcase, sino que todavía quería conquistar y poblar aquella tierra, que en aquella sazón era bien poblada y había fama de minas de oro, fue acordado que luego sin más dilación enviase con un navío a México a un criado suyo, que se decía Martín de Orantes, que llevó poderes para Pedro de Alvarado y Francisco de las Casas, si hubiesen vuelto a México, para que fuesen gobernadores de la Nueva España hasta que Cortés fuese, y si no estaban en México, que gobernasen el tesorero Alonso de Estrada y el contador Albornoz, y revocó los poderes del factor y veedor, y también escribió a todos sus amigos los conquistadores y a los monasterios de San Francisco. Pues ya dado uno de los mejores navíos de los tres que allí estaban, en pocos días llegaron a la Nueva España, y Orantes se fue al monasterio de señor San Francisco, donde halló a Jorge de Alvarado, Andrés de Tapia, Juan Núñez de Mercado, Pedro Moreno Medrano y a otros muchos conquistadores y amigos de

Cortés. Y desde que vieron a de Orantes y supieron que Cortés era vivo y vieron sus cartas no podían estar de placer los unos y los otros, y saltaban y bailaban, y acordaron prender al factor; y le pusieron guardas hasta que hicieron una red de maderos gruesos y le metieron dentro, y allí le daban de comer. En esto paró la cosa de su gobernación. Y luego hicieron mensajeros a todas las villas de la Nueva España dando relación de todo lo acaecido.

Capítulo 189

Cómo el tesorero con otros muchos caballeros rogaron
a los frailes franciscanos que enviasen a un fray Diego
de Altamirano, que era deudo de Cortés, que fuese
en un navío a Trujillo, y lo hiciese venir.

Como el tesorero y otros caballeros de la parte de Cortés vieron que convenía que luego viniese Cortés a la Nueva España, porque ya se comenzaban a formar bandos y el contador no estaba de buena voluntad para que el factor ni el veedor estuviesen presos, acordaron de ir a rogar a los frailes franciscanos que diesen licencia a fray Diego Altamirano que fuese a Trujillo y que hiciese venir a Cortés, porque este religioso era su pariente, y antes que entrara de religioso había sido soldado y sabía de negocios. Pareció ser que el contador andaba muy doblado y de mala voluntad, y viendo que las cosas de Cortés se hacían prósperamente, tenía concertado de soltar al factor y veedor y matar al tesorero y a los carceleros. Y para ponerlo en efecto hablaron muy secretamente a un cerrajero que se decía Guzmán, y le dijeron que les hiciese unas llaves para abrir las puertas de la cárcel. Y el cerrajero comenzó a forjar unas llaves no para que las hiciese perfectas ni podrían abrir con ellas, y esto hacía adrede, porque fuesen a su tienda para que las hiciese buenas, y entretanto saber más el concierto que estaba hecho. Y venido el día que había de ir con sus llaves que había hecho buenas, envía secretamente a percibir todos los del bando de Cortés, y van a la casa adonde estaban recogidos los que habían de soltar al factor, y de presto prenden hasta veinte hombres de ellos que estaban armados.

CAPÍTULO 190

Cómo Cortés se embarcó en la Habana para ir a la Nueva España y con buen tiempo llegó a la Vera Cruz.

Como Cortés hubo descansado en la Habana cinco días, no veía la hora que estaría en México. Entró a la Vera Cruz antes del amanecer y fue derecho a la iglesia, que estaba abierta, vino el sacristán, que era nuevamente venido de Castilla, y como vio la iglesia toda llena de gente forastera y no conocía a Cortés, ni a los que con él estaban, salió dando voces a la calle. Cuando los que vinieron lo reconocieron comenzaron a decir palabras airosas. Y desde que supieron todos los indios de la redonda que Cortés estaba vivo, le traen presentes de oro, mantas, cacao, gallinas y frutas. Desde que llegó a Tezcuco le hicieron un gran recibimiento, y durmió allí aquella noche, y otro día de mañana fue camino de México. Todo era bailes y danzas, y después que anocheció, muchas lumbres a las puertas. Y como Cortés hubo descansado, luego mandó prender a los bandoleros, y comenzó a hacer pesquisas sobre los tratos del factor y veedor, y también prendió a Gonzalo de Ocampo, o a Diego de Ocampo.

Capítulo 191

Cómo en este instante llegó al puerto de San Juan de Ulúa
con tres navíos el licenciado Luis Ponce de León,
que vino a tomar residencia a Cortés.

Ya he dicho en los capítulos pasados las grandes quejas que de Cortés dieron ante Su Majestad, estando la corte en Toledo, y los que dieron las quejas fueron los de la parte de Diego Velázquez, y también ayudaron a ellas las cartas de Albornoz, y como Su Majestad proveyó que viniese un hidalgo que se decía el licenciado Luis Ponce de León, y le mandó que le viniese a tomar residencia a Cortés, y si le hallase culpable, que le castigase. Al saberlo, se admiró Cortés porque tan de repente le tomaba su venida. Como algunos vecinos de aquella villa que eran enemigos de Cortés le dijeron a Luis Ponce que Cortés quería hacer justicia del factor y el veedor antes que fuese a México el licenciado, y que mirase bien por su persona, que no se fiase de sus palabras y ofertas; y le dijeron otras muchas cosas de males que decían había hecho Cortés. Y como llegó a la ciudad, el licenciado iba admirado de la gran fortaleza que en ella había y de las muchas ciudades y poblaciones que había visto en la laguna. Diré que otro día fueron a la iglesia mayor, y después de acabada la misa Cortés dijo al licenciado Luis Ponce que presentase las reales provisiones, y con mucho acato las besó, y puso sobre su cabeza, y dijo que las obedecía como mandamiento, y Luis Ponce dijo a Cortés: "Señor capitán. Esta gobernación de vuestra merced me manda Su Majestad que tome para mí, no porque deja de ser merecedor de otros muchos y mayores cargos; mas hemos de hacer lo que nuestro rey y señor nos manda"; y Cortés con mucho acato le dio gracias por ello, dijo que él está presto para lo que en servicio de Su Majestad le fuese mandado.

CAPÍTULO 192

*Cómo el licenciado Luis Ponce, después que hubo
presentado las reales provisiones y fue obedecido,
mandó pregonar residencia contra Cortés y los
que habían tenido cargos de justicia.*

Después que hubo presentado Luis Ponce las reales provisiones, con mucho acato de Cortés, el cabildo y los demás conquistadores, mandó pregonar residencia general contra Cortés y contra los que habían tenido cargo de justicia, y como muchas personas que no estaban bien con Cortés, y otros que tenían justicia sobre lo que pedían, que prisa se daban de dar quejas. Luego que se comenzó a tomar, quiso Nuestro Señor Jesucristo que por nuestros pecados y desdicha, cayó malo de modorra el licenciado Luis Ponce, y fue de esta manera: que viniendo del monasterio de Señor San Francisco de oír misa, le dio una muy recia calentura y se echó en la cama, como aquello vieron los médicos que le curaban, les pareció que se confesase; hizo testamento, y dejó por su teniente de gobernador al licenciado Marcos de Aguilar, que había traído consigo desde la española, y como hubo fallecido fueron grandes los lutos y tristezas. Pues como fue muerto, y enterrado de la manera que dicho tengo, oír el murmurar que en México había de las personas que estaban mal con Cortés y con Sandoval, que dijeron y afirmaron que le dieron ponzoña con que murió, que así había hecho a Francisco de Garay: y quien más lo afirmaba era fray Tomás Ortiz. Quiero decir que pareció ser que en el navío en que vino Luis Ponce, que dio pestilencia en ellos, porque a más de cien personas que en él venían les dio modorra, y fue fama que aquella modorra cundió en México.

Capítulo 193

Cómo después que murió el licenciado Ponce de León comenzó a gobernar el licenciado Marcos de Aguilar, y las contiendas que sobre ello hubo, y cómo el capitán Luis Marín, con todos los que veníamos en su compañía, topamos con Pedro de Alvarado que andaba en busca de Cortés.

Según lo había dejado en el testamento Luis Ponce, el licenciado Marcos de Aguilar tomó la gobernación de la Nueva España, muchas personas de las que estaban mal con Cortés y con todos sus amigos y los más conquistadores quisieran que la residencia fuera adelante como la había comenzado a tomar, Cortés dijo que no se podía entender en ella, conforme al testamento de Luis Ponce, mas que si quisiera tomársela Marcos de Aguilar, que fuesen mucho en buena hora, y por más que le decían a Cortés nunca quiso tocar más en aquella tecla, sino que el viejo Aguilar sólo gobernase. Quiero volver muy atrás de lo de mi relación, y diré que el capitán Luis Marín había quedado con toda su gente en Naco esperando respuesta de Sandoval para saber si Cortés era embarcado o no. Ya he dicho cómo Sandoval se partió de nosotros para ir hacer embarcar a Cortés que fuese a la Nueva España, y que nos escribiría de lo que sucediese para que nos fuésemos con Luis Marín camino de México. Y puesto que no tuvimos respuesta, y fue acordado por Luis Marín y por todos los que con el veníamos que con brevedad fuésemos diez soldados a caballo hasta Trujillo a saber de Cortés. Y yendo por nuestras jornadas tiramos a un pueblo que se dice de Maniani, y hallamos en él a seis soldados que eran de la compañía de Pedro de Alvarado, que andaban en nuestra busca. Nos abrazamos los unos a los otros, y preguntando por su capitán Pedro de Alvarado, dijeron que allí cerca venía con muchos caballeros, y cómo habían enviado a llamar a Pedro de Alvarado para que fuese gobernador de México, y la causa porque no fue, según he dicho en el capítulo que de ello habla, fue por temor del factor. A dos días nos encontramos con Pedro de Alvarado, y sus soldados, y no veíamos la hora de haber llegado a México. Remamos sobre ochenta soldados y llegamos a un pueblo que se dice Chalco, y enviamos a hacer saber a Cortés cómo habíamos de entrar en México otro día.

Capítulo 194

Cómo Marcos de Aguilar falleció y dejó en el testamento que gobernase el tesorero Alonso de Estrada, y que no entendiese en pleitos del factor ni veedor.

Teniendo en sí la gobernación Marcos de Aguilar, como dicho tengo, estaba muy hético y doliente, malo de bubas, y con leche de cabras se sostuvo cerca de ocho meses, y de aquellas dolencias y calenturas que le dio falleció, y en el testamento que hizo mandó que sólo gobernase el tesorero Alonso de Estrada, ni más ni menos que tuvo el poder de Luis Ponce de León. Y viendo el cabildo de México y otros procuradores de ciertas ciudades que en aquella sazón se hallaron en Méjico que Alonso de Estrada no podía gobernar tan bien como convenía, suplicaron al tesorero que juntamente con él gobernase Cortés, y el tesorero no quiso, y otras personas dijeron que Cortés no lo quiso aceptar porque hubo murmuraciones que tenían sospecha que la muerte de Marcos de Aguilar fue provocada. Y lo que se concertó fue que juntamente con el tesorero gobernase Gonzalo de Sandoval, que era alguacil mayor y persona que se hacía cuenta de él, y húbolo por bien el tesorero; mas otras dijeron que si lo aceptó que fue por casar una hija con Sandoval y si se casara fuera muy más estimado.

CAPÍTULO 195

Cómo vinieron cartas a Cortés de España del cardenal de Sigüenza, don García de Loaisa, que era presidente de Indias y luego fue arzobispo de Sevilla, y de otros caballeros.

Ya he dicho en el capítulo pasado lo acaecido, Cortés se apercibió para ir a Castilla, en aquel instante le vinieron cartas del presidente de Indias, don García de Loaisa, y del duque de Béjar, y de otros caballeros, en que le decían que como estaba ausente daban quejas de él ante Su Majestad, y decían en las quejas muchos males y muertes que había hecho dar a los que Su Majestad enviaba, y que fuese en todo caso a volver por su honra, y le trajeron nuevas que su padre, Martín Cortés, era fallecido. Y desde que vio las cartas, le pesó mucho, así de la muerte de su padre como de las cosas que decían que había hecho, no siendo así, y se puso luto, puesto que lo traía en aquel tiempo por la muerte de su mujer, doña Catalina Juárez, *la Marcaida*, e hizo gran sentimiento por su padre; y si mucho deseo tenía antes de ir a Castilla, desde allí adelante se dio mayor prisa, y acompañado de Gonzalo de Sandoval y de Andrés de Tapia y otros caballeros, se fue a la Vera Cruz, y en cuarenta y dos días llegó a Castilla. Y pareció ser que Gonzalo de Sandoval iba muy doliente, y a grandes alegrías hubo tristezas, que fue Dios servido de ahí a pocos días de llevarle de esta vida en la villa de Palos. Y Cortés envió correo a Su Majestad, y al cardenal de Sigüenza, y al duque de Béjar, y al conde de Aguilar, y a otros caballeros, e hizo saber había llegado aquel puerto y de cómo Gonzalo de Sandoval había fallecido, e hizo relación de la calidad de su persona y de los grandes servicios que había hecho a Su Majestad, y que fue capitán de mucha estima. Y desde que aquellas cartas llegaron ante Su Majestad, recibió alegría de la venida de Cortés, puesto que le pesó de la muerte de Sandoval. Otro día, con licencia de Su Majestad, fue a besarle sus reales pies, llevando en su compañía por sus intercesores, por más honrarle, al almirante, y al duque de Béjar, y al comendador mayor de León; representó sus muchos y notables servicios. Su Majestad le mandó levantar y lo hizo marqués del Valle, y le hizo capitán general de la Nueva España y mar del Sur.

Capítulo 196

Cómo entretanto que Cortés estaba en Castilla con título de marqués vino la Real Audiencia a México, y en lo que entendió.

Pues estando Cortés en Castilla con título de marqués, en aquel instante llegó la Real Audiencia a México, según Su Majestad lo había mandado, y vino por presidente Nuño de Guzmán, que solía estar por gobernador en Pánuco, y cuatro licenciados por oidores; los nombres de ellos se decían Matienzo, natural de Viscaya; y Delgadillo, de Granada; y un Maldonado, de Salamanca; y el licenciado Parada, que solía estar en la isla de Cuba. Y traían los mayores poderes que nunca a la Nueva España, y era para hacer el repartimiento perpetuo y anteponer a los conquistadores y hacerles muchas mercedes, porque así se lo mandó Su Majestad; y luego hacen saber de su venida a todas las ciudades y villas que en aquella sazón estaban pobladas en la Nueva España para que envíen procuradores con las memorias y copias de los pueblos de indios que hay en cada provincia para hacer el repartimiento perpetuo, y en pocos días se juntaron en México los procuradores de todas las ciudades y villas, y aun de Guatemala, y otros muchos conquistadores, y en aquella sazón estaba yo en la Ciudad de México por procurador y síndico de la villa de Guazacualco, donde en aquel tiempo era vecino, y como vi lo que el presidente y oidores mandaron, fui en posta a nuestra villa para elegir quién habían de venir por procuradores para hacer el repartimiento perpetuo, y desde que llegué hubo muchas contrariedades en elegir los que habían de venir, porque unos vecinos querían que viniesen sus amigos y otros no lo consentían, y por votos hubimos de salir elegidos el capitán Luis Marín y yo. Pues llegados a México demandamos todos los procuradores de las más villas y ciudades que se habían juntado el repartimiento perpetuo.

Capítulo 197

Cómo Nuño de Guzmán supo, por cartas ciertas de Castilla, que le quitaban el cargo.

Pues como Nuño de Guzmán supo por cartas ciertas que le quitaban el cargo de ser presidente a él y a los oidores, y venían otros oidores, como en aquella sazón todavía era presidente Nuño de Guzmán, allegó todos los más soldados que pudo, así de a caballo como escopeteros y ballesteros, para que fuesen con él a una provincia que le dicen de Jalisco, y fue a la provincia de Mechoacán, que por allí era su camino, y tenían los naturales de aquella provincia, de los tiempos pasados, mucho oro, que aunque era bajo porque estaba revuelto con plata, le dieron cantidad de ello. Cazoncín era el mayor cacique de aquella provincia, y como no quiso darle tanto oro como le demanda Guzmán, le ahorcó. Y llevó de aquella provincia muchos indios cargados hasta donde pobló la ciudad, que ahora llaman de Compostela, hasta que Su Majestad mandó que enviasen por él a Jalisco a su costa, y le trajeron preso a México a dar cuenta de las demandas.

Capítulo 198

Cómo llegó la Real Audiencia a México, y lo que hizo.

Ya he dicho en el capítulo pasado cómo Su Majestad mandó quitar toda la Real Audiencia de México, y dio por ningunas las encomiendas de indios que habían dado, y se mandó venir otros oidores; por presidente vino don Sebastián Ramírez de Villaescusa, que en aquella sazón era obispo de Santo Domingo, y cuatro licenciados por oidores que se decían Alonso Maldonado, Cainos de Toro, Vasco de Quiroga, que después fue obispo de Mechoacán, y Salmerón. Como Nuño de Guzmán estaba en Jalisco y no quería venir a la Nueva España a dar su residencia, hacen sabedor de ello a Su Majestad, y luego enviaron sobre ello al Real Consejo de Indias, a un licenciado que se decía fulano de la Torre, para que le tomase residencia en la provincia de Jalisco y le traiga a México. En esta sazón había ya Su Majestad mandado que viniese a la Nueva España, por visorrey, el ilustrísimo don Antonio de Mendoza, que alcanzó a saber que Su Majestad mandó venir al licenciado de la Torre a tomarle residencia en Jalisco y a echarle preso en la cárcel pública, y por hacerle bien le envió a llamar que viniese luego a México sobre su palabra. Y en este instante llegó a México el licenciado de la Torre, y como traía mandado de Su Majestad que luego echase preso a Nuño de Guzmán, parece ser no halló tanta voluntad para ello como quisiera, dijo: "Bien parece que no quieren que yo haga justicia a las derechas; mas si no me muero, yo la haré de manera que Su Majestad sepa de este desacato que conmigo se ha hecho". Y a pocos días cayó malo, y de calenturas que le ocurrieron, murió.

CAPÍTULO 199

Cómo vino don Hernando Cortés, marqués del Valle, de España, casado con la señora doña Juana de Zúñiga.

Como había mucho tiempo que Cortés estaba en Castilla, y ya casado con título de marqués y capitán general de la Nueva España y de la Mar del Sur, tuvo gran deseo de volverse a la Nueva España a su casa y estado, y tomar posesión de su marquesado. Y como supo que estaban en el estado que he dicho las cosas en México, se dio prisa para embarcar con toda su casa, y trajo en su compañía doce frailes de la Merced, y se hizo recibimiento, mas no con la solemnidad que solía, y luego se fue por ciertas villas de su marquesado; y llegado a México se le hizo otro recibimiento, y en lo que entendió fue presentar sus provisiones de marqués y hacerse pregonar por capitán general de la Nueva España y de la Mar del Sur, y demandar al virrey y a la Audiencia Real que le contasen sus vasallos de la manera que él pensó. Por manera que nunca le faltaron pleitos, como esto pasó, de ahí a pocos días se fue desde México a una villa de su marquesado, que se dice Cornavaca, y llevó a la marquesa, e hizo allí su asiento, que nunca más la trajo a la ciudad de México. Como dejó capitulado que había de enviar armadas por la Mar del Sur a descubrir islas y tierras, comenzó a hacer navíos.

Capítulo 200

De los gastos que el marqués don Hernando Cortés hizo
en las armadas que envió a descubrir, y cómo en todo
lo demás no tuvo ventura.

Quiero decir ahora cómo en el mes de mayo de mil quinientos treinta y dos, después que Cortés vino de Castilla, envió desde el puerto de Acapulco otra armada con dos navíos bien abastecidos con todo género de bastimentos, y marineros los que eran menester, y envió por capitán general a un Diego Hurtado de Mendoza, para descubrir por la costa del sur islas y tierras nuevas. Y en el viaje se apartaron de su compañía, amotinados, más de la mitad de los soldados que llevaba de un navío, lo cual le pesó mucho a Cortés. Y nunca se oyó decir más de Diego Hurtado ni del navío, ni jamás apareció ni se volvió a saber de él. Cortés despacho otros dos navíos que estaban ya hechos en el puerto de Teguantepeque, y por capitán general a Diego Becerra de Mendoza, y fue en el otro navío por capitán un Hernando de Grijalva, y por piloto mayor Ortuño Jiménez, gran cosmógrafo. Y después que salieron del puerto de Teguantepeque, a la primera noche se levantó un viento contrario que apartó los dos navíos el uno del otro, que nunca más se vieron. Y en esto que he dicho pararon viajes y descubrimientos que el marqués hizo, y aun le oí decir muchas veces que había gastado en las armadas sobre trescientos mil pesos de oro, y para que Su Majestad le pagase alguna cosa de ello, y sobre el contar de los vasallos, determinó ir a Castilla, y para demandar a Nuño de Guzmán cierta cantidad de pesos oro de los que la Real Audiencia le hubo sentenciado que pagase a Cortés de cuando le mandó vender sus bienes, porque en aquel tiempo Nuño de Guzmán fue preso a Castilla. Si miramos en ello, en cosa ninguna tuvo ventura después que ganó la Nueva España, y dicen que son maldiciones que le echaron.

Capítulo 201

Cómo en México se hicieron grandes fiestas y banquetes por alegría de las paces del cristianísimo emperador nuestro señor, de gloriosa memoria, con el rey Francisco de Francia.

En el año de treinta y ocho vino nueva a México que el cristianísimo emperador nuestro señor de gloriosa memoria, fue a Francia, y el rey Francisco, de Francia, le hizo gran recibimiento en un puerto que se dice Aguas Muertas, donde se hicieron paces y se abrazaron los reyes con grande amor, estando presente madama Leonor, reina de Francia, mujer del mismo rey don Francisco y hermana del emperador de gloriosa memoria, nuestro señor. Por honra y alegrías de ellas, el virrey don Antonio de Mendoza, y el marqués del Valle, y la Real Audiencia, y ciertos caballeros conquistadores hicieron grandes fiestas, y fueron tales que otras como ellas no las he visto hacer en Castilla. Y desde que se acabaron de hacer las fiestas mandó el marqués apercibir navíos y matalotaje para ir a Castilla a suplicar a Su Majestad que le mandase pagar algunos pesos de oro de los muchos que había gastado en las armadas que envió a descubrir y porque tenía pleitos con Nuño de Guzmán; entonces Cortés me rogó a mí que fuese con él. Y luego me embarqué y fui a Castilla, y el marqués no fue de ahí a dos meses, porque dijo que no tenía tanto oro como quisiera llevar y porque estaba malo del empeine del pie, esto fue en el año quinientos cuarenta. Y los señores del Real Consejo de Indias, desde que supieron que Cortés llegaba cerca de Madrid, le mandaron salir a recibir y le señalaron por posada las casas del comendador Juan de Castilla, y desde entonces nunca más volvió a la Nueva España, porque le tomaron residencia y Su Majestad no le quiso dar licencia para que se volviese.

Capítulo 202

Cómo el virrey don Antonio de Mendoza envió tres navíos a descubrir por la banda del sur en busca de Francisco Vázquez Coronado.

Ya he dicho que el virrey don Antonio de Mendoza y la Real Audiencia de México enviaron a descubrir las Siete Ciudades, que por otro nombre se llama Cíbola, y fue por capitán general un hidalgo que se decía Francisco Vázquez Coronado, natural de Salamancas; después de ciertos meses hubo llegado y vieron los campos tan llenos, y llenos de vacas y toros disformes de los nuestros de Castilla, y los pueblos y casas con sobrados, y subían por escaleras. Le pareció al fraile que sería bien volver a la Nueva España para dar relación al virrey don Antonio de Mendoza que enviase navíos por la costa del sur con herraje y tiros y pólvora y ballestas y armas de todas maneras, y a esta causa envió tres navíos, y fue por capitán general un Hernando de Alarcón, maestresala que fue del mismo virrey, y fueron dadas instrucciones a los pilotos y capitanes de lo que habían de hacer.

Capítulo 203

De una muy grande armada que hizo el adelantado don
Pedro de Alvarado, en el año de mil quinientos
treinta y siete.

Razón es que se traiga a la memoria y no quede por olvido
una muy buena armada que el adelantado don Pedro de Alvarado hizo en el año de mil quinientos treinta y siete en
la provincia de Guatemala, donde era gobernador, y en un
puerto que se dice Acajutla en la banda del sur; y fue para
cumplir cierta capitulación que ante Su Majestad hizo la se-
gunda vez que volvió a Castilla y vino casado con una señora
que se decía doña Beatriz de la Cueva; y fue el concierto que
se capituló con Su Majestad que el adelantado pusiese ciertos
navíos y pilotos y bastimentos y todo lo que hubiese menester a su costa para descubrir por la vía del poniente a la China
o Malucos, y otros cualesquier islas de la Especería, y para lo
que descubriese Su Majestad le prometió en las mismas tierras que le haría ciertas mercedes y daría renta en
ellas. Como siempre fue muy servidor de Su Majestad, lo cual se pareció en las conquistas de
la Nueva España, e ida del Perú, y en todo
puso su persona con cuatro hermanos suyos, que sirvieron a Su Majestad en lo que
pudieron, y en esto de ir a lo del poniente con buena armada se quiso aventajar a
todas las armadas que hizo el marqués
del Valle. Y ya que estaban para hacerse
a la vela le vino una carta que le envió
un Cristóbal de Oñate, que estaba por teniente de gobernador de la provincia de
Jalisco, rogándole le socorriera, y fue en
posta a hacer aquel socorro, y estando peleando entre unos peñoles un soldado pareció ser que el caballo en que iba se le

derriscó, y vino rodando y le quebró todo el cuerpo, y llegado a la villa, de ahí a pocos días después de haberse confesado y comulgado, dio el ánima a Dios Nuestro Señor. En aquella villa lo enterraron con la mayor pompa que pudieron.

Capítulo 204

De lo que el marqués del Valle hizo después que estuvo en Castilla.

Como Su Majestad volvió a Castilla e hizo la gran armada para ir sobre Argel, lo fue a servir en ella el marqués del Valle, y llevó en su compañía a su hijo el mayorazgo; llevó también a don Martín Cortés, el que hubo con doña Marina, y se embarcó en una buena galera en compañía de don Enrique Enríquez, y como Dios fue servido hubiese tan recia tormenta que se perdió mucha parte de la real armada, también dio al través la galera en que iba Cortés y sus hijos, los cuales escaparon, y todos los más caballeros que en ella iban. Volvieron a Castilla de aquella trabajosa jornada, y como el marqués estaba ya muy cansado, deshecho y quebrantado, deseaba volverse a la Nueva España si le dieran licencia, y como había enviado a México por su hija la mayor, doña María Cortés, que tenía concertado casarla con don Álvaro Pérez Osorio, hijo del marqués de Astorga, vino a recibirla a Sevilla, y este casamiento se desconcertó por culpa de don Álvaro Pérez Osorio, de lo cual el marqués recibió tan grande enojo que de calenturas que tuvo recias estuvo al cabo, y andando con su dolencia, que siempre iba empeorando, se fue a Castilleja de la Cuesta, para ordenar su testamento, y cuando lo hubo ordenado como convenía, y haber recibido los santos sacramentos, fue Nuestro Señor Jesucristo servido de llevarle de este trabajoso mundo. Murió en dos días del mes de diciembre de mil quinientos cuarenta y siete. Se llevó su cuerpo a enterrar con grande pompa, y muchos lutos, y después fueron traídos sus huesos a la Nueva España, y están en un sepulcro en Cuyoacán, o en Tezcuco; esto no lo sé bien, porque así lo mandó en su testamento. Era muy porfiado, en especial en cosas de la guerra, y yo lo creo así, que era buen caballero, y muy devoto de la virgen, y del apóstol San Pedro, y de otros Santos; Dios le perdone sus pecados, y a mí también, y me dé buen acabamiento, que importan más que las conquistas y victorias que hubimos de los indios.

CAPÍTULO 205

De los valerosos capitanes y fuertes soldados que pasamos desde la isla de Cuba con el venturoso y muy animoso capitán don Hernando Cortés.

Primeramente el marqués don Hernando Cortés; murió junto a Sevilla, en una villa que se dice Castilleja de la Cuesta. Y pasó don Pedro de Alvarado, que después de ganado México fue comendador de Santiago y adelantado y gobernador de Guatemala, Honduras y Chiapa; murió en lo de Jalisco. Y pasó un Gonzalo de Sandoval, que fue capitán y alguacil mayor en México, y gobernador cierto tiempo en la Nueva España. Y pasó un Cristóbal de Olid, esforzado capitán y maestre de campo, murió en Naco degollado por justicia, porque se alzó con una armada que le había dado Cortés. Estos tres capitanes que dicho tengo, fueron muy loados. Pasó otro muy buen capitán bien animoso, que se decía Juan Velázquez de León, murió en los puentes. Y pasó don Francisco de Montejo, que fue adelantado y gobernador de Yucatán; murió en Castilla. Y pasó Luis Marín, capitán que fue en lo de México. Pasó un Pedro de Ircio, fue capitán en el real de Sandoval. Y pasó Andrés de Tapia; murió en México. Pasó un Juan de Escalante, capitán en la Villa Rica; murió en poder de indios. Y también pasó un Alonso de Ávila, capitán y primer contador en la Nueva España. Pasó un Francisco de Lugo, capitán de entradas. Y pasó un Andrés de Monjaraz, capitán que fue en lo de México. Y pasó un Diego de Ordaz, capitán que fue comendador de Santiago; murió en el Marañón. Y pasaron cuatro hermanos de don Pedro de Alvarado, que se decían Jorge de Alvarado, capitán en lo de México y en lo de Guatimala; murió en Madrid, y el otro su hermano, Gonzalo de Alvarado, murió en Guaxaca; Gómez de Alvarado murió en el Perú, y Joan de Alvarado murió en la mar yendo a la isla de Cuba a comprar caballos. Pasó un Juan Jaramillo, capitán que fue de un bergantín cuando estábamos sobre México; y éste es el que casó con doña Marina la lengua. Pasó un Cristóbal Flores; Cristóbal Martín de Gamboa; un Caicedo; Francisco de Saucedo; Gonzalo Domínguez murió en poder de indios; Fulano Morón murió en poder de indios; un Alonso Hernández Puertocarrero, primo del conde de Medellín. También me quiero poner aquí en esta relación a la postre de todos, puesto que vine a descubrir dos veces primero que Cortés, y la tercera con el mismo Cortés, según lo tengo ya dicho en el capítulo que de ello habla: y doy muchas gracias y loores a Dios Nuestro Señor y a nuestra Señora la Virgen Santa María, su bendita madre, que me ha guardado que no sea sacrificado, y quiénes fueron los valerosos capitanes y fuertes soldados que ganamos estas partes del Nuevo Mundo.

Capítulo 206

De las estaturas y proporciones y edades que tuvieron ciertos capitanes valerosos y fuertes soldados que fueron de Cortés, cuando vinimos a conquistar la Nueva España.

Del marqués don Hernando Cortés ya he dicho de su edad y proporciones de su persona, y qué condiciones tenía. También he dicho del capitán Cristóbal de Olid. Don Pedro de Alvarado sería de obra de treinta y cuatro años, fue de muy buen cuerpo y bien proporcionado, y tenía el rostro y cara muy alegre. El adelantado don Francisco de Montejo fue de mediana estatura, y el rostro alegre, en el mirar muy amoroso, y por ser tan agraciado los indios le pusieron Tonatio, que quiere decir el sol. El adelantado Francisco de Montejo fue de mediana estatura, el rostro alegre, y amigo de regocijos. El capitán Gonzalo de Sandoval fue muy esforzado, y sería cuando acá pasó de hasta veinte y cuatro años; su estatura muy bien proporcionada, y de razonable cuerpo y membrudo. Y Diego de Ordaz fue natural de tierra de Campos, y sería de edad de cuarenta años cuando acá pasó; fue capitán de soldados de espada y rodela, porque no era hombre de a caballo; fue muy esforzado, y de buenos consejos, era de buena estatura y membrudo, y tenía el rostro muy robusto. El capitán Luis Marín fue de buen cuerpo y membrudo, y esforzado; era estevado y la barba algo rubia, el rostro largo y alegre, excepto que tenía unas señales, como que había tenido viruelas. El capitán Pedro de Ircio era de mediana estatura y paticorto, y tenía el rostro alegre, y muy plático en demasía, que así acontecería y que siempre contaba cuentos. Por manera que comunicábamos los unos con los otros, en especial cuando salíamos de algunas muy sangrientas y dudosas batallas, echábamos menos los que allá quedaban muertos.

Capítulo 207

De las cosas que aquí van declaradas cerca de los méritos que tenemos los verdaderos conquistadores.

Ya he recontado los soldados que pasamos con Cortés y dónde murieron, y si bien se quiere tener noticia de nuestras personas, éramos todos los más hijosdalgo, aunque algunos no pueden ser de tan claros linajes, porque vista cosa es que en este mundo no nacen todos los hombres iguales, así en generosidad como en virtudes. Peleamos de día y de noche sirviendo a nuestro rey, hasta ganar esta Nueva España, y gran ciudad de México, y otras muchas provincias, sin tener socorro salvo el de Nuestro Señor Jesucristo, que es el socorro y ayuda verdadera. Miren lectores con atención esta mi relación, y verán en cuántas batallas y reencuentros de guerras muy peligrosos me he bailado desde que vine a descubrir, y dos veces estuve asido y engarrafado de muchos indios mexicanos, con quienes en aquella sazón estaba peleando, para llevarme a sacrificar, y Dios me dio esfuerzo que me escapé, como en aquel instante llevaron a otros muchos mis compañeros, y quiero dejar de entrar más la pluma en esto, y diré los bienes que se han seguido de nuestras ilustres conquistas.

Capítulo 208

Cómo los indios de toda la Nueva España tenían muchos sacrificios y torpedades, y se los quitamos y les impusimos en las cosas santas de buena doctrina.

Pues he dado cuenta de cosas que se contienen, bien es que diga los bienes que se han hecho, así para el servicio de Dios y de Su Majestad con nuestras ilustres conquistas. Quiero comenzar a decir de los sacrificios que hallamos por las tierras y provincias que conquistamos, porque mataban cada año, solamente en México y ciertos pueblos que están en la laguna sus vecinos, según se halló por cuenta que de ello hicieron religiosos franciscanos, sobre dos mil personas chicas y grandes; pues en otras provincias a esta cuenta mucho más serían. Tenían por costumbre que se sacrificaban las frentes y las orejas, lenguas y labios, los pechos y brazos y molledos, y las piernas y aun sus naturas. Los adoratorios, que son *cúes*, que así los llaman entre ellos, me parece que eran casi que al modo como tenemos en Castilla y en cada ciudad nuestras santas iglesias y parroquias y ermitas y humilladeros, así tenían en esta tierra de la Nueva España. Tenían en todos los pueblos cárceles de madera gruesa, como jaulas, y en ellas metían a engordar muchos indias e indios, y estando gordos los sacrificaban y comían, y demás de esto las guerras que se daban unas provincias y pueblos a otras, y los que cautivaban y prendían los sacrificaban y comían. Y tenían otros muchos vicios y maldades, y todas estas cosas quiso Nuestro Señor Jesucristo que con su santa ayuda se lo quitamos, y les íbamos enseñando la santa doctrina. Verdad es que después de dos años pasados, y que todas las más tierras teníamos de paz, y con la policía y manera de vivir que he dicho, vinieron a la Nueva España unos buenos religiosos franciscanos, que dieron muy buen ejemplo y doctrina, y desde ahí a otros tres o cuatro años vinieron otros buenos religiosos de Señor Santo Domingo, que se lo han quitado muy de raíz, y han hecho mucho fruto en la santa doctrina.

CAPÍTULO 209

De cómo impusimos en muy buenas y santas doctrinas
a los indios de la Nueva España, y de su conversión, y de cómo
se bautizaron y volvieron a nuestra santa fe.

Después de quitadas las idolatrías, y todos los malos vicios que se usaban, quiso Nuestro Señor Dios que con su santa ayuda se han bautizado desde que lo conquistamos todas cuantas personas había, así hombres como mujeres y niños que después han nacido. Y demás de esto con los santos sermones que les hacen el santo Evangelio está muy bien plantado en sus corazones; tienen sus iglesias muy ricamente adornadas de altares, y en algunos pueblos hay órganos, y en todos los más tienen flautas y sacabuches. Otra cosa buena tienen: que así hombres como mujeres y niños que son de edad para aprenderlo, saben todas las santas oraciones en sus mismas lenguas que son obligados a saber, y tienen otras buenas costumbres. Pasemos adelante y digamos cómo todos los más indios naturales de estas tierras han aprendido muy bien todos los oficios que hay en Castilla, y tienen sus tiendas de los oficios y obreros, y los plateros de oro y de plata son muy extremados oficiales, y los entalladores hacen tan primas obras. Y muchos hijos de principales saben leer y escribir y componer libros de canto llano; solos dos oficios no han podido entrar en ellos y aunque lo han procurado, que es hacer el vidrio y ser boticarios, mas yo los tengo de tan buenos ingenios, que lo aprenderán muy bien, porque algunos de ellos son cirujanos y herbolarios. Cada año eligen sus alcaldes ordinarios y regidores y escribanos y alguaciles y fiscales y mayordomos, y hacen justicia con tanto primor y autoridad como entre nosotros. Dejaré de hablar más de esta materia, y diré otras muchas grandezas.

CAPÍTULO 210

De otras cosas y provechos que se han seguido de nuestras ilustres conquistas y trabajos.

Ya habrán oído en los capítulos pasados todo lo por mí recontado acerca de los bienes y provechos que se han hecho en nuestras ilustres y santas hazañas y conquistas, diré ahora del oro, plata y piedras preciosas y otras riquezas de granas y lanas, y hasta zarzaparrilla, y cueros de vacas que de esta Nueva España han ido, y van cada año a Castilla a nuestro rey y señor. Y esto digo así, porque ya que del Perú, como es notorio, han ido muchos millares de oro y plata. Y además de esto, miren los curiosos lectores, que de ciudades, villas y lugares están pobladas en estas partes de españoles, que por ser tantos y no saber yo los nombres de todos, se quedarán en silencio. Y miren que hay hospitales. Y también tengan cuenta cómo en México hay colegio universal donde estudian y aprenden la gramática, teología, retórica, y lógica, y filosofía, y otras artes y estudios; se gradúan de licenciados y doctores; y otras muchas grandezas pudiera decir, así de minas ricas de plata que en ellas están descubiertas, y se descubren a la continua, por donde nuestra Castilla es prosperada. Y además de esto pregunta la ilustre fama por los conquistadores que hemos escapado de las batallas pasadas, y por los muertos, dónde están sus sepulcros y qué blasones tienen en ellos. A estas cosas se le puede responder, con mucha brevedad: ¡Oh, excelente e ilustre Fama, y entre buenos y virtuosos deseada y loada, y entre maliciosos, y personas que han procurado oscurecer nuestros heroicos hechos, no querría ver ni oír vuestro ilustre nombre, porque nuestras personas no ensalcéis, como conviene. Os hago, señora, saber, que de quinientos cincuenta soldados que pasamos con Cortés desde la isla de Cuba, no somos vivos en toda la Nueva España de todos ellos, hasta este año de mil quinientos sesenta y ocho, que estoy trasladando esta relación, sino cinco, que todos los demás murieron.

Capítulo 211

Cómo el año de 1550, estando la corte en Valladolid, se juntaron en el Real Consejo de Indias ciertos prelados y caballeros, que vinieron a la Nueva España y el Perú por procuradores, y otros hidalgos que se hallaron presentes para dar orden que se hiciese el repartimiento perpetuo.

En el año de mil quinientos cincuenta vino del Perú el licenciado de la Gasca, y entonces se juntaron en la corte don fray Bartolomé de las Casas y don Vasco de Quiroga, y otros caballeros que vinieron por procuradores de la Nueva España y del Perú, y ciertos hidalgos que venían a pleitos ante Su Majestad, que todos se hallaron en aquella sazón en la corte, y me mandaron llamar como a conquistador más antiguo de la Nueva España, para suplicar a Su Majestad que fuese servido hacernos mercedes para que mandase hacer el repartimiento perpetuo. Y sobre ello hubo muchas pláticas y alegaciones, y dijimos que mirasen los muchos y grandes servicios que hicimos a Su Majestad y a toda la cristiandad, y no aprovechamos cosa ninguna con los señores del Real Consejo de Indias y con el obispo fray Bartolomé de las Casas y fray Rodrigo, su compañero, y con el obispo de las Charcas, don fray Martín, y dijeron que viniendo Su Majestad de Augusta se proveería de manera que los conquistadores serían muy contentos; y así se quedó por hacer.

CAPÍTULO 212

De otras pláticas y relaciones que aquí irán declaradas,
que serán agradables de oír.

Como acabé de sacar en limpio esta mi relación, me rogaron dos licenciados que se la prestase, para saber muy extenso las cosas que pasaron en las conquistas de México y Nueva España, y ver en qué diferían lo que tenían escrito los cronistas Francisco López de Gómara y el doctor Illescas acerca de las heroicas hazañas que hizo el marqués del Valle. Y yo se la presté, les dije que no enmendasen cosa ninguna de las conquistas, ni poner, ni quitar, porque todo lo que yo escribo es muy verdadero. Me dijeron que les parece que me alabo mucho de mí mismo en lo de las batallas y reencuentros de guerra en que me hallé. En blanco nos quedábamos si ahora yo no hiciera esta verdadera relación. Bien puedo decir que me cabe parte de esta loa y blasón, pues le ayudé a Cortés a hacer aquellos leales servicios. No es mucho que yo ahora en esta relación diga las batallas de mí mismo. Si yo quitase su honor y estado a otros valerosos soldados que se hallaron en las mismas guerras y lo atribuyese a mi persona, mal hecho sería y temía razón de ser reprendido; mas si digo la verdad y lo atestigua Su Majestad y su virrey, y marqués y testigos y probanza, y más la relación da testimonio de ello, ¿por qué no lo diré?

En las que me hallé son las siguientes:

Primeramente cuando vine a descubrir a la Nueva España, y lo de Yucatán con un capitán que se decía Francisco Hernández de Córdoba, en la punta de Cotoche un buen reencuentro de guerra.

Luego más adelante en lo de la Champotón, una batalla campal, en que nos mataron la mitad de todos nuestros compañeros, y yo salí mal herido y el capitán con dos heridas murió.

Luego de aquel viaje en lo de Florida, cuando fuimos a tomar agua, un buen reencuentro de guerra donde salí herido, y allí nos llevaron vivo un soldado.

Y cuando vine con otro capitán que se decía Juan de Grijalva, una batalla campal, que fue con los de Champotón, que fue en el mismo pueblo la primera vez, cuando lo de Francisco Hernández, y nos mataron diez soldados.

Después cuando vine tercera vez con el capitán Cortés, en lo de Tabasco, que se dice el río de Grijalva, en dos batallas campales, yendo por capitán Cortés.

De que llegamos a la Nueva España en la de Cingapacinga con el mismo Cortés.

De ahí a pocos días en tres batallas campales en la provincia de Tlaxcala con Cortés.

Luego el peligro de lo de Cholula.

Entrados en México, me hallé en la prisión de Moctezuma; no lo escribo por cosa que sea de contar de guerra, sino por el gran atrevimiento que tuvimos en prender aquel tan grande cacique.

De ahí obra de cuatro meses, cuando vino el capitán Narváez contra nosotros, y traía mil y trescientos soldados, y le desbaratamos, y prendimos con Cortés.

Luego fuimos al socorro de Alvarado, que le dejamos en México en guarda del gran Moctezuma, y se alzó México, y en ocho días con sus noches que nos dieron guerra los mexicanos.

Luego en la batalla que dimos en esta tierra de Obtumba; luego cuando fuimos sobre Tepeaca en una batalla campal, yendo por capitán el marqués Cortés.

Después cuando íbamos sobre Tezcuco en un reencuentro de guerra con mexicanos, y los de Tezcuco, yendo Cortés por capitán.

En dos batallas campales, y salí bien herido de un bote de lanza en la garganta en compañía de Cortés.

Luego en dos reencuentros de guerra con los mexicanos cuando íbamos a socorrer ciertos pueblos de Tezcuco, sobre la cuestión de unos maizales de una vega, que están entre Tezcuco y México.

Luego cuando fui con el capitán Cortés, que dimos vuelta a la laguna de México, en los pueblos más recios que en su comarca había en los peñoles que ahora se llaman del Marqués, donde nos mataron ocho soldados, y tuvimos mucho riesgo en nuestras personas.

Luego en la batalla de Cuernavaca con Cortés.

Luego en tres batallas en Xochimilco, donde estuvimos en gran riesgo todos de nuestras personas, y nos mataron cuatro soldados y con el mismo Cortés.

Luego cuando volvimos sobre México en noventa y tres días que estuvimos en ganarla, todos los más de estos días y noches teníamos batallas campales, y hallo por cuenta que serían más de ochenta batallas.

Después de ganado México, me envió el capitán Cortés a pacificar las provincias de Guazacualco, y Chiapa, y zapotecas, y me hallé en tomar la ciudad de Chiapa, y tuvimos dos batallas campales, y un reencuentro.

Después en lo de Chamula, y Guitlán otros dos encuentros de guerra.

Después en Tepeaca y Cimatlán, otros dos reencuentros de guerra, y mataron dos compañeros míos, y a mí me hirieron malamente en la garganta.

Mas que se olvidaba cuando nos echaron de México, que salimos huyendo, en nueve días que peleamos de día y de noche en otras cuatro batallas.

Después la ida de Higueras, y Honduras con Cortés, que estuvimos dos años y tres meses hasta volver a México. Y en un pueblo que llamaban Culacotu hubimos una batalla campal, y a mí me mataron el caballo.

Después de vuelto a México, ayudé a pacificar las sierras de los zapotecas y minxes, que se habían alzado entretanto que estuvimos en aquella guerra.

No cuento otros muchos reencuentros de guerra, porque sería nunca acabar, ni digo de cosas de grandes peligros en que me hallé, y se vio mi persona.

Y tampoco quiero decir cómo fui uno de los primeros que volvimos a poner cerco a México, primero que Cortés cuatro o cinco días; por manera que vine primero que el mismo Cortés a descubrir la Nueva España dos veces.

Por manera que a la cuenta que en esta relación hallarán, me he hallado en ciento diez y nueve batallas, y reencuentros de guerra, y no es mucho que me alabe de ello, pues que es la mera verdad.

Capítulo 213

*De las señales y planetas que hubo en el cielo en la Nueva
España antes que en ella entrásemos, y pronósticos
y declaración que los indios mexicanos hicieron.*

Dijeron los indios mexicanos que poco tiempo había antes
que viniésemos a la Nueva España, que vieron una señal en el
cielo, que era como entre verde y colorada, y redonda como
rueda de carreta, que junto a la señal venía otra raya y camino de hacia donde sale el sol. Moctezuma, gran cacique
de México, mandó llamar a sus *papas* y adivinos, para que
mirasen aquella cosa y señal, y según pareció, los *papas* lo
comunicaron con el ídolo Huichilobos; y la respuesta que dio
fue que tendrían muchas guerras y pestilencias, y que habría
sacrificio de sangre humana.

Lo que yo vi, y todos cuantos lo quisieron ver, en el año
de veinte y siete, estaba una señal en el cielo de noche, a manera de espada larga, como entre la provincia de Pánuco y la
ciudad de Tezcuco; era señal de que habría
pestilencia.

También quiero decir cómo en la villa
de Guazacualco, en el año de veintiocho llovió un aguacero de terrones gordos, y no
eran de la manera que otras veces suele
llover, y en cayendo en el suelo aquello
que parecía agua se congelaba en sapos.

Asimismo dijeron otras personas de
fe y de creer, que en un pueblo cerca
de la Vera Cruz, que se decía Cempoal,
llovió en aquel tiempo muchos sa-
pillos junto a un ingenio de azúcar.

Volvamos a una gran tormenta
y tempestad que acaeció en Guatemala; el agua era a manera de
lama y cieno cuajada, y hubo tan

gran viento que alzaba las olas. Volveré a tratar de esta triste materia, que después, día claro, muchas personas dijeron que cuando andaba la tormenta que oyeron silbos y voces y aullidos muy espantables; y decían que venían envueltos con las piedras muchos demonios.

Esto que aquí he dicho y relatado, yo no me hallé en ello; mas lo digo, porque entre los papeles y memorias está ya todo olvidado de tantos años. Y como esto de llover de los sapos parece que no son cosas que todos los hombres las ven con los ojos, estuve por no escribirlas, pero un caballero que se dice Juan de Guzmán dijo que es verdad, que viniendo él y otro hidalgo por la provincia de Yucatán, que llovió tantos sapos. Dicen los sabios: que cosas de admiración que no se cuenten.

Fin del manuscrito

ÍNDICE

OTROS TÍTULOS

- Cinco semanas en globo
- El diario de Ana Frank
- México bárbaro
- Los miserables
- El jinete sin cabeza
- Libros del Chilam Balam
- Mi lucha
- Orgullo y prejuicio
- Nueva visita a un mundo feliz
- Un capitán de quince años